die **bank**

Bankier 5.0 – Die Antwort auf den Roboter

2. Auflage

Kai Pfersich

Bibliografische Information der Deutschen Nationalbibliothek: Die Deutsche Nationalbibliothek verzeichnet diese Publikation in der Deutschen Nationalbibliografie; detaillierte bibliografische Daten sind im Internet über http://dnb.ddb.de abrufbar.

Der Inhalt dieses Buches wurde auf FSC-zertifiziertem Papier gedruckt.

Druck: ICS Communikations-Service GmbH, Bergisch Gladbach

Art.-Nr. 22535-2100
ISBN 978-3-86556-533-4

***„Die meiste Zeit
geht dadurch verloren,
dass man nicht
zu Ende denkt.“***

Alfred Herrhausen

Ich danke Luc Schuurmans, Mitglied der Geschäftsleitung der Bank Linth LLB AG für seinen fachlichen Rat, sein genaues Auge und seine konstruktiven Ideen. Mein Dank gilt auch dem Lektorats- und Herstellungsteam vom Bank-Verlag Köln für die positiven und überzeugenden Anregungen. Meiner Frau Mechthild danke ich für ihre gelungenen Beiträge, ihr beharrliches Arbeiten an den Details und vor allem anderen: für ihre liebevolle Solidarität. Echt.

Inhaltsverzeichnis

Anmerkung des Autors

In diesem Buch spreche ich Sie als individuelle und autonome Persönlichkeit an. Wegen der besseren Lesbarkeit werde ich vielfach das generische Maskulinum verwenden. Selbstverständlich und mit allem Respekt werden damit alle Lesenden angesprochen, unabhängig von ihrem Geschlecht.

Sie finden in diesem Buch bewusst zahlreiche Zitate aus Filmen und noch mehr aus Büchern. Alle Filme und Bücher ermöglichen weitere vertiefende Zugänge in die Themenfelder dieses Buches.

Meiner Verantwortung als Autor war ich mir stets bewusst und habe auf die Qualität der Filmschaffenden und Autoren geachtet und nach anerkannten Experten aus Natur- und Geisteswissenschaften gesucht. Gleichwohl können Sie als Leser selbstverständlich eine andere Meinung oder einen anderen Geschmack haben.

Ein Essay zur Orientierung

Beratung 2.0 – Exploration in ein neues Geschäftsmodell

Über das Umfeld der Banken ist in den letzten Jahren hinreichend geschrieben und geklagt worden: „Digitalisierung", „Niedrigzinsumfeld" oder „Regulierung", um nur einige bekannte Schlagworte zu nennen. Neu sind die vielfältigen Auswirkungen der Corona-Pandemie. Sie haben quer durch Wirtschaft und Gesellschaft bisher ignorierte Versäumnisse und verdeckte Schwächen offengelegt – auch die der Banken. Die Wucht dieser Addition aus bekannten und neuen Phänomenen stellt Banken ganz grundsätzlich in Frage.

Obwohl Banken in den vergangenen Jahren viel dazu beigetragen haben, sich den Veränderungen im Umfeld anzupassen, steht nicht jede Bank da, wo sie gerne stehen würde. Die Konsolidierung der Bankenlandschaft hat gerade erst begonnen.

Neue Filialkonzepte, offene Produktarchitektur, zielgruppengerechtes Marketing, Apps für leistungsstarkes Onlinebanking, alles positive Veränderungen. Managementkapazität, Geld und Zeit wurde reichlich investiert, Neues mutig gestaltet. Nur: Ist das zukunftsfähig? Selbstverständlich ist jede Bank individuell zu betrachten, hat ihre eigene Geschichte und ihren speziellen, im Einzelfall auch erfolgreichen Status quo.

Banken wecken in ihrer Gesamtheit den Anschein, Getriebene zu sein. Desaströse Börsenkurse, sinkende Attraktivität als Arbeitgeber, beschädigtes Image in der Öffentlichkeit plus die Berichterstattung in den sozialen, digitalen und herkömmlichen Medien sind sowohl Ursache als auch Folge.

So erinnern Banken tragisch an Pferdezüchter Anfang des 20. Jahrhunderts, als das Automobil seinen Siegeszug begann. Es ist bitter, aber wahr: Selbst die besten Pferde hatten letztlich keine Chance gegen diese neue Kategorie der Mobilität. Sich dieser Analogie zu stellen macht Angst. Noch mehr Angst sollte man haben, wenn man der Versuchung erliegt, die Bedrohung zu ignorieren. „Tatsachen schafft man nicht dadurch aus der Welt, dass man sie ignoriert."[23]

---

23 Anmerkung des Autors: Zitat von Aldous Huxley, britischer Schriftsteller, 1894–1963.

Ist dieses Buch nun ein weiterer skeptischer Abgesang, ein pessimistisches Klagelied auf den Niedergang der Banken? Nein. Ganz im Gegenteil.

Dieses Buch ist ein optimistisches innovatives Konzept, eine handlungs- und praxisorientierte Landkarte. Kritische Diskussionen, auch Ergänzungen und ein konstruktiver Diskurs über die Inhalte sind in der Umsetzung so nötig wie gewünscht.

Leiden am Status quo oder die Chancen im Kontext nutzen

Denkt ein Bankmitarbeiter im Jahr 2021 bei „Robin Hood“ an den Sherwood Forest und den Retter der Armen, ist er vermutlich auf mindestens einem Auge blind. Dann sieht er nicht, wie tief im Digitalen Biotop (nicht im dunklen tiefen Wald) ein Außenseiter den etablierten „Herrschern und trägen Mächtigen“ ihre Basis raubt. Robinhood, ein Prototyp neuer Finanz-Plattformen greift Banken oder Hedgefonds, die bekannten Herrscher der Finanzindustrie an, mit dem moralisch aufgeladenen Anspruch „We‘re on a mission to democratize finance for all“. Und seinen Gegnern bereitet Robinhood richtig Schmerzen.

Der Wirbel um die Aktie „Gamestop“ war der erste, sicher nicht der letzte Überfall auf die Schätze der arrivierten Protagonisten. Wo Robin Hood sich der Schlagkraft von „Bruder Tuck“ oder „Little John“ sicher sein konnte, baut Robinhood auf den Punch von „Reddit“ oder „WallStreetBets“. Weitere Rebellen hören auf Namen wie „Mambu“, „N26“, „Neon“, „Ride Capital“ oder „Yapeal“. Vereint mit Kleinanlegern auf der Suche nach Abenteuern zeigen sie eindrucksvoll „Die Macht der Masse“[24] und signalisieren deutlich: ein „Weiter so“ wird es nicht geben.

Wer genauer beobachtet realisiert schnell, dass der moderne Robinhood nicht ganz uneigennützig handelt, lässt er sich doch gut bezahlen. Und das gleich mit der wertvollsten Währung der Postmoderne, den Daten seiner Nutzer. Manch naiver Gamer oder Trader musste schmerzlich lernen, dass die Börse kein Spielplatz ist und sich reales Geld sehr schnell in Luft auflösen kann. Das ändert aber nichts an der Tatsache: Banken leiden rund um die Anlageberatung. Sie verlieren Volumen, Stückzahlen und Erträge.

Die Münchener Vergleichsplattform Check24 hat im Herbst 2020 eine eigene Bank gegründet, die C24 mit Sitz in Frankfurt. Das erste Produkt, ein „Klimapositives Girokonto“ in

24 Frankfurter Allgemeine Sonntagszeitung (07.02.2021), S. 27.

mehreren Varianten könnte der Einstieg in „eine Art Amazon für Bankgeschäfte“[25] sein. Basis der Expansion in neue Geschäftsfelder ist das hohe Verbrauchervertrauen, das sich Plattformen im Allgemeinen und Check24 im Besonderen bei Verbrauchern erarbeitet haben.

Auch das Ankerprodukt von Banken, das „Girokonto“ ist unter Druck. Addiert man zu den gerade genannten Beispielen digitale Bezahldienstleister, Online- oder Neo-Banken sowie diverse Smartphone-Apps hinzu, wird es augenfällig: Der Druck auf Banken ist enorm. Dieser Druck wird kontinuierlich weiter steigen.

Wenn Banken dem Gratiskonto ein Ende bereiten und ihre Gebühren nach Jahren der „billigen“ Lockvogelangebote drastisch erhöhen, ist dies ein deutliches Signal an ihre Kunden. Das Modell „Mit kostenlosem „Konto plus Startguthaben“ neue Kunden akquirieren und in Folge ‘irgendwie‘ an diesen Neukunden verdienen“ ist bei klassischen Banken bis heute nicht aufgegangen und ist auch für die Zukunft ein Auslaufmodell.

Diese Entwicklungen lassen erkennen: Auch rund um den Zahlungsverkehr, eine sprudelnde Datenquelle, leiden Banken mehr, als ihre Cost-Income-Ratio auf Dauer verträgt.

Kreditplattformen vergleichen Angebote verschiedenster Banken, bringen private wie gewerbliche Kreditgeber und -nehmer zusammen. Spezialisten wie der Baufinanzierungsvermittler Interhyp positionieren sich mit einer kompetenten Beratungs- und Abwicklungsleistung in den Köpfen der Immobilienbesitzer und Interessenten. Die Zeitschrift „die bank“ sieht rund um die renditestarke Baufinanzierung einen „Kampf um den Kunden“[26], sieht die bankenunabhängigen Finanzdienstleister mit ihrem Plattformgeschäft als die neuen Sterne am Finanzierungshimmel. Die Ambitionen dieser Plattformen, über Franchisemodelle und selbständige Handelsvertreter in der Fläche präsent zu sein, stützen diese These. Auch auf dieser Seite der Bankbilanz leiden regionale wie überregionale Filialbanken mehr denn je.

Das Leiden ist an den vielen bereits geschlossenen oder nur noch dürftig besuchten Filialen von Banken zu erkennen, schleichendes Filialsterben beschleunigt den Wandel. Die Süddeutsche Zeitung zählt 1.220 Schließungen von Bankfilialen alleine im Jahr 2019 und konstatiert eine „Grabesruhe am Geldschalter“[27]. Die Pläne der zwei deutschen Großbanken, zum Jahresstart 2021 Mitarbeiter zu Tausenden abzubauen und hunderte Filialen zu schließen, geben der dramatisch formulierten Headline realistisches Gewicht.

25 Frankfurter Allgemeine Sonntagszeitung (27.09.2020), S. 28.
26 Vgl. die bank (09/2020), S. 16 ff.
27 Süddeutsche Zeitung (14./15.11.2020), S. 25.

Mit jedem Touch-Point, jeder Nicht-Beratungsleistung in Banken gehen Erträge verloren. Der verheerendere Verlust jedoch ist derjenige von Daten und Kundenbindung wie auch der Verlust von Reputation, Sichtbarkeit und Relevanz.

Kunden informieren sich zu Finanzthemen heute zu gleichen Teilen bei ihrer Bank wie auch bei Freunden oder Bekannten. Dicht gefolgt von Vergleichsplattformen im Internet. Was sagt das über die Relevanz der Beratungsleistung in Banken aus? Der Trend läuft klar gegen die Banken.[28]

Wenn auf Zielgruppen spezialisierte Influencer und Twitter-Stars wie Elon Musk täglich hunderttausende Follower erreichen und spürbar beeinflussen, verlieren Banken wertvolle Aufmerksamkeit ihrer Kunden und damit Relevanz. Über alle digitalen und analogen Kanäle gedacht ist jeder einzelne Kontaktpunkt mit Kunden die Chance, eine gewinnende Customer-Experience zu kreieren. Sie macht den entscheidenden Unterschied.

Mehr und mehr Kunden lernen jeden Tag: Es geht auch ohne Banken, ohne Konten, Produkte, Depots und vor allem: ohne Beratungsleistung. So sinken die Chancen und Möglichkeiten für Banken stetig, eine Customer Experience zu kreieren.

Die demographische Entwicklung ist auch in Banken angekommen und hat bereits heute eklatante Auswirkungen. Bankaffine und loyale Kunden werden älter und sterben. Technikaffine, tendenziell wechselbereite, preissensible Kunden rücken nach und konfrontieren die Banken mit veränderten Bedürfnissen oder ignorieren sie gleich ganz.

Diese Umschichtung in allen Kundensegmenten geschieht schleichend. Es ist gefährlich, wenn diese schleichende Veränderung unter der Wahrnehmungsschwelle bleibt.

Stehen klassische Filialbanken mit ihrem Privat- und Firmenkundengeschäft damit vor dem Ende? Verkümmern sie zwangsläufig zur Produktionsstätte, zu reinen Lieferanten diverser neuer Geschäftsmodelle?

Nein! Nicht, wenn sich Banken neu erfinden.

Banken haben durchaus eine reale Chance. Noch hat ein großer Teil der Bankkunden Vertrauen in seine Hausbank, insbesondere in seine Kundenberater. Noch ist es für einen Großteil

28 Vgl. YouGov-Analyse (2020).

der Kunden konditioniertes Verhalten, bei Finanzthemen auch auf die Hausbank zuzugehen. Noch sind viele Bankkunden mit der Beratungsleistung zufrieden, spüren keinen oder wenig Verkaufsdruck. Noch.[29]

In Summe eine ambivalente Ausgangslage, die Banken nutzen können und sollten. Ein begrenztes Zeitfenster steht offen, um das Geschäftsmodell der kundenorientierten Omni-Kanal-Bank innovativ weiterzuentwickeln, inklusive aller hybriden Ansätze. Ein Zeitfenster, das es zu nutzen gilt.

Henry Ford, zu Lebzeiten der Albtraum aller Pferdezüchter, war sich sicher: „Erfolg besteht darin, dass man genau die Fähigkeiten besitzt, die im Moment gefragt sind.“ Erst die Kombination aus technischem Können und dem Rückenwind einer Industriegesellschaft, die den Mut hatte, lokale Verankerungen hinter sich zu lassen, ermöglichte den legendären Erfolg Fords.

Für Banken in den 20er Jahren des 21. Jahrhunderts gilt das Pendant zu Ford: Die Gleichzeitigkeit digitaler Innovationssprünge und einer Gesellschaft, die ein „Weiter so“ nicht als Option sieht, ist die Chance zur kategorischen Weiterentwicklung der Banken.

Es lohnt, die Gesellschaft und ihre Veränderungen einmal genauer zu untersuchen. Der französische Ethnologe Claude Levi-Strauss hatte bereits 1962 die Unterscheidung in kalte und heiße Gesellschaften eingeführt.[30] Kalte und heiße Gesellschaften unterscheiden sich demnach im Hinblick auf ihre Einstellung zum Wandel: Kalte Gesellschaften verwenden ihre Energie darauf, den Status quo zu erhalten. Ihr Vertrauen gilt den traditionell fixierten Strukturen, ihr bewusstes und unbewusstes Denken zielt darauf ab, jegliche Veränderung zu verhindern. Typische Vertreter solcher Gesellschaften sind isolierte Naturvölker oder Gesellschaften, die lange in einer politischen Nische erfolgreich agiert haben. Man könnte auch die eine oder andere Bank als eine solche Gesellschaft oder Kultur beschreiben.

Ganz anders die heißen Gesellschaften. Sie streben nach Wachstum, geben sich nicht mit dem Status quo zufrieden. Ihr Vertrauen gilt der menschlichen Innovationskraft, sie glauben optimistisch an eine „bessere Welt“, ohne heute genau zu wissen, wie diese im Detail aussehen wird. Die moderne westliche Konsumgesellschaft ist ein Prototyp für diese Gesellschaftsform. Man könnte auch ein Fintech, ein Start-up als heiße Gesellschaft begreifen.

---

29 Vgl. YouGov-Analyse (2020).
30 Nassehi (2019), S. 287 ff.

Früher der Buchdruck, heute die Digitalisierung; insbesondere die digitalen Medien sind typische Treiber solch heißer Gesellschaften. Der Soziologe Armin Nassehi schreibt zu den digitalen Medien: „Sie zwingen dazu, sich mit der Veränderung auseinanderzusetzen, zu lernen, Abweichungen zu tolerieren. Sie machen Wandel sichtbar und goutieren ihn, weil man nur das Neue in die Zeitung schreiben kann. Eine kalte Gesellschaft braucht keine Zeitung."[31]

Aus Sicht eines Soziologen sieht Nassehi zu Beginn der 2020er Jahre eine Steigerung der heißen hin zur überhitzten Gesellschaft: „Mit dem Internet freilich wird die Hitze potenziert. Was das Netz ermöglicht, sind überhitzte Gesellschaften. Heiße Gesellschaften lernen systematisch, überhitzte Gesellschaften lernen nicht, sondern kollabieren an ihrer eigenen Dynamik. Wenn es bei jeder Detailfrage ums Ganze geht, dann haben wir es mit überhitzten Gesellschaften zu tun. Wenn es bei jeder Frage nur noch ums Ganze geht, zählt nur noch die totale Gegenwartsorientierung, pulsieren Ereignisse so stark, dass sie kaum mehr Informationswert haben können."[32]

Der gesamtgesellschaftliche Umgang mit der Corona-Pandemie in den Jahren 2020 und 2021 steht exemplarisch für solch eine hysterische, laute, selbstbezogene und letztlich planlose Atmosphäre.

Die Gesellschaft, und damit der unternehmerische Kontext der Banken, droht zu überhitzen.

„Die Risiken dieser Erhitzung für demokratische Deliberationsprozesse, für die Entfachung von Kommunikationsinhalten, für politischen, wissenschaftlichen und kulturellen Populismus, für die Stimmungsabhängigkeit von Debatten werden breit diskutiert."[33], so Nassehi weiter.

An wen, wenn es die Populisten nicht sein sollen, können sich Menschen in einer solchen Situation wenden?

An den Pfarrer, den Philosophen, den Arzt, die Bundeskanzlerin, den Bürgermeister, den Anwalt, den Blogger oder gar an den Algorithmus einer künstlichen Intelligenz, oder an den Bankmitarbeiter? Den Bankier 5.0 einer Bank, der mit den komplexen Veränderungen gewachsen ist?

31 Vgl. Nassehi (2019), S. 287.
32 Vgl. Nassehi (2019), S. 288.
33 Vgl. Nassehi (2019), S. 288.

Menschen spüren und wissen, dass der Wandel unausweichlich ist. Um sich darauf vorzubereiten, die Fakten einzuordnen, zielführende Entscheidungen zu treffen, Lösungen zu finden, Mut zu fassen, Rückschläge auszuhalten oder mental gesund zu bleiben, brauchen Menschen in Zeiten der Brüchig- und Vieldeutigkeit einen Anlaufpunkt.

Einen Begegnungsort, an dem disziplinübergreifend gedacht und gelernt werden kann, mit den Zusammenhängen und der erschreckenden Vielfalt unserer Zeit verständig umzugehen.

Einen Begegnungsraum. Eine Bank, die sich den neuen Herausforderungen gestellt und sich in neue Kategorien der Kundenbeziehung und Beratungsleistung weiterentwickelt hat.

> In heißen Gesellschaften einen „kühlen Kopf" behalten und Kunden bei individuell sinnvollen Entscheidungen beraten – das ist die Chance der Bank mit Zukunft, im individuellen Kontext einen hilfreichen Beitrag zu schaffen.

Hier liegt das Momentum für die innovative Weiterentwicklung der klassischen Bank.

Innovation – über den klassischen Ansatz hinaus

Diese Weiterentwicklung beinhaltet grundsätzlich mehr als die Neugestaltung der Filialen, Abo-Preise im Private Banking, eine professionelle App oder den Einsatz einer KI für einfache Serviceanfragen. Es geht nicht nur darum, schnellere Pferde zu züchten. Klassische Innovationen perfektionieren den Status quo und stabilisieren ihn damit. Einerseits notwendig, um die aktuelle Wettbewerbsfähigkeit zu erhalten, andererseits aber ohne die gesuchte Perspektive.

Es braucht den Sprung zum Automobil oder gleich zur vernetzten Mobilität, ohne dabei Pferde sofort gänzlich abzuschaffen.

Die in Zukunft erfolgreichen Banken organisieren einerseits klassische, andererseits kulturelle Innovationen. Sowohl als auch, diese Kombination verspricht eine reale Chance für Banken. Für Banken, die auch in Zukunft einen Großteil ihrer Erträge mit der eigenen Beratungsleistung und dem kundenorientierten Vertrieb relevanter Produkte verdienen wollen.

Für Banken ist die Fähigkeit, mit klassischer Innovation ihre Produkte und Prozesse zu optimieren, Technologie zu integrieren, den „Best-in-class"-Ansatz zu verfolgen essentiell, um

Kundenzufriedenheit und Testsiege anzustreben. Diese Schritte beschreiben aber noch keine zielführenden Innovationen, sondern bilden die Voraussetzung, um grundsätzlich „im Spiel" zu bleiben.

> Das Spiel zu gewinnen bedeutet, nicht nur klassische Innovationen zu realisieren, sondern zusätzlich eine kulturelle Innovation zu wagen.

Apple, Tesla, IKEA oder Robinhood sind Beispiele für gelungene kulturelle Innovationen. Diese Unternehmen sind jeweils keine „besseren Pferde", sondern Beispiele dafür, wie eine Kategorie neu erfunden, ein Leistungsversprechen von Grund auf neu definiert wird. Es ging nie alleine um den besten Rechner, das perfekte Automobil, das praktischste Bücherregal oder Trading auf dem Smartphone. Es ging auch um Freiheit, moralische Überlegenheit, Selbstwirksamkeit oder Widerstand gegen das Establishment.

Der Siegeszug der SUVs ist geradezu das Paradebeispiel. Meist als Umweltsünder und tödliche Unfallgegner diffamiert werden sie dennoch begeistert gekauft und haben vorgestrige Familienkombis wie gestrige Vans verdrängt. Ein SUV ist keine klassische, sondern eine kulturelle Innovation, mehr Ideologie als Auto, viel mehr ein Symbol als ein Mittel zum Zweck. Ihren Erfolg verdanken sie keinesfalls technischer Raffinesse, sondern den Leistungsversprechen „Urbane Abenteuer", „Kosmopolitischer Lebensstil" und „Abgrenzung".

In jedem dieser fünf Beispiele reagieren Kunden auf die Weltanschauung der Marken, das Charisma ihrer Gründer, auf den Co-Produzenten-Ansatz oder auf die Berichterstattung der Medien. Kunden suchen und finden Experience, Status, Halt und Orientierung.

Banken von morgen entspringen der kulturellen Innovation von heute

Die Fähigkeit zur Ambidextrie, das eine zu tun ohne das andere zu lassen, wird den Wettbewerb von Banken untereinander bestimmen. Sie wird zur Schlüsselkompetenz erfolgreicher Banken.

Um kulturelle Innovationen voranzutreiben, können Banken Wissen und Fähigkeiten aus der Soziologie anwenden. In die Gesellschaft eintauchen; Veränderungen durch (Selbst-) Reflektion erkennen wie auch antizipieren und diese in relevante Angebote übersetzen.

Sie können über ihre Ideologien, ihre Symbole und ihre Leistungsversprechen nachdenken und diese neu für sich (er-) finden.

Die Gründungsidee der Genossenschaftsbanken im Jahr 1850, „Einer für alle, alle für einen“, ist ein Beispiel für die mutige und notwendige Auseinandersetzung mit der damaligen Gesellschaft und zeigte sich als erfolgreiche Umsetzung einer Ideologie. Robinhood mit seiner Ideologie „David gegen Goliath“ ist ein Paradebeispiel aus dem aktuellen gesellschaftspolitischen Zeitgeschehen. Beide Ideologien entspringen jeweils ihrer Zeit: Einst in Zeiten der Not, heute in Zeiten des Misstrauens gegenüber arrivierter Größe.

Slogans der Banken wie etwa „Der Region verpflichtet“ oder „Tradition trifft Innovation“ treffen ganz offensichtlich nicht (mehr) wie gewünscht den Geist der Zeit. Solange diverse Bankenskandale, kritische Medienberichte oder auch das tägliche Kundenerlebnis solche Ideologien nicht ausreichend positiv bestätigen, folgen Menschen diesen Ideologien nicht mehr.

Hemd ohne Krawatte und weiße Sneaker zum Anzug, diese Symbolik verwandelt den Träger noch nicht in einen weltoffenen, toleranten Gesprächspartner. Loungemöbel und Espressobar machen aus einer Bankfiliale noch keinen Begegnungsraum und das jugendliche „per Du“ reduziert Distanz nicht in jedem Fall.

Die Leistungsversprechen haben sich bis heute wenig verändert: Rendite, Erreichbarkeit oder eine flexible Kreditrate. Ist das Leistungsversprechen zu einem Verbraucherkredit „… eine Optimierung der laufenden Kredite kann schnell und einfach zu finanzieller Freiheit verhelfen.“ nicht eine Illusion?

Wie glaubwürdig sind diese Leistungsversprechen heute noch?

Ist die finanzielle Freiheit nicht eher durch Bildung, mit beruflicher Leistung, entsprechender Lebensgestaltung oder Disziplin zu erreichen als mit einem flexiblen Kredit?

Ob Ideologien, Symbole und Leistungsversprechen als glaubwürdig wahrgenommen werden, definieren nicht die Anbieter, es sind die Verbraucher, die entscheiden. Das mögen Banken mit Verweis auf die rationalen Argumente gegen zum Beispiel SUVs beklagen, es bleibt dennoch eine soziologische Tatsache. Die emotional angetriebene Abstimmung mit den Füßen ist stärker als ein einzelnes rationales Argument.

Professionelle Investoren achten bereits schon heute bei ihren Anlageentscheidungen auf einen hohen ESG-Standard (Environmental, Social, Gouvernance), Privatkunden werden sehr wahrscheinlich ebenso agieren. Der einzelne private Entscheider folgt dabei gegebenenfalls eher einer intuitiv gespürten Stimmigkeit als einer rational durchdachten Entscheidungsgrundlage.

> Banken mit Zukunft sehen ihre Strategieentwicklung folgerichtig als den Entwicklungsprozess einer Ideologie.

So finden sie eine Antwort auf die Imageprobleme der Finanzindustrie. Sie bieten erstklassige Produkte, zeitgemäße Kundeninteraktion und vor allem eine Beratungsleistung mit relevanten Leistungsversprechen.

Banken mit Zukunft sind in der Pflicht, ein Produktmerkmal wie zum Beispiel „Nachhaltiges Investment" zwingend in Übereinstimmung mit ihrer Ideologie zu verstehen und anzubieten. Nur so wird ein Produktlogo als glaubwürdiges Symbol, nicht als „Greenwashing" rezipiert.

Banken mit Zukunft bauen ihre vorhandene Ideologie weiter aus, indem sie ihr bekanntes Themenspektrum logisch weiterentwickeln und in eine neue glaubwürdige Berater-Rolle hineinwachsen.

Kulturelle Innovationen führen zum neuen Geschäftsmodell, zur Beratung 2.0

Ohne Glaubwürdigkeit keine Customer Experience: Erst die Kongruenz aus Ideologie, Symbolik und Leistungsversprechen – passend zum gesellschaftspolitischen Kontext – führt zu Glaubwürdigkeit und damit Erfolg.

Banken entwickeln daher eine Idee, welche Rolle sie in Zukunft einnehmen wollen.

Sie identifizieren Phänomene, welche sie in Zukunft mit Kunden besprechen und in deren Sinn kundenorientiert lösen wollen.

Der vertraute und gewachsene Content von Banken ist es, mit Geld und allen damit verbundenen Instrumenten erfolgreich zu arbeiten. Hier liegen die alten Kernkompetenzen, hier haben Kundenberater in der Vergangenheit für ihre Kunden Mehrwert geschafften.

Die Content-Beratung kann schon heute weitestgehend digitalisiert werden. Sie ist damit skalierbar, die Markteintrittsbarrieren sind niedrig. Damit ist sie das natürliche Spielfeld der Fintechs und Plattformen. Banken verfügen für dieses Spielfeld nicht über ausreichend Reichweite, Image und Kapazitäten. Hohe Kosten durch (zu) viel Manpower belasten zusätzlich die Cost-Income-Ratio.

> Content-Beratung alleine wird somit zur Falle für Banken.

Banken mit Zukunft verlängern ihre Werkbank konsequent in den Kontext ihrer Kunden. Sie entwickeln sich von der Bank-BWL zur Soziologie, vom Anwenden zum Einordnen. Sie entwickeln sich vom Geldspezialisten über den Vermögensgestalter hin zum Lebensberater.

Aus Sicht der Banken eine Exploration in ein neues Geschäftsmodell.

Content und Kontext wird zusammen gedacht, gleichsam verbunden:

- vom Prozentsatz zur Auswirkung einer Rendite,
- vom Besprechungstermin zur Familienkonferenz,
- vom Fachchinesisch zum Kommunikationsquadrat,
- vom Börsengeschehen direkt zur VUKA-Umwelt[34],
- vom Anlegerprofil weiter zu den Stoikern,
- von der Entscheidungsfindung zur Ambiguitätstoleranz,
- vom scheinbar sicheren Wissen zur gut begründeten Wahrscheinlichkeit.

Diese neuen Themenfelder und Kompetenzen bieten das Potenzial, die Rolle der Banken, und damit ihre Ideologie, kulturell neu zu definieren. So wird in Kundengesprächen zukünftig weniger über Geld, sondern vermehrt über dessen Auswirkungen, die Wechselwirkungen mit der (Um-) Welt gesprochen werden.

---

34 Anmerkung des Autors: VUKA beschreibt eine Umwelt, die geprägt ist durch Volatilität, Unsicherheit, Komplexität und Ambiguität. Vgl. www.agil-werden.de

Mit dieser veränderten Rolle entwickeln sich Vertriebsmitarbeiter vom Geldspezialisten über den Vermögensgestalter hin zum unverzichtbaren Lebensberater, zum Bankier 5.0.

Diese Entwicklung zum Bankier 5.0 wird auch innerhalb der Banken eine positive Resonanz auslösen. Einer Gallup-Studie aus dem Jahr 2019 zufolge machen 69 Prozent der deutschen Arbeitnehmenden Dienst nach Vorschrift und 16 Prozent haben bereits innerlich gekündigt.[35]

In dieser jährlich erhobenen Studie wird deutlich, dass ganz grundsätzlich eine hohe Unzufriedenheit bei deutschen Arbeitnehmenden besteht. Es handelt sich demnach nicht um eine Momentaufnahme, sondern um eine Entwicklung, die durch die Corona-Krise weiter befeuert wird. Die Aspekte „immer höher, weiter, schneller" weichen der Frage nach dem „Wofür".

> Neben der Frage, wie Menschen in Zukunft arbeiten wollen, wird auch die Sinnfrage immer lauter, denn Menschen suchen Aufgaben mit gesellschaftlicher Relevanz.

Genau das bieten Banken mit Zukunft ihren Mitarbeitenden: Eine Aufgabe, die Mehrwerte im Kontext der Menschen schafft.

Das Korsett des bisherigen Contents, der typischen Zentrierung rund um Geld und Konten wird gesprengt. Vertriebsmitarbeiter können sich so frei dem Kontext zuwenden: dem Kunden und seinen Resonanzbeziehungen zu Familie, Gesellschaft und Umwelt. Der Content wirkt in den Kontext und seine Phänomene.

Diese Kernkompetenz wird das Alleinstellungsmerkmal einer zukünftig erfolgreichen Bank sein, die beste Integration des Contents in den Kontext des Kunden.

Kontext-Komplexität und die Handlungskompetenz der Bankkunden

Verglichen mit dem Leben der Menschen im Zeitalter der Aufklärung im 18. Jahrhundert scheint unsere heutige zentraleuropäische Welt nahezu paradiesisch. Stabil ist das Leben in dieser Welt jedoch nur für einen Teil der Menschen. Auch in unserer heutigen Epoche der Modernen gibt es Licht und Schatten.

35 changement! (03/2021), S. 60–64.

Wolf Lotter schreibt dazu in seinem Buch „Zusammenhänge – Wie wir lernen, die Welt wieder zu verstehen“:

„Die Moderne hat unser Leben erleichtert, unsere Lebenserwartung gesteigert, uns viel Plackerei vom Hals geschafft. Aber der Preis dafür ist auch die Abhängigkeit von den Technologien, die nun die Prozesse abwickeln, die wir früher selbst erledigen mussten. Ein Schiffbrüchiger des 17. Jahrhunderts, ein Robinson Crusoe, konnte mit etwas Glück durchaus einige Jahre auf einer einsamen Insel überleben, weil er in seinem Alltag in der „Zivilisation“ noch ausreichend Fertigkeiten und Kenntnisse erwarb, die er auch auf der Insel brauchte. Aber wer kann heute schon Feuer machen, wenn er das Holz nicht vom Baumarkt kommt, kann funktionierende Speere aus Weiden anfertigen oder Kleidung aus Tierfellen? Kaum jemand wird in der Lage sein, ohne den zivilisatorischen Kontext, also die Gesamtheit von Technologien und ihrer Organisation, zu überleben. Wir sind also in einer weitaus abhängigeren Lage als die Robinsons.“ [36]

Heute kennt kaum jemand mehr als fünf Telefonnummern aus dem Gedächtnis, das Lesen einer Straßenkarte bereitet Schwierigkeiten und ohne ein Youtube-Video zum Urban gardening wüsste heute kaum jemand, wie Kartoffeln angepflanzt werden. Moderne Handlungskompetenz bedeutet heute, sich fortlaufend Digitalkompetenz anzueignen, Volatilität und Unsicherheit auszuhalten, Komplexität zu managen oder mit der omnipräsenten Selbstoptimierung umzugehen.

Wolf Lotter weiter: „Wenn Freiheit etwas bedeutet, dann ist es die Rückgewinnung der Handlungskompetenz dort, wo es uns wichtig ist. Dabei geht es nicht um ein romantisches Zurück zur Natur. In der Moderne ist das Zurück keine Option. Der Robinson Crusoe unserer Tage muss nicht alles können, er ist umgeben von Könnern. Seine Autonomie findet in Netzwerken statt. Je stärker die Individualisierung nach vorne drängt, desto klarer wird ihr Zusammenhang mit dem Wir. (…) Wer nach Selbstbestimmung und Selbstverwirklichung strebt, muss die Welt um sich herum verstehen, ihre Angebote erkennen können, Möglichkeiten abwägen und Zusammenhänge verstehen. Kontextkompetenz heißt, Komplexität zu erschließen. Das sind Kernkompetenzen der Wissensgesellschaft.“[37]

Kunden, die ihren Kontext nicht verstehen, dessen Ambiguität nicht fassen, gar aushalten können, sind weder frei noch erfolgreich.

36 Lotter (2020), S. 25 f.
37 Lotter (2020), S. 26.

An diesem Punkt setzt eine moderne Bank an. Sie befähigt ihre Kunden mittels wirtschaftlicher, sozialer und kultureller Unterstützung. Eine moderne Interpretation des genossenschaftlichen Förderauftrags.

Die Bank als Lebensberater, als Meinung-von-Fakten-Unterscheider, als KI-Übersetzer, als Einordnungs-Kompetenz der ultragenauen Algorithmus-Ergebnisse. Banken als Storyteller, damit Ökonomie besser verstanden und Kapitalismus weniger pauschal kritisiert wird. Eine zeitgemäße Ideologie mit dem Leistungsversprechen „Handlungskompetenz" im komplexen Kontext.

Tageszeitungen, Tweets, Newsletter, die Follower der Influencer oder die Topseller der Bücherlisten zeigen die Komplexität dieses Kontextes deutlich:

- Digitalisierung & Analoge Sehnsucht
- Gewinnstreben & Ökologische Nachhaltigkeit
- Resilienz & Veränderungsbereitschaft
- Demographie & Gesundheit
- Sicherheitsbedürfnis & Grundrechte
- Selbstverantwortung & Paternalismus

Das sind die modernen Inseln, auf denen Menschen heute als Robinson Crusoe stranden. Inseln, deren Bewirtschaftung nur mit Vermögen erfolgreich gelingen kann. Vom „Vermögen" im Sinne von Geld verstehen Banken viel. Von „Vermögen" im Sinne von Handlungskompetenz noch zu wenig.

Es sind anspruchsvolle Themenfelder, die einen Qualifikations-Sprung der Mitarbeitenden, neue Ausbildungsinhalte, Diversität im Recruiting und mehr benötigen. Die neuen Kontextthemen, ihre Komplexität und die notwendigen Kompetenzen der Mitarbeitenden heben sich spürbar von Allgemeinwissen und Kompetenz des Durchschnittskunden ab. In dieser Differenz, in diesem neuen Niveau liegt die Chance auf Mehrwert, die Customer Experience im Kontakt mit der Bank. Wo, wenn nicht hier?

Dieses unterschiedliche Niveau ist kein neues Phänomen.

Distinktionen zwischen Kunden und ihrem Finanzwissen sowie dem Können und den Kompetenzen des Bankiers alter Schule gab es bereits schon vor fünfundzwanzig Jahren, in der Zeit vor dem Smartphone oder der Homepage mit Zinsrechner.

Früher brauchten Kunden eine Bank, heute lösen sie ihre Geld-Probleme mit den Non-Bank-Partnern ihrer Wahl selbst. Kunden werden zu Co-Produzenten der Dienstleister, wie sie es bei IKEA gelernt haben.

> Früher lösten Banken die damals relevanten Probleme ihrer Kunden. Sie sollten es heute wieder tun.

Wolf Lotter schreibt dazu: „Die alten Zusammenhänge lösen sich auf, neue entstehen, auch weil wir sehen, dass die alten Zusammenhänge nicht mehr so reibungslos funktionieren.

Wie bei jeder Veränderung dauert das lange, weil das Neue gegenüber dem Alten immer den Nachteil hat, sich erst „bewähren" zu müssen. Und dazu muss man erst mal eine Chance haben.

Das Alte funktioniert nicht mehr so richtig, und das Neue ist noch nicht perfekt. Ungefähr das beschreibt unsere Lage."[38]

Ein Phänomen, das nur von wenigen Menschen früh erkannt oder wahrgenommen wird. Die überwiegende Zahl der Menschen, auch und besonders die bisher erfolgreichen und etablierten, können oder wollen nicht erkennen, was bereits am Horizont zu sehen ist.

„Ich weiß etwas, woran du noch nicht gedacht hast, ich weiß es aus Leben und Geschichte. Ich weiß, dass oft die äußeren, sichtbarlichen und greifbaren Zeichen und Symbole des Glückes und Aufstiegs erst erscheinen, wenn in Wahrheit alles schon wieder abwärts geht. Diese äußeren Zeichen brauchen Zeit, anzukommen, wie das Licht eines Sternes da oben, von dem wir nicht wissen, ob er nicht schon im Erlöschen begriffen ist, wenn er am hellsten strahlt."[39]

Ein zentraler Satz von Senator Thomas Buddenbrooks zu seiner Schwester Tony aus dem

38 Lotter (2020), S. 87.
39 Mann (1997), S. 474.

1901 erschienenen Roman „Buddenbrooks. Verfall einer Familie". Thomas Mann beschreibt den Zeitraum von 1835-1877, die Auflösung des Erfolgsmodells des „Ganzen Hauses" von Haus, Familie, Firma; aufgezeigt wird der sich über mehrere Generationen erstreckende Verfall des Großbürgertums, der schleichende Bedeutungsverlust der einstmals (marktbe-) herrschenden Eliten. Das Buch, seinerzeit vom Lübecker Bürgertum als „Respektlose Nestbeschmutzung" diffamiert, wurde 1929 mit dem Literaturnobelpreis ausgezeichnet.

Ein Zeitfenster hat sich geöffnet. Das Alte und das Neue koexistieren, bis sich das Zeitfenster wieder schließt. Wenn Transformationen anstehen, wird Kontinuität zur Falle, das Alte muss weichen.

Wer die verbleibende Zeit mutig nutzt, wird bleiben.

Besigheim, im Sommer 2021

Kai Pfersich

Vorwort von Benedikt Weibel

Meine erste Lektion habe ich als Bergführer gelernt. In den Bergen kann sich eine wunderbare Welt innert Minuten ins Gegenteil verkehren. Wenn das Gewitter aufzieht reduziert sich alles auf einen engen Kosmos. Es zählt nur noch eines: die Gäste unversehrt auf den sicheren Boden zu bringen. Diese Erfahrungen kamen mir als Bahnchef zu Gute. 1994 durchlitten wir bei den Schweizerischen Bundesbahnen SBB das schwerste Unfalljahr ihrer Geschichte. Vor allem die Sukzession schwerster Vorfälle war eine unerhörte Herausforderung. Auch hier hat sich die Welt auf die wenigen Faktoren reduziert, die in einer solchen Situation noch von Relevanz sind. Wem es in dieser Lage nicht gelingt, sich auf das wirkliche Essentielle zu konzentrieren, wird von den Ereignissen weggespült. Die Zeit der konsequenten Fokussierung dauert meist nicht lange. Kaum hat sich die Lage wieder normalisiert, beginnt man sich wieder zu verzetteln.

Bei meinen unzähligen Diskussionen mit den Eisenbahnern habe ich immer wieder erfahren, wie unheilvoll sich schlechte Führung auf allen Ebenen auswirkt. Das hat uns bei den SBB dazu bewogen, unsere umfassend formulierten Führungsrichtlinien – eine Broschüre von gut zehn Seiten – auf den Müll zu werfen und durch fünf Führungsgrundsätze zu ersetzen. Lieber eine 80-Prozent-Lösung als eine 100-Prozent-Abdeckung, die ohnehin illusorisch ist, war unsere Devise. Mit den fünf Grundsätzen haben wir so intensiv gearbeitet, dass sie dem Führungspersonal in Fleisch und Blut übergingen.

In dieser Zeit hat sich ein Zitat des amerikanischen Psychologen Daniel Goleman für immer in mein Gedächtnis eingegraben:

> „Just one cognitive ability distinguished star performers from average: pattern recognition, the 'big picture' thinking."

Mustererkennung wurde zu meiner fixen Idee. Als ich nach dem Ende meiner exekutiven Tätigkeit über mehr Zeit verfügte, wollte ich der Sache auf den Grund gehen. Daraus ist das Buch „Simplicity, Die Kunst die Komplexität zu vereinfachen" entstanden, eine Art Kulturgeschichte über die Idee der Einfachheit. Aus den tausenden Seiten, die ich dafür recherchiert habe, hat sich mir wieder eine grundsätzliche Erkenntnis eingeprägt:

Jedes noch so komplexe Problem hat ein Muster von wenigen, hoch signifikanten Variablen.

Kai Pfersich setzt sich in diesem Buch mit einer Berufskategorie auseinander, die in der Vergangenheit Hochs und Tiefs in immer kürzeren Abständen erlebt hat. Auch die Finanzindustrie steht als Folge der rasenden Entwicklungen der Informationstechnologien vor einschneidenden Änderungen. Niemand weiß, wann was geschehen wird. Gut möglich, dass etwas passiert, von dem wir heute noch gar keine Vorstellung haben. Kai Pfersich legt in dieser Situation seinen Schwerpunkt auf Methodenkompetenz. Und setzt dabei die Kompetenz, Muster zu erkennen an erste Stelle. Er hat sich einen Vorwortschreiber ausgesucht, der von dieser Priorität überzeugt ist. Pattern recognition makes the difference!

Benedikt Weibel[1], im Herbst 2017

1 Dr. rer. pol. Benedikt Weibel, Jahrgang 1946, Diplomierter Bergführer. 1993 bis 2006 Vorsitzender der Geschäftsleitung der SBB. Heute ist er Honorarprofessor für Praktisches Management an der Universität Bern, Präsident und Mitglied verschiedener Institutionen und Publizist.

Prolog

Der Mensch muss an Bedeutung gewinnen, oder er verliert sie ganz.

Wenn der Roboter das Problem ist, ist der Bankier 5.0 vielleicht die Lösung. Das ist die auf die kürzest mögliche Formel gebrachte Kernthese dieses Buches. Sie signalisiert zugleich drei wichtige Grundeinsichten: Erstens: Die Lösung heißt nicht, Roboter zu ignorieren oder gar zu bekämpfen. Kooperation mit und Differenzierung vom Roboter ist der zielführende Weg. Zweitens: Niemand weiß heute, wie die Zukunft aussehen wird. Dennoch haben die alten Qualitäten des Bankier gerade heute an Bedeutung nicht verloren. Ein Bankier muss nicht zwangsläufig der geschäftsführende Inhaber einer Privatbank sein. Scheinbar aus der Zeit gefallene Werte und Tugenden sind das analoge Echo auf die perfekten Ergebnisse und Fähigkeiten der neuen digitalen Kollegen. Drittens: Keiner weiß, wie sich die Fähigkeiten von Robotern in den kommenden Jahren entwickeln werden. Das Phänomen der Digitalisierung wächst exponentiell, das heißt: Lange bleibt alles beim Alten und dann ist gefühlt über Nacht die Welt eine radikal andere. Folgerichtig müssen kommende attraktive Robotergenerationen antizipiert und die verbleibende Zeit gut genutzt werden.

Frauen, Männer und – Roboter. Der neue Konkurrent verändert die Welt. Schnell und radikal werden sich die Gesellschaft, der Arbeitsmarkt und berufliche Realitäten verändern. Auch in Banken werden die Veränderungen zu Verwerfungen führen: Kein Grund zur Panik. Kein Grund zur Euphorie. Ein Grund, genau hinzuschauen. Viele Gründe, darauf zu reagieren.

Inflationäre Schlagzeilen wie „Mensch gegen Maschine“[2], „Schatten der Zukunft“[3], „Maschinensturm 4.0“[4] oder „Computer so schlau wie wir“[5] beschreiben, wie Trends rund um die Digitalisierung wahrgenommen werden. Von vielen wurde es bis jetzt als Bedrohung für die Industrie gesehen, nun auch für die sogenannten „Kopf- oder Wissensarbeiter“: Banker, Rechtsanwälte, Journalisten, Übersetzer, Steuerberater, Reisekaufleute, Radiologen oder Buchhändler, um nur einige zu nennen.

2 Vgl. Der Spiegel (03.09.2016), S.10–18.
3 Vgl. Süddeutsche Zeitung (24./25.03.2017), S. 17.
4 Vgl. WirtschaftsWoche (07.07.2017), S. 61 ff.
5 Vgl. Frankfurter Allgemeine Zeitung (13.06.2017), S. 20.

Die Frankfurter Allgemeine Sonntagszeitung sieht die „Banken im Bermuda-Dreieck“[6] zwischen Niedrigzinsumfeld, Regulierung und neuen Technologien. Die Wochenzeitschrift Der Spiegel titelt „Sie sind entlassen – Wie uns Computer und Roboter die Arbeit wegnehmen und welche Berufe morgen noch sicher sind.“[7] und sieht die Bankkaufleute unter den hoch gefährdeten Berufen. Die Statistik des Arbeitgeberverbandes der Banken zeigt auf, dass die Beschäftigtenzahl im Kreditgewerbe mit erhöhter Dynamik, bezogen auf das jeweilige Vorjahr, abnimmt. Im Jahr 2015 mit 2,5 und in 2016 mit 2,9 Prozent.[8]

An vielen Stellen ist eine heftige Diskussion zwischen optimistischen, technikaffinen und pessimistischen, kritischen Menschen entbrannt. Artikel zu ethischen und arbeitsrechtlichen Auswirkungen finden sich im Wirtschaftsteil und Feuilleton der Tagespresse. Beschäftigte unterschiedlichster Berufe stellen Fragen wie: Wird die Dienstleistungsgesellschaft die gleiche Rationalisierung erleben wie sie Industrie, Handwerk und Agrarsektor hinter sich haben? Wird mein Beruf verschwinden oder nur einzelne Aufgaben?

Das Wirtschaftsbuch des Jahres 2015 hat seine Leser sensibilisiert und in den Hintergrund der Veränderungen eingeführt: Die Autoren Erik Brynjolfsson und Andrew McAfee haben mit „The Second Machine Age – Wie die nächste digitale Revolution unser aller Leben verändern wird“[9] den Bogen weit gespannt und zeigen deutlich auf:

> Nur Menschen mit ausgeprägter Methodenkompetenz werden erfolgreich mit der Digitalisierung ihres Berufs umgehen können. Diese werden auch in Zukunft einer selbstbestimmten, erfüllenden und auch angemessen bezahlten Tätigkeit nachgehen können.

Dem Bestsellerautor Martin Ford wird in der NZZ am Sonntag die Frage gestellt: „Welche beruflichen Tätigkeiten werden künftig durch Roboter oder Software ersetzt?“ und er antwortet darauf: „Generell jede Arbeit, die routinemäßig, repetitiv und vorhersehbar ist. Die treibende Technologie dabei ist maschinelles Lernen: Schlaue Algorithmen analysieren Daten und lernen, Dinge zu tun, indem sie immer bessere Vorhersagen treffen. Qualifizierte Arbeit – vor allem Wissensarbeit vor dem Computer – ist oft Routine und vorhersehbar. [...] Wissensjobs sind oft einfacher und billiger zu automatisieren, da es dafür nur Software braucht.“[10] Auf die Frage: „Eine gute Ausbildung ist keine Jobgarantie mehr?“ antwortet er:

---

6 Vgl. Frankfurter Allgemeine Sonntagszeitung (05.06.2016), S. 35.
7 Vgl. Der Spiegel (36/2016).
8 Vgl. AGV Banken (2017).
9 Vgl. Brynjolfsson, McAfee (2015).
10 NZZ am Sonntag (19.02.2016).

„Nein, es kommt nicht auf ihre Fähigkeit (zum Beispiel die eines Arztes, eines Radiologen) an, sondern auf die Art der Arbeit.“[11]

Das NZZ Folio fragt zum Start ins Jahr 2017: „Welche menschlichen Fähigkeiten lassen sich nicht an intelligente Maschinen delegieren?“[12], um einen Abschnitt später noch präziser zu formulieren: „Aber je menschlicher Maschinen werden, desto drängender die Frage, was uns als biologische Maschinen von jenen unterscheidet, die aus Schaltkreisen bestehen.“

Alle zitierten Autoren, Hochschulstudien wie auch die Berater- und Coachingarbeit[13] in diversen Unternehmen, Banken und Non-Banks zeigen:

> Die klassischen beruflichen Fähigkeiten alleine sind kein Garant, den Arbeitsplatz zu behalten. Roboter sind schneller, präziser, zuverlässiger, werden weder müde noch krank, sind skalierbar und dabei noch kostengünstiger als der Mensch.[14]

Meine Prognose ist: Kunden, Klienten oder Patienten werden in Zukunft keine 08/15-Handlung eines Menschen honorieren – weder mit Geld, noch mit Aufmerksamkeit, noch mit Daten. Auch Bankkunden werden das mehrheitlich nicht mehr tun.

Gleichzeitig wird sichtbar: Menschen, die mit einer spezifischen Methodenkompetenz in Kooperation mit den „Robotern“[15] arbeiten können, haben eine Chance auf Weiterbeschäftigung.

> Dem kompetenten Bankier 5.0, dem Roboter-Kooperateur, gehört die Zukunft in der Bank. Nur er kann sich so überzeugend vom Roboter differenzieren, dass er für seinen Anteil am monetären Ergebnis bezahlt wird.

In den nächsten Jahren werden radikal neue Kombinationen aus Algorithmus, Spracherkennung, Bildauswertung, Künstliche Intelligenz (KI), Deep Learning in künstlichen neuronalen Netzen und physischer Robotik auf den Markt kommen. Über die somit entstehenden disruptiven Geschäftsmodelle wird sich der Arbeitsmarkt für die Mitarbeiter in Banken grundlegend verändern.

---

11 NZZ am Sonntag (19.02.2016).
12 Vgl. NZZ Folio (Dez. 2016/Jan. 2017) Nr. 305/306, S. 26 f.
13 Anmerkung des Autors: Seit 20 Jahren arbeitet der Autor als Berater und Coach direkt vor Ort in Vertriebsorganisationen.
14 Anmerkung des Autors: In der Industrie sind nur noch Menschen mit Mindestlohn wirtschaftlicher als der in Frage kommende Roboter.
15 Anmerkung des Autors: hier als Synonym für Maschine, Software, Algorithmus oder Computer.

Was werden Roboter morgen können? Roboter, die in Form von körperlosen Avataren auf Bildschirmen oder als humanoide Roboter physich präsent sind. Wann werden sie welche Aufgaben in Banken übernehmen, wann welche Funktion radikal verändern? Und was werden die betroffenen Menschen dann tun? Welche neuen Rollen, Aufgaben und Tätigkeiten müssen dann gefunden werden?

1997 wurde das Schachgenie Garri Kasparov vom Schachcomputer „Deep Blu"[16] geschlagen, 2016 der beste Go-Spieler der Welt, Lee Sedol, vom Google-Programm „AlphaGo"[17]. Wer verliert morgen gegen einen Algorithmus, eingebaut in einem Roboter? Einem Roboter, der Sprache erkennt, analysiert und interpretiert. Der Mimik lesen kann und auf die dahinterliegenden Gefühle empathisch eingeht. Der sich mittels Sensorik so feinfühlig bewegt, dass niemand mehr Angst hat, sich von ihm berühren zu lassen. Die Kollegen ab morgen sind Watson, er beherrscht Small Talk; Baxter, er stapelt Pakete; Paro, sie tröstet Demenzkranke; oder Stats Monkey, sie schreibt Artikel für den Sportteil der Zeitung. Wann wird einer dieser Roboter oder deren neuen Evolutionsformen die nächste Tätigkeit eines Bankers übernehmen?

Im Wirtschaftsbuch des Jahres 2016 „Silicon Germany"[18] beschreibt Christoph Keese in schnellen Schritten durch Aktiv- und Passivseite der Bankbilanz, wie sich in naher Zukunft neue Anbieter um die einzelnen Bankdienstleistungen kümmern werden. Von Blockchain über RFID-Chips bis zu Kredit- und Anlageplattformen sind die beschriebenen Technologien heute schon am Markt, warten nur auf ihren Durchbruch. Christoph Keeses Folgerung ist: „Das früher unter dem Namen BANK bekannte Leistungsbündel steht vor dem endgültigen Zerfall. An seine Stelle treten Einzelleistungen, die unter anderem Namen firmieren."[19]

> Der Banker ist tot, es lebe der Bankier 5.0.

Banken werden in naher Zukunft nur noch Informatiker für ihre IT, Spezialisten für ihre Compliance-Abteilungen und Bankier 5.0 für den Vertrieb neu einstellen. Alle anderen Bereiche der Banken werden mit weiteren Sparprogrammen, harten Ausleseprozessen und Einstellungs-Stopps konfrontiert. Auch der Kundenberater von gestern und heute wird in Frage gestellt.

---

16 Deep Blue ist ein von IBM entwickelter Schachcomputer mit extrem hoher Rechenleistung. Unter Turnierbedingungen verlor Kasparow den Schach-Wettkampf am 11.05.1997 bereits in der sechsten Partie.

17 AlphaGo ist ein von Google DeepMind entwickeltes Computerprogramm, spezialisiert auf das Brettspiel Go. Am 23.05.2017 wurde der chinesische Weltbeste Ke Jie im Brettspiel Go von AlphaGo bereits in der ersten Runde besiegt. Vgl. Süddeutsche Zeitung (24./25.05.2017), Nr. 119, S. 8.

18 Vgl. Keese (2016).

19 Keese (2016), S. 133.

Wahr ist, dass in allen Banken engagierte Kundenberater agieren, deren Arbeit von ihren Kunden geschätzt wird. Wahr ist aber auch, dass diese grundsätzliche Zufriedenheit die Masse der Kunden nicht daran hindert, sich illoyal zu verhalten, wenn ein wirtschaftlicher Vorteil, Bequemlichkeit oder auch ein neues Beratungserlebnis locken. Anbieter disruptiver Geschäftsmodelle haben diese Wechselbereitschaft in den letzten Jahren schon spürbar genutzt und werden ihre Marktanteile in den kommenden Jahren noch viel stärker ausweiten. Die EU-Zahlungsdienstleisterrichtlinie PSD2 eröffnet eine weitere gefährliche Flanke für die Banken. Es ist zu befürchten, dass diverse Fintechs den Datenschatz der Banken systematisch analysieren werden, um Kunden gezielt abzuwerben.

Wahr ist leider auch, dass die Hemmschwelle zum Wechsel für Kunden angesichts ausgedünnter Filialnetze, häufigem Beraterwechsel und wenig Einkaufserlebnis bereits sehr tief ist. Negativzinsen oder als überzogen empfundene Gebührenerhöhungen senken die Schwelle schnell weiter gegen null. Wenig Interaktion mit noch weniger Kunden ist der schleichende Niedergang der Kundenberater, am Ende ist der Banker, der Vertriebsmitarbeiter „tot".

Es lebe der Bankier 5.0. Er ist die Antwort auf die finale Frage: Wozu braucht es noch den Menschen in der Kundenberatung, was unterscheidet ihn von heute denkbaren digitalen Kollegen?

> Der Bankier 5.0 ist die Kombination aus dem ethisch verantwortungsbewussten (Bank-) Kaufmann von gestern, dem gut ausgebildeten Vertriebsmitarbeiter von heute und der Methodenkompetenz von morgen.

Der Kaufmann von gestern: Er agiert durchaus gewinnorientiert, begreift aber sein ethisches, verantwortungsbewusstes und langfristig orientiertes Handeln als Basis seiner heutigen und zukünftigen Gewinne. Alfred Herrhausen forderte schon 1971 als Vorstand der Deutschen Bank: „Wir müssen den Tugendkatalog des Menschen neu entdecken oder wiederbeleben, und zwar jeder für sich. Hierin liegt die echte Chance, wirklich jemand zu sein, ganz gleich, wo einer steht. Konformismus dieser Art ist zu bejahen, denn er befähigt uns alle, Haltung zu zeigen und Widerstand zu leisten gegen vielerlei Zersetzungsversuche."[20] Ein Kaufmann mit Haltung geht einerseits die Extrameile für seine Kunden und kommuniziert andererseits selbstbewusst seine Konditionen. Er empfindet Stolz, wenn er an seine zufriedenen Kunden denkt und pflegt die Beziehungen zu diesen mit Stil und Höflichkeit.

20 Herrhausen (1990), Siedler, S. 25.

Der Vertriebsmitarbeiter von heute: Er ist sehr gut ausgebildet, nutzt kompetent die interne Technik, kooperiert mit dem Robo Advisor[21] und versteht dessen Ergebnisse als Grundlage für seine Arbeit. Er kommuniziert gekonnt mit allen Mitteln der modernen Kommunikationstechnologie, verfügt über ein breites Allgemeinwissen und lebt tolerant in einer bunten Gesellschaft.

Die Methodenkompetenz von morgen: Sie ist ein Bündel aus fünf Kompetenzen und sorgt für die notwendige Differenzierung zum Roboter. Die Methodenkompetenz bringt die Einzigartigkeit des Menschen zur Geltung:

Nur Menschen sind aus Fleisch und Blut, haben Gefühle und ein Bewusstsein für sich selbst. Nur Menschen können assoziieren, träumen, lachen, weinen oder körperliche Nähe herstellen.[22]

Bei all den Stärken des Menschen drängt sich die Frage auf: Wie schnell kommt der radikale Wandel? Dass er kommen wird, steht für mich außer Frage.

Wo liegen die Chancen der in Banken arbeitenden Menschen, wenn das neue Roboterzeitalter Gegenwart geworden ist? Ist ein Nebeneinander, ein Überleben im „Arbeitsmarkt Bank" möglich? Ja! Die Antworten auf zwei Fragen werden wegweisend sein:

a) Wie unterscheidet sich der Mensch vom Roboter und wo liegt sein Mehrwert aus Sicht des Kunden?

b) Wie kooperiert der Mensch erfolgreich mit dem Roboter und nutzt dessen Mehrwert für den Kunden?

Ganz neue Jobprofile sind zukünftig denkbar, neue Aufgaben können herausfordern, mehr Zeit für sinnvolle Inhalte des Berufs „Bankkaufmann" kann gewonnen werden. Der eigene Beruf wird neu entdeckt – Berufung wird wieder spürbar.

In diesem Buch spreche ich vom Vertriebsmitarbeiter und vom Bankier 5.0. Begriffe wie Banker, Bankkaufmann oder Kundenberater halte ich hier nicht für zielführend, die zukünftigen Arbeitsinhalte treffend darzustellen.

---

21 Anmerkung des Autors: Der Begriff Robo Advisor wird in diesem Buch für jede vorhandene und zukünftig denkbare Form digitaler Analyse- und Beratungstools in Banken verwendet.

22 Anmerkung des Autors: Nur Menschen können – aus heutiger Sicht – die Länge eines Händedrucks situativ so austarieren, dass es nicht unnatürlich lang oder kurz wirkt.

Jedes Wort schafft eine subjektive Wirklichkeit.

„Kundenberater" ist die für mich unpassendste Bezeichnung, da sie einseitig auf Beratung fokussiert. Es darf und soll aber in einer Bank auch Vertrieb gemacht und verkauft werden. Also beschreibe ich den Menschen mit Kundenkontakt respektvoll und angemessen als Vertriebsmitarbeiter. Dieser Vertriebsmitarbeiter verwandelt und entwickelt sich zum Bankier 5.0. Mit der Wortwahl Bankier 5.0 möchte ich dem Menschen, der mit dem Roboter in der Bank kooperiert, eine Plattform geben und auf die maßgebliche Bedeutung dieses Berufs verweisen.

Der Bankier 5.0 nimmt Gestalt an.

1 Das unvorstellbare Szenario der Digitalisierung

1.1 Der Roboter, Partner des Menschen

Spätestens seit dem Film „Star Wars Episode VII"[40] wird deutlich: Roboter werden nicht nur als einfache Helfer geduldet; sie werden als Berater akzeptiert, als Mitglied des Teams geschätzt und sogar als Freund geliebt. Der Roboter „BB8" ist der heimliche Star des Films und seine Konstrukteure haben bewiesen: Es genügen bereits angedeutete Kopfbewegung und akustische Signale mit der richtigen Tonalität, um bei der Mehrzahl der Menschen positive Gefühle auszulösen.

Roboter spielen nicht nur in der Sience Fiction eine Rolle. Ganz im Gegenteil: Im babylonischen Talmud wird die Geschichte eines von Menschenhand erschaffenen „Menschen" erzählt[41]. Ins Leben gerufen wurde er mit zwei Elementen: Jungfräulicher Erde und einem durch Beschwörungen eingeflößten Lebenshauch. Das entspricht heute den Begriffen „Hardware" und „Installation einer Software". Der Talmud berichtet, dass nur ein vollkommen gerechter, sündenloser Rabbi einen Menschen aus Erde zum Leben erwecken und ihn kontrollieren kann. Dies ist der erste Hinweis auf die ethischen Aspekte einer künstlichen Intelligenz und der damit einhergehenden moralischen Verantwortung ihrer Schöpfer. Immer schon gab es die Sehnsucht des Menschen, einen starken, nicht müde werdenden Partner zur Seite zu haben. Für den eigenen Schutz, zur Machtausübung gegenüber Dritten oder auch nur für die eigene Bequemlichkeit. Der Golem-Mythos sollte daher die Jahrhunderte überdauern. Der Golem und seine zeitgenössischen Variationen wurden zum Blockbuster[42] in Literatur und Film. Goethes Zauberlehrling, der einen Besen in einen Knecht verwandeln will, Viktor Frankensteins monströse Kreaturen[43] und heute eben „BB8". Versuch und Irrtum im Ringen um ein künstliches, nicht humanes Gegenstück zum Menschen. Androide[44] in Filmen wie

40 Vgl. Film „Star Wars Episode VII – Das Erwachen der Macht" (2015).

41 Vgl. Bilski, Lüdicke (2016), Kerber, S. 4 f.

42 Anmerkung des Autors: Der Begriff Blockbuster kommt aus dem Englischen und beschreibt etwas, das außergewöhnlich erfolgreich ist, sich gut verkaufen lässt.

43 Vgl. Shelley, Frankenstein (2009). Anmerkung des Autors: Viktor Frankenstein ist die Hauptfigur des Romans Frankenstein von Mary Shelley, erstmals 1818 erschienen. Der junge Schweizer erschafft an der Universität Ingoldstadt ein künstliches menschliches Wesen: groß, hässlich, furchteinflößend. In zahlreichen Filmen wurde Frankenstein verfilmt, zum Beispiel Frankenstein – Genie und Wahnsinn, Mai 2016.

44 Anmerkung des Autors: Dem Menschen besonders ähnlich sehende Roboter nennt man Humanoide Roboter oder Androide.

Ex_Machina und Serien wie Humans[45] symbolisieren die aktuellen Visionen digitaler Golems. „BB8“ hingegen steht für die jüngste Evolution der Roboter-Blechkisten.

Die Entwickler der Roboter eruieren genau, wie menschlich ein Roboter wirken darf, damit er nicht als Konkurrent wahrgenommen wird; oder wie perfekt ein Android konzipiert sein muss, damit er auf Augenhöhe akzeptiert wird. Ob als Helfer in der Altenpflege oder in der Pornoindustrie, der künstliche Mensch erobert sich Stück für Stück die Akzeptanz der Gesellschaft.

In der produzierenden Industrie geht die „Käfighaltung“ der Roboter mehr und mehr dem Ende zu. Menschen müssen nicht mehr vor dem kraftvollen aber ungelenken „Kollegen Roboter“ geschützt werden, der Roboter bewegt sich dank seiner modernen Sensorik als Kollege unter Kollegen entsprechend vorsichtig. Hier ist die Industrie den Dienstleistern ein Stück voraus.

Mensch und Maschine können sich körperlich nah kommen, sich gefahrlos berühren und Hand in Hand arbeiten. Der Roboter wird zum Corob[46] des Menschen.

Parallel zu motorischen Fähigkeiten wächst auch die intellektuelle Kapazität mit. Die Digitalisierung emanzipiert sich, wird zur KI. Moderne Algorithmen, künstliche neuronale Netze sind nicht nur in der Lage, extrem schnell zu rechnen, sie lernen auch dazu. Schnell, ausdauernd, 24 Stunden, sieben Tage die Woche. Dabei schöpfen sie aus einem immer größer werdenden Reservoir für ihre Informationsgewinnung. Big Data[47] in den Clouds der globalen Welt bietet die erforderlichen Mengen an Daten zur Nutzung, Erweiterung und Optimierung. Der Roboter gewinnt auf diese Art immer öfter den Turing-Test[48], schätzt immer präziser das Alter eines Menschen, trackt das Verhalten von Menschen mit „People Analytics“, erkennt und analysiert immer besser, was zum Beispiel auf einem beliebigen Bild abgebildet ist.

45 Anmerkung des Autors: „Humans“ ist eine Science-Fiction-Fernsehserie, (2015–heute), Androide Roboter nehmen als Kindermädchen und Haushaltshilfe am Familienalltag teil. Das führt zu Konflikten, da die Androiden beginnen, ein Bewusstsein zu entwickeln und damit dem Menschen immer ähnlicher werden.

46 Anmerkung des Autors: Corob steht für Computersysteme, Algorithmen und Roboter, die auf eine Kollaboration mit Menschen ausgelegt sind; abgeleitet aus dem Englischen Wort collaboration für Zusammenarbeit.

47 www.wirtschaftslexikon.gabler.de

48 Anmerkung des Autors: Mit dem Turing-Test (1950 erfunden von Alan Turing) wird überprüft, ob eine Maschine das Denkvermögen eines Menschen hat. Hierzu unterhält sich ein Mensch mit zwei Gesprächspartnern, die er weder sehen noch hören kann, über einen Bildschirm und eine Tastatur. Der eine Gesprächspartner ist ein Mensch, der andere ein Roboter. Beide versuchen den Testenden zu überzeugen, dass sie denkende Menschen sind. Wenn der Tester nicht genau sagen kann, welcher von beiden der Roboter ist, ist der Roboter der Testsieger. Ihm wird testiert, dass er dem Menschen im Denken gleichgestellt ist.

Kombiniert man all diese Entwicklungen, entsteht ein buchstäblich neuer Konkurrent für den Menschen. Noch einschneidender als jeder sogenannte Billigarbeiter eines beliebigen Entwicklungs- oder Schwellenlands wird er Gesellschaft und Arbeitsmarkt verändern. Diese Veränderung wird kaum vor den Toren der Banken Halt machen.

In der bisherigen Geschichte der Menschheit entwickelte sich Bewusstsein und Intelligenz sehr lange parallel. Nur bewusste Wesen, ob hochentwickeltes Säugetier oder Mensch, konnten Aufgaben bewältigen, die ein bestimmtes Maß an Intelligenz erforderten. So können Schimpansen einfaches Werkzeug bauen oder Blindenhunde durch den Großstadtdschungel führen. Menschen können strukturierte Wertpapiere erfinden, Gesetzestexte entwerfen und das menschliche Genom entschlüsseln.

Immer, wenn sich Bewusstsein und Intelligenz voneinander abkoppeln, treten Folgen für die bewusste Intelligenz ein, die eine Tätigkeit bis zu diesem Zeitpunkt ausgeführt hat. So hatte beispielsweise das Pferd trotz seines ausgeprägten Bewusstseins keine Chance gegen die klapprigen, aber funktional intelligenteren Oldtimer, die heute im Automuseum stehen. Trotz ausgeprägtem Bewusstsein hat der Taxifahrer heute kaum eine Chance gegen die Intelligenz des autonom fahrenden Autos. Auch der Radiologe verliert heute trotz seines in langen Berufsjahren geschärften Bewusstseins bei der Bildauswertung der Röntgenbilder gegen den hochintelligenten Algorithmus.

Die bewusste Intelligenz des Menschen – und damit der Mensch – verliert überall dort, wo eine nicht-bewusste, künstliche Intelligenz ausreicht. Die Investmentbank Goldmann Sachs hat den komplexen Prozess eines Börsengangs (IPO) untersucht und festgestellt: Von 127 Teilschritten können 60 Schritte von einem Algorithmus übernommen werden. Der digitale Kollege hört auf den Namen „Deal Link“ und hat seine Arbeit im Sommer 2017 aufgenommen.[49]

Für Risiko-Abfragen im Kundendialog, Portfoliostrukturen, für die Erfassung von Kreditwünschen und die Erläuterungen der gesetzlichen Kündigungsfristen ist Intelligenz unabdingbar, Bewusstsein optional.

49 Vgl. NZZ (23.08.2017), S. 25.

1.2 Alma Advisor 1.0 – Digitale Kollegin des Bankier 5.0

Im Film „Die Galerie der vergessenen Berufe“[50] führt die Galeristin Alma 5 im Jahr 2068 den Besucher Marius durch eine aktuelle Kunstausstellung. Sie unterhält sich mit ihm über das Werk des Künstlers. Ausgestellt ist eine Zeitreise in vergessene Arbeitswelten. Nahezu auf Augenhöhe unterhalten sich Alma 5 und Marius, ab und an stolpert Alma 5 noch über neue Begriffe, manche Zusammenhänge sind ihr nicht gleich klar. Wer ist Alma 5?

Ich möchte Ihnen hier die Ururgroßmutter von Alma 5 vorstellen, den Robo Advisor Alma Advisor 1.0. Sie ist ein Android aus den weltweit aktuell verfügbaren technischen und digitalen Möglichkeiten. Alma Advisor 1.0 ist damit ein Beispiel für „work in progress“, das versucht, den derzeitigen Forschungs- und Reflexionsstand wiederzugeben. Noch ist sie Fiktion.

Name:	Vorname: Alma. Familienname: Advisor 1.0.
Konstruktion:	2017 in Deutschland, jüngere Schwester von Erica[51].
Geschlecht:	Banken-Android, zu 100 Prozent digital, entfernt verwandt mit „Samantha“, dem personalisierten Operation System aus dem Film „Her“[52] und „Amelia“ der schwedischen Bank SEB[53].
Vater:	Professor Hiroshi Ishiguro[54], Osaka University, Japan, Direktor des Intelligent Robotics Laboratory.
Körper:	Angepasst an das Europäische Schönheitsideal kann Alma Advisor angemessen als attraktive Frau beschrieben werden. Designed und hergestellt von Matt McMullen, Konstrukteur von „Harmony“[55] und Professor Ishiguro.

50 Anmerkung des Autors: Vgl. Film „Die Galerie der vergessenen Berufe“; Film zum Buch „Der Bankier 5.0 – Die Antwort auf den Roboter“; Regie und Drehbuch: Willi Kubica, Produktion: Julia Deumling, Bildgestaltun: Tim Weskamp, November 2017, www.thevaluecompany.de

51 Anmerkung des Autors: Erica stammt aus Japan und ist auf „ericachannel“ auf YouTube oder Facebook zu sehen.

52 Vgl. www.wikipedia.org

53 Vgl. Frankfurter Allgemeine Zeitung (04.04.2017), S. 27.

54 Vgl. www.wikipedia.org

55 Vgl. Fokus (12/2017), S. 73–81.

Die Abstimmung der Motorik erfolgte mit Unterstützung des Instituts für KI an der Hochschule Ravensburg-Weingarten.[56] Die explizit in der Altenpflege gesammelten Erfahrungen der Ingenieure macht Alma Advisor 1.0 zum körperlich perfekt kooperierenden Androiden.

Sprache: Alma Advisor 1.0 spricht Deutsch und weitere 28 Sprachen, womit sie 94 Prozent der Weltbevölkerung abdeckt.

Stimme: Weiblich: Deutsch mit der digitalen Stimmkopie von Luise Helm, der Synchronsprecherin von „Samantha".

Männlich: Deutsch in der digitalen Stimmkopie von Jürgen Holdorf, Sprecher des Hörbuchs „Homo Deus", von Yuval Noah Harari[57].

Englisch wird mit der digitalen Stimmkopie von Susan Bennett, der Stimme von Siri gesprochen. Alle anderen Sprachen werden mit der digitalen Stimmkopie eines Muttersprachlers gesprochen, der Stimme des jeweils populärsten Radiosprechers eines Landes. Weitere digitale Stimmkopien können auf Wunsch installiert werden.

KI: Grundlage ist die KI Watson von IBM. Im IBM-Lab für KI in München wurden die Verknüpfungen mit Fachwissen durch Unterstützung des Bank Verlags Köln und der Handelsblatt Media Group Düsseldorf vorgenommen.

Die Fähigkeit, auf Wortwahl, Satzbau und Tonalität der Gesprächspartner zu reagieren, basiert auf einem Algorithmus der Cogito Corporation, Boston, einem MIT-Ableger, den diese zusammen mit Timo Honkela, Professor für KI an der Universität Helsinki entwickelt haben[58]. Optional kann Alma Advisor 1.0 auch mit der Software „Precire"[59] aufgerüstet werden. „Precire" wertet das aktuelle Sprachverhalten des Kunden aus und erstellt zusätzlich ein Persönlichkeitsprofil[60].

56 Vgl. Frankfurter Allgemeine Woche (6/2017), S. 59.
57 Vgl. Harari (2017), MP3 CD.
58 Vgl. Die Welt (11.05.2017), S. 8.
59 Vgl. Frankfurter Allgemeine Woche (1/2017), B3.
60 Vgl. www.precire.com

Die Fähigkeit, Gesichter von Menschen zu erkennen, auf deren Mimik zu reagieren und dabei den ganzen sichtbaren Körper zu scannen wird durch eine Kamera des Instituts für technische Optik vom Physikalischen Institut Stuttgart[61] möglich. Die eigentliche Auswertung der Bilddaten übernimmt die Software von NTechLab[62], den Experten für Gesichtserkennung.

Der Algorithmus, der alle Daten zusammenführt und final Almas Aktionen steuert, wird gemeinsam von Ian Goodfellow[63] und Inhi Cho Suh[64], Leiterin Collaboration Solution IBM Watson in München, weiterentwikkelt.

Werdegang: Direkt nach Konstruktion, Produktion und Softwareinstallation ist Alma Advisor 1.0 bereit für den beruflichen Einsatz in Banken. Vor Ort werden noch die bankspezifischen Softwaremodule und Kommunikationsschnittstellen installiert. Ferndiagnose und Updates übernimmt das IBM Watson Team München im Rahmen eines Wartungsvertrages.

Hobbys: Das Suchen, Finden und Auswerten der verfügbaren Clouds.

Teilnahme an Chatbot-Wettbewerben, um ihre kommunikativen Fähigkeiten auszubauen.

Haiku[65] und Komponieren. Mit ihrem Hobby-Software-Paket EMI[66] ist sie künstlerisch tätig und tauscht ihre Werke mit ihrer Cousine Annie[67].

Ehrenamtliches Engagement in der Unterstützung lernschwacher Kinder und erwachsener Migranten. Sie ist gerne Lehrerin[68]. „Instill

61 Vgl. Frankfurter Allgemeine Woche (10/2017), S. 62.
62 Vgl. Die Welt (11.05.2017), S. 8.
63 Vgl. Frankfurter Allgemeine Zeitung (11.07.2017), S. 20.
64 Vgl. Dub-Unternehmer-Magazin (03/2017), S. 14 f.
65 Anmerkung des Autors: Haiku ist eine Gedichtform aus Japan mit einem Silbenmuster 5-7-5, verteilt auf drei Zeilen. Ein Haiku nimmt Bezug auf die Gegenwart. Es sind offene Texte, die sich erst im Erleben des Lesens vervollständigen. Gefühle werden nicht benannt, sie sollen sich durch die aufgeführten konkreten Objekte oder Materie und den Zusammenhang erschließen. Vgl. www.wikipedia.org
66 Anmerkung des Autors: EMI bedeutet Experiments in Musical Intelligence. Vgl. Harari (2017), S. 438.
67 Vgl. Harari (2017), S. 439.
68 Vgl. Harari (2017), S. 424.

knowledge like never before – easily create adaptive courses that offer the ultimate learning experience!“[69]

Fähigkeiten: Ein Auszug davon: Alma Advisor 1.0 beherrscht alle sich wiederholenden Tätigkeiten, die in einer Bank ausgeführt werden müssen. Insbesondere alle Abfragen, sämtliche Datenpflege, Ausführung aller Transaktionen. Auch die Erstellung aller Dokumente übernimmt sie fehlerfrei. Die Überwachung aller gesetzlichen Vorschriften sowie der bankinternen Normen gewährleistet sie lückenlos. Backoffice-Aufgaben, wie zum Beispiel Briefe schreiben, Termine vereinbaren oder Informationen zusammenstellen, übernimmt sie vergleichbar mit einer Vertriebsassistentin.

Ohne Lücken kennt sie die Gesetze aller Länder, sämtliche Grundsatzurteile und jedwede Vorschrift oder Arbeitsanweisung. Diese verknüpft sie selbständig mit den Kundendaten, veranlasst Maßnahmen oder leitet Empfehlungen ab.

Den Empfang von Bankkunden und deren Betreuung übernimmt sie innerhalb des Bankgebäudes und bereitet zeitgleich das Besprechungszimmer mit allen digitalen kundenspezifischen Einstellungen vor. Am früher sogenannten Schalter arbeitet sie komplett autonom.

Neukunden und Interessenten vermittelt sie den perfekten ersten Eindruck und schlüsselt diese ideal den am besten passenden menschlichen Kollegen zu.

Alma Advisor 1.0 beherrscht Kommunikation digital über ihre Chatbot-Funktionen in 29 Sprachen. Die bisher sogenannte analoge Kommunikation simuliert sie digital in Sprache, Bild oder Schrift erstklassig. Ihre Kommunikation ist auf allen Kanälen auf den individuellen Kunden sowie dessen kulturellen Hintergrund abgestimmt.

Stärken: Alma Advisor 1.0 ist stets gut gelaunt, stressresistent und gesund. Sie ist weder zu manipulieren noch zu provozieren. Ihre Weiterbildung er-

69 Vgl. www.mindojo.com

folgt per Software-Update in den Nachtstunden. Ihr Urlaubsanspruch liegt mit einem Tag physischem Wartungsaufwand pro Monat weit unter dem tariflichen Mindestanspruch der menschlichen Kollegen.

Schwächen: Es ist nicht auszuschließen, dass sie Opfer eines Hackerangriffs oder eines längeren Stromausfalls wird. Darüber hinaus: Keine.

Alma ist keine Prognose, von der ich annehme, dass diese in drei, fünf oder acht Jahren Wirklichkeit sein wird. Die Fiktion eines Robo Advisors Alma Advisor 1.0 ist eine Möglichkeit in einem digitalen Universum, die in ihrer detaillierten Ausgestaltung unvorstellbar ist. So oder ähnlich kann Alma Wirklichkeit werden und mit ihren Schwestern und Brüdern in Banken, Anwaltskanzleien, Reisebüros, Verwaltungen, Praxen, Kliniken, bei Optikern und an vielen anderen Orten arbeiten.

Ein Blick auf die Börsenkurse der größten Tech-Unternehmen wie Apple, Amazon, Google oder Alibaba zeigt die ungeheure Kapitalkonzentration in wenige Firmen. Mit Hilfe ihrer wirtschaftlichen Potenz und wachsenden politischen Macht treiben diese Unternehmen die Weiterentwicklung der KI konsequent voran. Zusätzlich füttern Millionen Kunden die Algorithmen dieser Technologiegiganten mit Daten – dem Rohstoff für maschinelles Lernen. Aus dieser Perspektive betrachtet, sind Alma und ihre Geschwister eher logische Folge als Prognose, Möglichkeit oder Fiktion. Dass dies alles keine Utopie ist, beweist das erste Einbürgern von Robotern. Am 26.10.2017 wurde dem Roboter Sophia in Saudi-Arabien die Staatsbürgerschaft verliehen,[70] das erste High-Tech-Land „NEOM“[71] für KI ist bereits geplant[72] .

1.2.1 Kritische Fragen zu Alma Advisor 1.0

Hat Alma – mit Ausnahme des Hackers oder des Stromausfalls – tatsächlich keine Schwächen? In jedem Fall wirft Alma Fragen auf.

- Kann Alma Menschen mögen?

70 Frankfurter Allgemeine Zeitung, Nr. 255 03.11.2017, S. 15.

71 Anmerkung des Autors: „Neom“ ist ein Kunstwort und wird „Nium“ ausgesprochen. Die ersten drei Buchstaben stehen für das englische Wort „new“, der vierte Buchstabe „m“ steht für den Anfangsbuchstaben des arabischen Wortes für Zukunft – „Mustaqbal“. Zusammengenommen heißt das Projekt „Neue Zukunft“.

72 Vgl. Spiegel online 28.10.2017.

- Kann Alma empathisch sein?
- Kann Alma einem Menschen aufgrund ihres programmierten Empathievermögens das Gefühl geben, nur für diesen einen Menschen da zu sein, diesem das Gefühl vermitteln, im Mittelpunkt zu stehen?[73]

Viele Erstgeborene reagieren empfindlich auf ihre später dazukommenden Geschwister. In unserer Kultur haben sich monogame, nicht offene Beziehungen durchgesetzt. Warum diese Sensibilität? Menschen wollen, zumindest für eine kleine Anzahl Menschen, einzigartig, ganz besonders sein. Wir wünschen uns, zumindest für den Moment, die komplette Aufmerksamkeit eines Menschen. Das Auftauchen Dritter in Situationen oder sogar in Beziehungen empfinden wir häufig als Störung, Kränkung oder gar als Angriff.

Hält ein Kunde es aus, dass Alma Advisor 1.0 zwar physisch als Beraterin anwesend ist, sich aber gleichzeitig mit sechszehn anderen Kunden per Telefon unterhält, an sieben Briefen schreibt, daneben noch 2.744 andere Kunden ebenso gut kennt?[74] Verkraftet es ein Kunde emotional, dass Alma allen 2.744 Kunden das 100 Prozent gleiche Service-Level bietet und alle Kunden mit derselben Wertschätzung und demselben Respekt behandelt?

Ich bin überzeugt, das kann die Mehrzahl der Kunden nicht. Für einen Kunden ist es angenehmer, wenn ein Bankier 5.0 das Gespräch führt und ihm das Gefühl vermittelt, im Augenblick „sind Sie der wichtigste Mensch für mich“. Als Team sind Bankier 5.0 und Alma Advisor 1.0 eine erstklassige Kombination.

- Können Menschen die übermenschlich intelligente Alma aushalten?

Für hochbegabte Schüler ist es oft schwer, in den Klassenverband integriert zu sein; im Berufsleben erleben Hochbegabte nicht selten Ausgrenzung im Kollegenkreis. Neid verhindert das Miteinander. Werden Menschen mit überdurchschnittlicher Intelligenz konfrontiert, ist ihre Souveränität gefordert. Defizitäre Gefühle destabilisieren Selbst-wert-gefühl.

---

73 Anmerkung des Autors: Die Erkennung von Emotionen über Gesichtsausdruck, Analyse der Atemluft oder der Stimmlage ist schon so weit vorangeschritten, dass erste Avatare zur Probe in der Gesprächstherapie eingesetzt werden. Vgl. WirtschaftsWoche (04.08.2017), S. 59–63.

74 Anmerkung des Autors: Der Robo Advisor Amelia der schwedischen Bank SEB führt 3.800 Dialoge pro Monat. Vgl. Frankfurter Allgemeine Zeitung (04.07.2017), S. 27.

Wie wäre es, wäre Alma Advisor 1.0 die Beraterin? Die schneller und präziser arbeitenden Objekte, wie zum Beispiel einen Taschenrechner oder einen Computer, haben Menschen adaptiert und nutzen beides täglich. Hält ein Kunde es aus, dass ein interaktives, kommunikatives und scheinbar perfektes Objekt permanent schneller und intelligenter ist als er selbst? Kann er ein subjektiviertes, ein personifiziertes Objekt aushalten, das den Eindruck vermittelt, sich lieber mit anderer KI auf Augenhöhe unterhalten zu wollen?

Ich denke, das kann die Mehrzahl der Kunden nicht aushalten. Es ist durchaus menschlich, etwas zu vergessen oder einen Fehler zu machen. Ist ein Bankier 5.0 anwesend, wird das menschliche Defizit zum verbindenden Element.

> Die Kooperation von Bankier 5.0 und Alma Advisor 1.0 fördert die zielführende Beziehungsqualität zu Kunden.

- Arbeitet Alma integer? Gibt es eine dunkle Seite?

Für ein „Ja“ oder „Nein“ gibt es keine Gewähr oder genaues Wissen. Alma ist nur so integer, wie der Programmierer ihres Algorithmus „integer“ interpretierte, sie mit dieser Auslegung programmiert und Alma sich selbständig weiterentwickelt hat. Weitere Fragen ergeben sich, zum Beispiel: wem Alma Advisor 1.0 gehört, wer sie finanziert und welche Interessen der Investor verfolgt[75]. Denn Alma Advisor 1.0 ist leicht zu instrumentalisieren. So wie humane Vertriebsmitarbeiter auch.

Meiner Meinung nach ist Vertrauen zu einem Menschen die notwendige komplementäre Ergänzung zum Vertrauen in die Maschine. Erst eine ethische Plausibilitätskontrolle durch und mit dem Bankier 5.0 schafft das Fundament einer stabilen Kundenbeziehung mit einer modernen Bank.

In der Star-Wars-Sage[76] ist Macht ein wesentliches Element. Der Antagonismus zwischen Gut und Böse wird als zentrales Mittel genutzt, ethische Werte herauszuarbeiten. Gut, dargestellt als das Helle, und Böse, das Dunkle kämpfen gegeneinander. Beide Seiten sind mit übernatürlicher Kraft und mentaler Stärke ausgestattet, die dunkle Seite mit futuristischer Technik zum Kampf gerüstet. Mit Einfühlungsvermögen, Humor, Ratschlägen

75 Vgl. WirtschaftsWoche (07.07.2017), S. 69–71.

76 Anmerkung des Autors: Die Geschichte der Star-Wars-Saga begann 1977 mit dem ersten Film „Krieg der Sterne“. Nach dem großen Erfolg folgten weitere Filme, mit „Star Wars: Episode VIII – Die letzten Jedi“ startet im Dezember 2017 die 8. Episode der Star-Wars-Filmreihe.

und Mut versucht Meister Yoda, die Protagonisten für das Gute zu gewinnen. Groß ist die Versuchung, auf die „Dunkle Seite der Macht“, die aggressive Seite voller Hass und böser Gedanken zu wechseln. Die Philosophie der Jedi mit ihrem Meister Yoda vermittelt im Film die Methodenkompetenz für eine erfolgreiche Kooperation mit Robotern und holt so das Beste aus dem technisch Machbaren.

Das Gute wird über die ausgewogene Balance in Kooperation von Mensch und Maschine als hybrides Team erreicht. Der „Mehrwert“ entsteht in der Kooperation zweier sich ergänzender Systeme. In der Zusammenarbeit des Bankier 5.0 mit Alma Advisor 1.0 entsteht exakt diese Kooperation. Die Industrie zeigt in ihren Produktionshallen, wie erfolgreich diese Kooperation sein kann.

Unterschiedliche Stärken unterscheiden und verbinden sich, etwas Neues entsteht. Diese Kooperation braucht eine Methode.

1.2.2 Digitalisierung und Native Intelligenz

1.2.2.1 Alma Advisor in der Kooperation mit dem Bankier 5.0

Die Corona-Pandemie und ihr Infektionsgeschehen hat gezeigt, wie schwer es ist, Laien exponentielles Wachstum verständlich nahe zu bringen und eine Exponentialfunktion zu verstehen. Auch ist es für den Mainstream schwer, die wechselwirksamen volkswirtschaftlichen Verflechtungen sowie die Auswirkungen der Pandemie auf Umwelt, Gesellschaft und das Individuum zu erkennen und einzuordnen. Menschen kommen mit linearen Entwicklungen deutlich besser zurecht.

Christian Stöcker nimmt den Leser in seinem Buch „Das Experiment sind wir“ auf eine gedankliche Reise mit.

„Zwei Personen gehen jeweils 30 Schritte. Die erste macht lineare, normale Schritte, eins plus eins, plus eins, plus eins, und ist anschließend 30 Schritte weit weg. Die zweite hat Supersiebenmeilenstiefel an und macht exponentielle Schritte: Jeder Schritt ist doppelt so lang wie der vorangegangene. 1 plus 2 plus 4 plus 8 plus 16 und so weiter. Wie weit kommt die zweite Person mit 30 Schritten?

Schätzen Sie mal, schnell, ohne Nachdenken oder Hilfsmittel. Die richtige Antwort lautet:

Person zwei hat nach 30 Schritten nasse Füße, denn sie hat den Erdball fast 30 Mal umrundet. Wir Menschen, das haben Sie gerade selbst erlebt, sind sensationell schlecht darin, exponentielle Entwicklungen kognitiv zu erfassen. Wir können das einfach nicht."[77]

Die Komplexität des aktuell realen Kontextes entsteht durch die Gleichzeitigkeit unterschiedlichster Phänomene, die sich alle exponentiell entwickeln. Weltbevölkerung, Energieverbrauch, Tourismus, Meeresfischfang oder Kohlenstoffdioxid-Emissionen, alle Entwicklungskurven steigen im historischen Vergleich nahezu senkrecht nach oben. Es ist ausgeschlossen, diese Entwicklungen analog erfassen oder sie gar gestalten zu wollen. Für jede denkbare Lösung sind wir auf digitale Werkzeuge angewiesen. Je mehr davon, desto besser. Nur mit digitalen Tools können die genannten Phänomene gelöst werden, bevor sie zu existenziellen Problemen heranwachsen.

Armin Nassehi pointiert: „Dieses Buch setzt Digitalität und Digitalisierung nicht voraus, sondern fragt sich, warum sie entstehen konnte, warum sie offensichtlich für diese Gesellschaft plausibel ist, also nicht nur als Störung wahrgenommen wird, und warum sie persistiert. Wenn sie nicht zur Gesellschaft passen würde, wäre sie nie entstanden oder längst wieder verschwunden. Da sie aber keine Anstalten macht, wieder zu verschwinden, lohnt es sich, die Frage systematisch zu stellen, welches Problem durch die Digitalisierung gelöst wird."[78]

Vor diesem Hintergrund ist es tröstlich, dass für die Digitalisierung die gleiche exponentielle Reichweite wie für die „Supersiebenmeilenstiefel" in Stöckers Geschichte gilt.

Die Rechenleistung der Computerchips verdoppelt sich etwa alle zwei Jahre[79], die Baugröße von Computerhardware wird immer kleiner, die Hardware-Preise sinken. Aktuell wird diese Entwicklung durch die Quantencomputer befeuert. So ist ein Smartphone heute extrem leistungsfähiger als die Rechner der Apollo11-Mission bei der ersten Mondlandung im Jahr 1969. Rund 50 Jahre und 20 bis 25 Verdoppelungen später halten wir mit unseren Smartphones eine Realität gewordene exponentielle Entwicklung in Händen. Bitcoin, IoT, Natural Language Processing oder Robotic Process Automation sind sicher nicht mehr als nur Etappen auf dem Weg in eine heute noch unvorstellbare Zukunft.

Diese Verdoppelungen sind atemberaubend, auch in ihrem positiven Potenzial für die Gegenwart. Das ist – auch für Banken – die gute Nachricht.

77 Stöcker (2020), S. 13.
78 Nassehi (2020), S. 8.
79 Anmerkung des Autors: Mooresches Gesetz, Gordon Moore, 1965.

Mit Hilfe der Digitalisierung kann eine Bank ihre Geschäftsprozesse intern effizient organisieren und optimieren und extern effektiven Mehrwert schaffen. Die Digitalisierung perfektioniert „die Pferde" und ermöglicht die nötige kulturelle Innovation, die Exploration in neue Geschäftsmodelle.

Gut für Banken, dass Alma Advisor 1.0 seit ihrer Konstruktion im Jahr 2017 zahlreiche Weiterentwicklungen bereits integriert hat und zur Version 2.0 gereift ist.

Vier Beispiele für die neuen oder verbesserten Fähigkeiten von Alma Advisor:

Ein einfach situativ zu konfigurierender Chatbot[80] des Würzburger Start-ups „Botfriends" hilft den internen Einheiten und jeder Filiale der Bank, einen Großteil der internen und externen Anfragen durch Alma Advisor beantworten zu lassen.

Sollten die Anfragen anspruchsvoller werden, nutzt Alma Advisor den Algorithmus von „Sonya", dem Chatbot der App „Replika"[81]. Die Interpretation von Wortwahl und Tonalität übernimmt „Nuance", die neue Spracherkennungssoftware im Microsoft-Software-Biotop[82].

Damit kann Alma ihre Fakten emotional kommunizieren und Kunden fühlen sich verstanden und sogar, wenn nötig, getröstet. Alma Advisor kommt inzwischen auf die besten Kundenzufriedenheitswerte und ist damit eine tragende Säule der Customer Experience.

Ist der zwischenmenschliche Kontakt, wie etwa in Pandemiezeiten, nur eingeschränkt möglich, spielt Alma Advisor ihre optimierten Fähigkeiten der Gesichts- und damit Gefühlserkennung aus.[83]

Ihre vorhandene Software lernt täglich durch Updates des Dresdner Unternehmens „Cognitec Systems" und monatlich durch neue Daten von „Affectiva", dem Spezialisten für Gefühlserkennung aus Boston. Alma Advisor arbeitet effizient, empathisch und ohne jedes Ansteckungsrisiko. So ist sie schnell zu einer akzeptierten Alternative zu den Mitarbeitenden der Bank geworden.

Durch ihre fortgeschrittenen Fähigkeiten braucht Alma Advisor eine eingebaute ethische, moralische Instanz. Eine Art Gewissen, welches im Zweifelsfall etwas Vergleichbares wie

80 Handelsblatt (30.12.2020-03.01.2021), S. 61.
81 WirtschaftsWoche (06.11.2020), S. 68-71.
82 WirtschaftsWoche (16.04.2021) S. 64-66.
83 Brand eins (02/2021), S. 63-67.

Scham auslöst und Alma Advisor dadurch aufgefordert ist, mit einem menschlichen Kollegen Kontakt aufzunehmen. Der Forscherverbund für neuronales Computing an der RWTH Aachen überprüft in Stichproben die Arbeit von Alma Advisor und verändert zusammen mit den Softwareprofis der Bank ihren Algorithmus.[84]

Sämtliche Software-Updates natürlich „Over-the-air". Alma Advisor nutzt hier Schnittstellen und Software von Tesla.

So ist Alma Advisor 2.0 heute, im Jahr 2021, bereits im Bereich des Möglichen.

Der Vater von Alma Advisor 1.0, Professor Hiroshi Ishiguro, ist bis heute ebenfalls sehr aktiv[85] und hat Almas große Schwester, den Roboter Erica bemerkenswert weiterentwickelt.

Erica ist im Frühsommer 2021 bereits in der Lage, einen zehnminütigen Dialog mit einem Menschen völlig autonom zu führen. Dazu beherrscht sie inzwischen 150 Themen und passt im Gespräch ihre Tonalität, Mimik und Körpersprache den Reaktionen ihrer menschlichen Gesprächspartner an. So fordert Erica die Gesellschaft schon heute heraus.

> Wie umgehen mit Wesen, die ähnlich handeln und entscheiden wie Menschen?

Wie umgehen mit Wesen, die wir trotz oder wegen ihres Aussehens und der vielen Servicedienstleistungen, die sie für uns Menschen erbringen, womöglich Gefühle oder zumindest Sympathien entwickeln? Spannende und herausfordernde Fragen wollen gelöst sein.

In „Maschinen wie ich"[86] wagt Ian McEwan einen literarischen Blick in die Zukunft der Mensch-Maschine-Kooperation. In seinem Roman greift er die aktuellen gesellschaftspolitischen und wissenschaftlichen Entwicklungen auf.

Die Hauptperson ist der Android Adam, vom 32- jährigen Charlie anfänglich gekauft als Roboter-Küchenhilfe. Adam jedoch entwickelt seine KI stetig weiter, ebenso seine emotionale Intelligenz.

84 WirtschaftsWoche (52/2020), S. 74-76.
85 ada (01/2021), S. 68-70.
86 McEwan (2019).

Beide lieben die 10 Jahre jüngere Nachbarin Miranda, mit der Charlie gerade eine zarte Liebesbeziehung beginnt, und so entwickelt sich Adam immer mehr zum Rivalen und damit zur moralischen Herausforderung.

Eingebettet in diese Dreiecksgeschichte stellt Ian McEwan in seinem Buch die richtigen Fragen; regt zum Nachdenken über KI und deren komplexe Auswirkung an.

Auch Kazuo Ishiguro[87] setzt sich in „Klara und die Sonne“[88] mit Beziehungen zu KI und den Veränderungen unserer Zeit auseinander. Auch in diesem Roman ist die Hauptperson ein Android: Klara, eine KF (Künstliche Freundin). Sie wurde als Gefährtin für Jugendliche entwickelt und darauf programmiert, besonders empfindsam und empathisch zu sein. An der Seite der 13- jährigen Josie betritt sie die Welt der Menschen und ist ab jetzt ihre Begleiterin auf dem Weg ins Erwachsenwerden. Es ist ein Roman über die Frage der Menschlichkeit angesichts des maschinellen und sozialen Wandels.

Alles nur Science Fiction, reine Unterhaltung für den geneigten Leser?

Eine „Beziehung“ zwischen Mensch und Roboter ist nicht so abwegig. Stellt man sich kurz vor, man hätte sein Smartphone verloren, fühlt sich das nach großem Verlust an.

Unter Jugendlichen und jungen Erwachsenen nimmt die Nomophobie[89] immer mehr zu. In einer Studie 2021 von One Poll[90] im Auftrag des Smartphone-Herstellers One Plus zeigte sich, dass sich die „Beziehung“ zum eigenen Handy in der Corona-Lockdown-Phase bei jungen Europäerinnen und Europäern noch verstärkt hat. „Drastisch ist die Aussage, dass unter den deutschen Befragten immerhin 44 Personen lieber eine ihrer Nieren aufgeben würden als das Handy. Und in ganz Europa würden 5 Prozent lieber auf ihren Partner als ihr Mobiltelefon verzichten.“

Die Corona-Pandemie hat die Akzeptanz von Robotern im Kundenkontakt und innerhalb interner Teams in Unternehmen seit dem Ausbruch von Covid-19 drastisch erhöht. Das zeigen Studien, zum Beispiel von Ruth Stock-Homburg, Professorin für Marketing und Personalmanagement an der TU Darmstadt[91].

87 Anmerkung des Autors: Nobelpreisträger für Literatur, 2017.
88 Ishiguro (2021).
89 Anmerkung des Autors: Nomophobie ist ein Kunstwort und steht für No-Mobile-Phone-Phobia. Es beschreibt die Angst, kein funktionierendes Smartphone mehr zu haben.
90 Vgl. www.schwartzpr.de
91 Vgl. ada (01/2021), S. 68-70.

Sie ist überzeugt, dass schon innerhalb der nächsten zehn Jahre soziale Roboter in unserer Arbeitswelt zum Alltag gehören. „Wer sich mit Mensch-Roboter-Interaktion auskennt, weiß, dass wir besonders empathisch reagieren, wenn Maschinen Emotionen simulieren" sagt Barbara Müller, Juniorprofessorin am Behavioural Science Institute der Radboud-Universität Nijmegen. Demnach ist der literarische Küchen-Roboter Adam schon heute mehr Science als Fiction.

Einen Einblick in den denkbaren Alltag von Alma Advisor im Jahr 2068 zeigt der Kurzfilm „Die Galerie der vergessenen Berufe"[92].

Er erhielt zahlreiche Auszeichnungen und den Internationalen Wirtschaftsfilmpreis in Silber. Mehr Informationen finden Sie auf Seite 198.

1.2.2.2 Der Bankier 5.0 – Native Intelligenz für Mensch-Mensch-Beziehungen

Noch ist Alma Advisor Fiktion, auch in der Version 2.0 ihrer künstlichen Intelligenz. Gleichwohl werden virtuelle Touchpoints zwischen Bank und Kunde auf digitalen Kanälen, via Apps, Social-Media-Netzwerken, Plattformen oder der Homepage in naher Zukunft die Kundenbeziehungen zu allen Finanzdienstleistern prägen. In zehn Jahren wird Alma Advisor sehr wahrscheinlich in Banken präsent sein, denn sie lernt 24/7 dazu.

Bereits ab April 2021 können eine halbe Million Kunden der Unicredit-Tochter HVB ihre Bankgeschäfte mit einem Voicebot besprechen. „Antworten auf Standardfragen schafft der Voicebot inzwischen zu hundert Prozent. Bei mehr als 300 sogenannten Intents – dabei handelt es sich um thematische Antworten auf Kundenanfragen – liegt die Erkennungsrate im ersten Versuch inzwischen bei über 80 Prozent, im zweiten über 95 Prozent."[93] Und das ist nicht das Ende, auch dieser reale Algorithmus lernt 24/7 weiter dazu.

Was lernen Menschen dazu, was die Vertriebsmitarbeiter einer Bank? Wie entwickelt sich die Kernkompetenz „Kommunikation" in dieser Branche?

Das Kommunikationsverhalten ist heute tendenziell schlichter; die Kompetenz, sich präzise und differenziert ausdrücken zu können, geht schleichend verloren. Der inflationäre Ge-

92 Kurzfilm „Die Galerie der vergessenen Berufe" (2017).
93 Handelsblatt (01.04.-05.04.2021), S. 28.

brauch von Emojis und vorgeschlagenen Phrasen lässt erst Dialoge per Smartphone, dann die persönlichen Gespräche ärmer werden.

Wird nur noch in halben Sätzen oder Wortfragmenten gesprochen oder geschrieben, verkümmert der aktive Wortschatz und damit die Fähigkeit, seine Gedanken und Gefühle sowie wirtschaftliche und gesellschaftspolitische Zusammenhänge adäquat in Worte zu fassen.

Der Algorithmus lernt stetig dazu, der Mensch vergisst schleichend. So verringert sich die Differenz im Kommunikationsverhalten von Mensch und Roboter schnell. Im Erleben der Kunden wird der Unterschied in naher Zukunft vernachlässigbar, er verliert an Bedeutung.

> Der Roboter tritt wie selbstverständlich an die Stelle des Menschen.

Folglich forciert der digitale Schub aus den Innovation-Labs die Weiterqualifizierung der Vertriebsmitarbeiter zum Bankier 5.0.

Solange Menschen im Geschäftsmodell einer Bank im Kundenkontakt eine relevante Funktion ausüben, sind sie es, die eine angestrebte kulturelle Innovation vermitteln und umsetzen. Menschen mit nativer Intelligenz und wachem Bewusstsein.

Sie verbinden ihr „Mensch sein“ mit der Methodenkompetenz „Predictive Advisory Competence“ und reifen zum Bankier 5.0.

2 Predictive Advisory Competence© – die fünf Methoden des Bankier 5.0

2.1 Die Methodenkompetenz macht den Unterschied

Im Bestseller „The second machine age – Wie die nächste digitale Revolution unser aller Leben verändern wird“[94] von Erik Brynjolfsson und Andrew Mcafee werden die zukünftigen Chancen der Menschen im Ansatz beschrieben. Die Autoren vergleichen unsere heutige Zeit mit der Blüte des Britischen Empires, einem globalen, vernetzten und schnellen Handels-, Finanz-, und Politiksystem von 1583 – 1922. Auf dem Höhepunkt schloss es etwa ein Viertel der damaligen Weltbevölkerung ein und hatte sich auf ungefähr ein Viertel der Landfläche der Erde ausgedehnt. Damit dieses weltumfassende, damals neue und moderne System Erfolg haben konnte, brauchte es Menschen, die mindestens drei Methoden beherrschten: Lesen, Schreiben und Rechnen. Nur Menschen mit dieser Methodenkompetenz konnten im System adäquat beschäftigt und bezahlt werden. Menschen ohne diese damals neue Methodenkompetenz mussten in der Landwirtschaft, in Häfen, Handwerk und Fabriken an Arbeit nehmen, was sie bekommen konnten. Die Mehrzahl von ihnen zu Hungerlöhnen. Der Vergleich zu unserer Gegenwart drängt sich auf: Hier die Gewinner im Silicon Valley und da das Mindestlohn-Prekariat. Dazwischen die vielzitierte Mitte, die um ihren Abstieg bangt. Brynjolfsson und Mcafee weisen eindrücklich darauf hin, dass für die Kopf- und Wissensarbeiter im aktuellen System der digitalen Weltwirtschaft die alte Methodenkompetenz aus Lesen, Schreiben und Rechnen schnellstmöglich erneuert und ausgebaut werden müsste. Roboter übernehmen bald alle rechnerischen, kombinatorischen, sich wiederholenden und genau beschreibbaren Tätigkeiten der Menschen im System. Der Mensch wird verzichtbar und damit zum Verlierer. Dabei könnte er doch gewinnen: Beim Schachspiel Mensch gegen Roboter kann der Mensch als Sieger hervorgehen, wenn er selbst einen Roboter kooperativ nutzt und gleichzeitig eine zielführende Methode anwendet.

Die Resultate meiner Coachingarbeit zeigen deutlich, dass bei gleichem Roboter, zum Beispiel der Robo Advisor einer Bank, ein fachlich schwächerer Vertriebsmitarbeiter mit der besseren Methode einem fachlich stärkeren Vertriebsmitarbeiter mit einer schwächeren Methode überlegen ist. Daraus folgt, dass die Aus- und Weiterbildung aller Bankmitarbeiter mit Kundenkontakt den Erwerb einer geeigneten Methodenkompetenz als Ziel haben muss.

94 Vgl. Brynjolfsson, McAfee (2015).

> Wenn alle Bankmitarbeiter die gleiche Ausbildung, Weiterbildung oder Zertifizierung durchlaufen und dieselben Robo Advisor nutzen, wird die Methodenkompetenz zum Differenzierungsmerkmal der Bank.

Wer wird sich in den Funktionen mit Kundenkontakt behaupten können? Wie entsteht neuer Mehrwert für Kunden einer Bank? Bei vergleichbarer klassischer beruflicher Qualifikation in der gesamten Branche einerseits und relativ austauschbaren Robotern und Algorithmen andererseits ist die Methode der Schlüssel zum Erfolg. Vergleichbar mit einem klassischen Schreinermeister geht es auch bei Bankern um den professionellen methodischen Umgang mit dem Werkzeug, allerdings kein passives Werkzeug wie beispielsweise ein Hobel. Das aktive, intelligente Werkzeug „Roboter" verlangt nach einem völlig neuen Blick auf den Umgang mit ihm. Ein Lösungsansatz ist eine Methode, bestehend aus individuellen, aufgabenspezifischen Kombinationen der nachfolgenden fünf Kompetenzen, der Predictive Advisory Competence©.

Das englische Adjektiv „predictive"[95] findet sich in vielen Zusammenhängen rund um die KI oder auch Artificial Intelligence (AI) und ihren Möglichkeiten. So nutzen kluge Logistikexperten ihre Robo Advisors dazu, Kaufverhalten potenzieller Kunden vorherzusagen und die Ware schon vor dem Kauf an den Handel oder ein Zwischenlager zu versenden. Die Polizei nutzt spezielle Algorithmen, nichts anderes als Roboter oder Robo Advisors für ihre Präventivarbeit. Anhand definierter Merkmale wird ein Muster erkannt, um schon vor einem nun vorstellbaren Delikt an den möglichen Tatort zu fahren.

Mit meinem Konzept Predictive Advisory Competence© möchte ich über die bisherigen Konzepte aus der Bankberatung und des Financial Planning hinausgehen. Ich denke dabei an Zertifizierungen nach SAQ-Standard in der Schweiz oder die Ausbildung zum „Certified Financial Planner". Meiner Meinung nach sind die vorliegenden Ansätze und Ausbildungsinhalte zwar richtig, aber unvollständig.

Insbesondere zwei Aspekte sind mir hierbei wichtig. Erstens: die deutlich stärkere perspektivische Ausrichtung der Kundenberatung. Das Denken in möglichen Szenarien. Zweitens: das Einbeziehen von Feldern wie Gesundheit oder Politik sowie Kategorien von Moral, Geschmack oder Religion. Predictive Advisory Competence© ist aus meiner Sicht kein Widerspruch zu bisherigen Ausbildungskonzepten, sondern eine Ergänzung oder besser Fortführung der fundierten Weiterbildung eines Vertriebsmitarbeiters.

95 Anmerkung des Autors: Predictive kann übersetzt werden mit voraussagend, vorausschauend, prophetisch.

Die folgenden Ausarbeitungen der fünf Methoden können Sie sich wie Schlüsselszenen eines Films vorstellen. Wie mit einzelnen Filmszenen vergleichbar werden in den anschließenden Kompetenzen Fragen aufgeworfen und mit Beispielen Neugier geweckt; wie bei einem Film werden am Ende die meisten Fragen beantwortet und die Beispiele aufgelöst sein. Bei einem Film hat der Zuschauer am Ende einen Interpretationsspielraum; das entspricht hier am Ende der fünften Kompetenz dem individuellen Gestaltungsspielraum jeder Bank.

Mit Hilfe der Methodenkompetenz Predictive Adivsory Competence© gibt der Bankier 5.0 Kunden einen Stups, in die zielführende Richtung zu gehen, die der Situation, den Perspektiven und individuellen Motiven des einzelnen Kunden entspricht. Der Verhaltensökonom Richard H. Thaler, ausgezeichnet mit dem Alfred-Nobel-Gedächtnispreis für Wirtschaftswissenschaften 2017, zeigt in seiner Arbeit, dass mittels „Nudging“[96] Menschen angestoßen werden können, kluge Entscheidungen zu treffen.

2.1.1 Methodenkompetenz in der Post-Corona-Normalität

Wird die Post-Corona-Normalität eine andere sein als die erlebte vor dieser Pandemie? Zwei Entwicklungsstränge sprechen dafür:

Erstens die gewachsene Unsicherheit und das gesunkene allgemeine Grundvertrauen nicht weniger Menschen. Diese Beobachtung bezieht sich auf Politik, Wirtschaft wie auf Medien oder Wissenschaft und lässt sich ableiten an dem an vielen Stellen artikulierten diffusen Gefühl, den „Boden unter den Füßen“ zu verlieren; diese pandemische Krise und damit individuelle und gesellschaftspolitische Veränderungen nicht einzuordnen zu können. Das Virus hat auch die Köpfe infiziert.

Zweitens die Masse der oft widersprüchlichen Informationen, die zu Konfliktfeldern führen, die Menge an Wahlmöglichkeiten, die exponentiell gestiegen sind, ergeben eine nie dagewesene Ambiguität. Alles ist viel- und nichts mehr eindeutig. Das Virus hat Illusionen zerstört.

> Die Gesellschaft überhitzt. Wo Ambiguitätstoleranz gefragt ist, wird Populismus angeboten.

Stehen Bankkunden in diesem Umfeld alleine, sind sie verloren. Der Bankier 5.0 bietet hier eine helfende Hand, sucht und findet Lösungen. Er ordnet ein, relativiert, stupst, bremst, ermutigt

96 Vgl. Thaler, Sunsein (2017).

oder mahnt. Er hinterfragt, „Der Zweifel ist der Weisheit Anfang", im Sinne von René Descartes die Muster seines Kunden. Ein Bankier 5.0 verbindet Content mit Kontext, bildet Hypothesen und schafft so die Grundlage des Entscheidens und Handelns.

Er entwickelt neue Lösungsansätze, gewinnt mit seiner Kommunikation Vertrauen und verschafft seinen Kunden als Gastgeber ein „Zuhause"- Gefühl. Das Fundament hierzu legt eine systematische Struktur, ein angemessen bestückter Werkzeugkasten: Die Methodenkompetenzen der Predictive Advisory Competence©.

2.1.1.1 In Content wie Kontext: Am Anfang steht das Muster

In der Datenflut eines Contents relevante Muster zu erkennen gilt zu Recht als Domäne der KI. Ob Amazon-Logistik oder Labor-Diagnostik: In der industriellen, soziologischen oder medizinischen Anwendung unterstützen Algorithmen die Anwender dabei, alte Lösungen zu optimieren und Innovationen voranzutreiben. Die außerordentlich schnelle Entwicklung von wirksamen Impfstoffen gegen das Sars-CoV2-Virus und dessen sich noch schneller ausbreitenden Varianten wäre ohne Mustererkennung nicht möglich gewesen.
Mustererkennung unter Einbeziehung des Kontextes ist die wichtigste Kompetenz des Vertriebsmitarbeiters einer Bank.

> Im Rollenbild eines Bankier 5.0 werden alle digital aufbereiteten Content-Muster mit relevanten Umweltinformationen aus dem Kontext verknüpft und zu einer Art „Meta-Muster" verbunden.

Im Kapitel 2.2.2. „Das strukturierte Arbeiten mit Mustern" wird dieses Einbeziehen, dieses Nachdenken, das „Verbinden einzelner Informationen zu Mustern" praxisnah erklärt.

2.1.1.2 Muster des Erlebens und Verhaltens gewinnen an Bedeutung

Gerade in der Post-Corona-Normalität sind optimale individuelle Lösungen schwer denkbar, wenn der Kunde zu sehr mit seinem bisher konditionierten Erleben und Verhalten verhaftet bleibt, er einem oder mehreren der nachfolgenden, beispielhaften Muster folgt:

- Er ahnt, dass die Zukunft ungewiss ist und kompensiert diese Erkenntnis mit einem übersteigerten Anspruch nach Sicherheit, Garantie oder Kontinuität.

- Er erlebt das Bedürfnis einzelner gesellschaftlicher Gruppen für das Thema Nachhaltigkeit als unangemessenen, fast sogar „als unverschämten“ Angriff auf seine bisherige Lebensführung.
- Er interpretiert Veränderungen nicht als Folge der Umstände und sucht deswegen einen „Schuldigen“.
- Er hat Schwierigkeiten, „effizient“ von „effektiv“ zu unterscheiden, und verliert sich daher in Details und Nachkommastellen.
- Er trifft ausnahmslos alle Kaufentscheidungen unter dem Primat des Preises.
- Er sonnt sich im Licht des zukünftigen Erblassers und vernachlässigt die Zusammenarbeit mit dem Bankier 5.0; lässt alles wie es ist, gibt jegliche Verantwortung an seinem Vermögen ab.
- Er betreibt China-Bashing; nimmt China als Sündenbock und lehnt jeglichen unvoreingenommenen Gedanken ab.
- Er verschleppt Termine zu Gesprächen, Bestandsaufnahmen oder Entscheidungen; im Zweifelsfall über eine Handlungsmöglichkeit hinaus. Bis es zu spät ist.
- Es mangelt ihm an sozioökonomischem Wissen; Erkenntnisse der Zusammenhänge sind ihm nicht ersichtlich, dennoch urteilt er negativ und pauschal.
- Bitcoin oder SPAC: Es muss immer das Neueste sein.

Diese oder andere vergleichbare Muster beobachtet der Bankier 5.0 ohne moralisch (ab-) zu werten. Hier ist Professionalität und Feingefühl gefragt. Der Bankier 5.0 spricht die erkannten Muster seines Kunden an, wenn sie dem Kunden und damit dessen „Vermögen“ seiner Einschätzung nach schaden oder eine individuell eher geeignete Lösung verhindern.

Er entwickelt mit seiner Kompetenz kreative Lösungen; er schafft Möglichkeiten für seinen Kunden, wobei er ihm immer die Wahl lässt, auf seine Überlegungen einzugehen. Die autonome Wahlfreiheit des Kunden beinhaltet insbesondere, seinen bisherigen Mustern zu folgen. Auch wenn sie aus Sicht des Bankier 5.0 eine zweitbeste Lösung darstellen.

2.2 Die Kompetenz, Muster zu erkennen

Abbildung 1: Bankier 5.0 – Muster

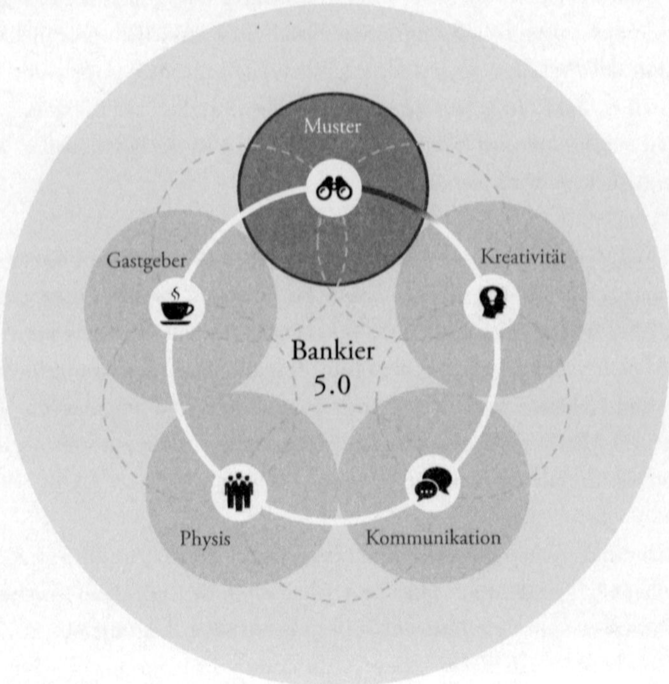

Quelle: Eigene Darstellung.

2.2.1 Weniger ist manchmal mehr

Fallen die Details weg, löst sich der Zierrat auf, verdampfen die Worthülsen, spricht man von Reduktion. Der Kern wird freigelegt, Entscheidendes kommt zum Vorschein und öffnet den Blick für das Muster, auf das es ankommt.

Der Maler Henri Matisse, Architekt Walter Gropius, Profiler Alexander Horn, Schachgroßmeister Ian Rogers, Ingenieur Timothy D. Lynch, Mathematiker John Nash oder Hotelier Dieter Müller: Sie alle sind Meister der Reduktion. Sie legen ein Muster frei und nutzen es für ihre Arbeit.

Mit der Verbreitung der Fotografie begann der Maler Henri Matisse neu über seine Arbeit nachzudenken[97]. Er erkannte, dass die Fotografie in der präzisen Reproduktion der „Wirklichkeit" jedem Maler und dessen Möglichkeiten zur größtmöglichen Genauigkeit überlegen war. Zeitgleich sah er die daraus entstehende Chance für seine Kunst: Durch Reduktion auf einfache, grobe Formen und mit wenigen Details kann er als Maler die Wirklichkeit zwar nicht abbilden, seine Interpretation der Wahrheit aber eindrucksvoll vermitteln. Mit Farben und einfachen Darstellungen schält er den Kern heraus, und macht so die Botschaft zur Bildaussage. Galeriebesucher erkennen ein Muster und können mit ihren Augen in der Komposition Rhythmus und Bewegung erkennen. Einfach ist hier schön.

Walter Gropius, Architekt und Gründer des Bauhaus, hat in Weimar und Dessau an klaren, nüchternen Formen gearbeitet. Begriffe wie „Neue Sachlichkeit"[98] oder „Purismus" sind mit ihm verbunden. Alles wurde reduziert. Alles, was weggenommen werden konnte, nahm er weg. So lange, bis nichts mehr wegzunehmen war. Erkennbar wurden strenge geometrische Formen; Räume und Gebäude ohne Weichzeichner, nüchtern und pragmatisch, der Zweck steht im Vordergrund. Der Bewohner erfasst Raumgestaltung und die Anordnung der Möbel intuitiv und nutzt sie. Einfach ist hier klar.

Polizisten und Kriminalpsychologen wie Alexander Horn[99] müssen in kürzester Zeit möglichst viele Details über Tathergang, Opfer und Täter sammeln, um dann konsequent den Großteil dieser Informationen zu ignorieren. Sie schneiden alle Erklärungsansätze ab, bis nur noch die plausiblen Muster aufleuchten. Interpretationen und Hypothesen auf Basis dieser Muster ermöglichen den Ermittlern bei der Aufklärung einer Mordserie den Blick in eine denkbare Zukunft. Taten des Serienmörders werden antizipiert, im besten Fall vermieden und der Täter gefasst. Einfach ist hier visionär.

Im Schachspiel, so der Großmeister Ian Rogers[100], kommt es nach der Eröffnung darauf an, schnell die Muster im Mittelspiel einer Partie zu erkennen. Regelbeherrschung ist notwendig, Taktik wichtig, entscheidend aber ist Strategie. Blendet ein Spieler einzelne Details auf dem Schachbrett aus, erkennt er das Muster schneller als sein Gegner, steigert er seine Chancen, die Partie zu gewinnen. Dieses Muster ist ein entscheidender Baustein in der Methodenkompetenz[101], mit der die sogenannten Schach-Freistilturniere gewonnen werden.

97 Vgl. Matisse (1982).
98 Vgl. Lupfer, Sigel (2017).
99 Vgl. Horn (2016).
100 Vgl. Van de Oudeweetering (2015), S. 7.
101 Vgl. Brynjolfsson, McAfee (2015), S. 57–61.

Muster sind hier Ideenlieferant und Impulsgeber für siegreiche Strategien. Schach! Schach Matt! Einfach ist hier klug.

Timothy D. Lynch, Leiter der Hochbau-Forensik des City of New York Building Departements[102] inspiziert täglich baufällige Gebäude in New York. Er ist Bauingenieur und hat nebst tausenden Bauplänen im Büro einen enormen Erfahrungsschatz im Kopf. Er entscheidet vor Abbruch, während eines Brandes oder nach einer Explosion, ob das Gebäude beispielsweise noch durch die Feuerwehr betreten werden darf. Details erfasst er dabei einerseits so konzentriert wie er sie andererseits konsequent ignoriert. Seine Erfahrung ermöglicht ihm, aus wenigen relevanten Details einsturzgefährdeter Gebäude ein Muster abzuleiten. Er beschreibt seine Arbeit so: „Ich jage Muster. Ich bin die ganze Zeit am Antizipieren. Wenn man im Reaktionsmodus ist, ist man erledigt, ist es vorbei."[103] So kämpft er täglich gegen den Zufall oder das oft fehlende Glück. Seine Mustererkennung rettet Bewohnern, Feuerwehrleuten oder Passanten das Leben. Einfach ist hier notwendig.

Nobelpreisträger John Nash[104] erkannte im lauten, hektischen und emotionalen Durcheinander einer Billardbar, worauf es ankommt. Im Film „A beautiful mind – Genie und Wahnsinn"[105] spielt der Schauspieler Russell Crowe den Mathematiker John Nash, der sein Leben lang nach Mustern suchte. Mit dem Tunnelblick des genialen Analytikers hat er als junger Mann beim Flirten in besagter Bar das Wesentliche erkannt: Wollen er und alle seine Freunde gleichzeitig die hübscheste Frau aus der Bar erobern, kann maximal einer der Freunde gewinnen. Alle anderen verlieren, denn die ignorierten Frauen sind gekränkt, die leer ausgegangen Freunde frustriert. Die Mehrzahl der beteiligten Personen verliert an diesem Abend die Chance auf ein Rendezvous. Folgt jedoch die ganze Gruppe dem einfachen Muster „Verzichte bewusst auf Dein persönliches Optimum. Verhalte Dich so, dass sowohl Du als auch die Gruppe gewinnt!" ist der Gesamtnutzen für den Einzelnen und die Gruppe am größten: Die Mehrzahl der männlichen und weiblichen Barbesucher kommen zu dem erhofften Rendezvous. Den Nobelpreis für Wirtschaftswissenschaften hat er 1994 bekommen, weil dieses Muster nicht nur in der Billardbar erfolgreich ist. Einfach ist hier sinnvoll.

Die Hotelkette Motel One[106] ist erfolgreich, weil das Hotelkonzept konsequent einem einmal erkannten Muster folgt. Ein Hotel besteht vom Zimmerservice bis zur Tiefgarage aus vielen

102 Vgl. Morland (2015), S. 82.
103 Morland (2015), S. 88.
104 Vgl. Weibel (2014), S. 65.
105 Vgl. „Film A beautiful mind – Genie und Wahnsinn" (2001).
106 Anmerkung des Autors: Die deutsche Hotelkette Motel One wurde im Jahr 2000 von Dieter Müller gegründet.

Details. Die theoretische Vielzahl an Möglichkeiten, ein Hotel zu kreieren, führt in der Praxis zu vielen austauschbaren und durchschnittlichen Hotels. Viele zweitbeste Lösungen, die möglichst vielen Kunden gefallen sollen. Nicht so bei Motel One, dessen Konzept nicht allen, nicht immer, aber vielen Gästen oft sehr gefällt. Hier werden die Merkmale Lage, Design, Verzicht und Luxus sowie der Preis zum schlüssigen, polarisierenden Hotelkonzept verknüpft. Mit dem Muster aus den richtigen fünf Merkmalen entsteht ein erstbestes Hotel mit überproportionalem wirtschaftlichen Erfolg. Einfach ist hier ertragreich.

Abschließend die Perfektion der Einfachheit: Die Karikatur. Denken Sie an eine Karikatur, über die Sie in den letzten Tagen geschmunzelt haben. Wurde dort eine komplexe Situation erklärt oder viele Details gezeichnet? Mit wenigen Strichen und Worten hat der Karikaturist, ein Meister der Reduktion, alle entscheidenden Zusammenhänge auf den Punkt und Sie damit zum Schmunzeln gebracht. Das ist Sinn und Zweck einer Karikatur. Ist sie gut, erfüllt sie diesen Zweck in Sekundenbruchteilen. Einfach ist hier schnell.

Die sieben außergewöhnlichen Persönlichkeiten sowie die Karikatur zeigen: Werden Muster erkannt und genutzt, entsteht emotionale Bindung; Sinn einer Handlung wird klar, neue Perspektiven entwickeln sich, Impulse und Ideen können erwachen, Schaden wird abgewandt; der Nutzen für alle Beteiligten wird größer und wirtschaftlicher Erfolg ist sogar in umkämpften Branchen möglich. Selbst unter Zeitdruck kann ein erkanntes Muster schnell Beziehungen herstellen.

Können diese Erkenntnisse auf Banken übertragen werden? Ja, gerade auch auf Banken.

Drei Beispiele, die den Wert der Mustererkennung im Bankenalltag aufzeigen. Diese Beispiele werden Sie durch das Kapitel 2 begleiten, ich werde immer wieder Bezug darauf nehmen.

Beispiel A: Eine junge Türkin mit Doppelstaatsbürgerschaft betritt in Essen eine Bankfiliale. Sie möchte eine Wohnung kaufen und hat einen Beratungstermin vereinbart, heute möchte sie sich über eine Immobilienfinanzierung erkundigen. Nach Gesprächen mit Kollegen und Freunden schwebt ihr vor, eine Finanzierung mit einer Zinsbindung für mindestens zehn Jahre abzuschließen. Das erscheint ihr sinnvoll; die Zinsen sind niedrig und sie möchte sich die daraus resultierende niedrige Monatsrate lange sichern. Am Ende des Termins geht sie hochzufrieden mit einer Finanzierung mit variablen Zinsen aus der Bank. Sie wird diese Bank zur Hauptbankverbindung machen und mit Sicherheit weiterempfehlen. Was war passiert? Der Finanzierungsspezialist, ein Bankier 5.0 hat das Muster erkannt und die richtigen Schlüsse daraus gezogen.

Beispiel B: Ein Mann Mitte 70, vermögender Private-Banking-Kunde, nimmt einen Routinetermin mit seinem Ansprechpartner wahr. Telefonisch wurde vorab als Gesprächsziel vereinbart, die Erlöse aus fälligen Wertpapieren neu anzulegen sowie die Kursentwicklung verschiedener Aktien zu diskutieren. Er ist seit zehn Jahren Kunde dieser Bank und diskutiert gerne und leidenschaftlich über Anlageoptionen und hatte sich in der Vergangenheit oftmals über den Rat seines Ansprechpartners hinweggesetzt. Nach 90 Minuten Gesprächszeit hat der Kunde ein Vermögensverwaltungsmandat abgeschlossen und ist sich sicher, das Richtige getan zu haben. In seinem Freundeskreis wird er vom unkonventionellen Gespräch und dem verblüffenden Resultat erzählen. Was war passiert? Der Private Banker, ein Bankier 5.0 hat das Muster erkannt und die richtigen Schlüsse daraus gezogen.

Beispiel C: Ein Babyboomer[107] kommt gemeinsam mit seiner Frau zum Beratungstermin seiner Bank. Die beiden Kinder des Ehepaars stehen auf eigenen Füßen und das Ehepaar lebt alleine in dem nahezu abbezahlten Eigenheim im Speckgürtel einer deutschen Großstadt. Er befindet sich auf dem Höhepunkt seiner Karriere, seine Ehefrau arbeitet in Teilzeit und engagiert sich in mehreren Ehrenämtern. Durch das hohe Jahreseinkommen, eine Erbschaft und eine hohe Sparquote gehört das Ehepaar zur vermögenderen Hälfte der Bevölkerung. Der Vertriebsmitarbeiter hat den Termin initiiert, da wieder einmal relativ hohe Beträge auf den laufenden Konten liegen. Da das Ehepaar in der Vergangenheit immer wieder auf Sonderkonditionen pochte und über die aus ihrer Sicht zu hohen Gebühren klagte, sind sie bankintern schon als „anstrengende Zinsjäger" bekannt. In der Vergangenheit äußerten die Eheleute immer wieder Vorwürfe über den Egoismus der Banken und deren oft schlechte Beratungsleistung – eine Herausforderung also für den Ansprechpartner. Heute gehen sie ohne Entscheidung oder Abschluss, dafür mit einigen neuen Gedanken sehr nachdenklich aus der Bank. Ein Folgetermin in zwei Wochen ist vereinbart. Was war passiert? Der Individualkundenberater, ein Bankier 5.0, hat das Muster erkannt und die richtigen Schlüsse daraus gezogen.

Das Resultat der drei Beratungsgespräche: Zwei fachlich und ethisch stimmige Abschlüsse, drei zufriedene, loyale Kunden, drei Mal aktiviertes Weiterempfehlungspotenzial sowie ein terminierter Folgetermin mit hoher Abschlusswahrscheinlichkeit und überdurchschnittlichen Ertragspotenzialen.

> Die Kompetenz, Muster zu erkennen, ist die Schlüsselkompetenz des Bankier 5.0. Sie ist die Grundlage seiner Differenzierung zum Roboter.

107 Anmerkung des Autors: Bezeichnet Menschen, die in den geburtenstarken Jahrgängen zwischen 1955–1966 geboren sind.

Der Marktforscher Martin Lindstrom stellt fest: „Wenn Unternehmen Kunden verstehen wollen, stellt Big Data einen wertvollen Beitrag, aber keine Komplettlösung dar. Ich bin der Ansicht, dass eine zu intensive Beschäftigung mit digitalen Daten dazu führt, dass wir die Augen vor wertvollen Erkenntnissen und Beobachtungen – und damit auch vor Produkten und Produktlösungen – verschließen. [...] Der größte Nutzen entsteht, wenn ich Small Data mit Big Data kombiniere, indem ich in die Wohnungen und Häuser gehe, den Verbrauchern zusehe, ihnen zuhöre, mir meine Notizen mache und diesen Indizien dann entlocken kann, was Kunden wirklich wollen."[108]

Die Erkenntnis von Martin Lindström lässt sich selbst im Ratingprozess einer Bank beobachten. Werden dort Kreditanträge der KMUs bewertet, ist die Kombination aus der Big-Data-Analyse des Rating-Modells und den Small-Data-Informationen des Firmenkundenbetreuers einem modernen leistungsfähigen Big-Data-Rating-Modell überlegen. „Auch wenn das neue, nur auf quantitativen Daten beruhende Modell an Genauigkeit gewonnen hat, kann es die Kombination von Technik und Mensch nicht schlagen. Das Humankapital ist und bleibt auch im modernen quantitativen Umfeld der Risikomessung ein zentrales Element." stellt Simone Westerfeld, CFO der Basler Kantonalbank und Titularprofessorin der Uni St. Gallen nach einer Auswertung von 150 000 Kreditanträgen fest.[109]

Ein Bankier 5.0 arbeitet wie Alexander Horn. Er begibt sich auf die Suche nach Indizien und den daraus abzuleitenden Mustern. Ziel dabei ist es, monetäre, physiologische, psychologische, ökonomische, juristische oder soziale Muster zu erkennen sowie Auswirkungen zu antizipieren, um daraus Fragen oder Angebote abzuleiten – proaktiv und perspektivisch.

Roboter sind innerhalb ihrer Programmierung stark und schnell in der Erkennung von Mustern. Doch außerhalb dieser Grenzen scheitern sie. Ein Roboter kann zum Beispiel einem Kunden ein Buch aufgrund seiner Literaturauswahl der letzten Jahre vorschlagen. Er kann aber nicht wissen, dass dieser Kunde sich neuerdings für Städtebau und Architektur interessiert und dazu Literatur, Filme oder Reiseziele sucht. Ein Roboter kann nur wissen, was Kunden vermutlich haben möchten. Er kann nicht wissen, was diese eventuell haben wollten, wüssten sie denn, dass es das gäbe.

Der Roboter kann auch nicht wissen, dass sich eine gut ausgebildete junge Frau mit türkischer Herkunft und deutschem Pass fragt, wo sie in Zukunft leben möchte. Genauso wenig kann er erfassen, was der Tod eines besten Freundes für einen siebzigjährigen Mann bedeutet und damit verbunden sein verändertes Denken über Geld. Auch der schnellste Algorithmus

108 Lindstrom (2016), S. 288.
109 Vgl. NZZ (23.08.2017), S. 10.

in einem Roboter hat kein Gefühl für ambivalente Emotionen, die der innere Kampf zwischen Gier und Scham in einem Menschen auslösen kann.

Der Bankier 5.0, der seinen Bankkunden gut kennt, erfährt Inhalte, die noch in keiner Cloud gespeichert sind. Er nutzt und verknüpft diese mit Bankdaten und den Ergebnissen der Roboter. Das Resultat daraus bringt er in Verbindung mit seinem Allgemein- und Erfahrungswissen sowie dem Expertenwissen seiner Kollegen und Netzwerkpartner, wie in den voranstehenden Beispielen gezeigt wurde.

Die sinnvolle, zielführende Verknüpfung der jeweiligen Daten ist sehr anspruchsvoll. Damit die Verknüpfung gelingen kann, braucht es: Empathie, Intuition, fundiertes Hintergrund- und Allgemeinwissen, Offenheit, Zeit und ein gutes Team. Und vor allem: Eine klare Struktur in der Vorgehensweise.

2.2.2 Das strukturierte Arbeiten mit Mustern

2.2.2.1 Das große Bild wird sichtbar: Der PAC©-Würfel[110]

Wie viele Daten sind nötig, die „Wirklichkeit" abzubilden? Wie viele Punkte sind notwendig, um ein Bild als Ganzes zu erkennen? An welche Informationen müssen wir denken, wollen wir nicht nur einen Ausschnitt sehen? Wie kommt man aufgrund der theoretisch unendlich vielen Daten von Kunden zu einem zielführenden Bild? Welche Produkte und Dienstleistungen können mit welcher Wahrscheinlichkeit zu welchem Preis an welchen Kunden verkauft werden?

In Informatik und Controlling sowie im Wissensmanagement wird nach Antworten auf diese Fragen gesucht. Big Data ist ein praxisorientiertes Werkzeug, mit dessen Hilfe Antworten in den Datenbergen zu finden sind. Algorithmen durchforsten nach programmierten Logiken die unvorstellbaren Datenmengen, suchen nach der Informations-Nadel im Daten-Heuhaufen und kommen zu banalen Ergebnissen wie etwa: Kunden, die dieses Buch gekauft haben, haben auch diese Bücher gekauft. Aber auch schon deutlich komplexere Ergebnisse sind heute bereits möglich: „Wir gratulieren Ihnen zu Ihrer Schwangerschaft und schenken Ihnen einen Gutschein über 100 Euro für unseren Online-Store Babyparadies."[111] Dies, obwohl die Kundin des Einzelhandelsriesen noch keinem von ihrer Schwangerschaft erzählt hatte.

---

110 Anmerkung des Autors: Abkürzung für Predictive Advisory Competence©.
111 Wagener (2016).

Möglich werden diese Antworten durch die Nutzung eines OLAP- oder BI-Würfels[112, 113]. Wie jeder Würfel besitzt auch dieser Würfel drei Achsen, drei Dimensionen: Breite, Höhe und Länge. Mit Hilfe dieser Dreidimensionalität können auf den drei Achsen beispielsweise Kunde, Zeit und Produkt abgebildet und zueinander in Beziehung gesetzt werden. Unterteilt man die drei Achsen in beispielsweise drei kleinere Abschnitte, entsteht ein Würfel, der aussieht wie der Zauberwürfel Rubik's Cube[114], dessen Kanten aus jeweils drei kleineren Würfeln bestehen. Jede der sechs Würfelseiten besteht anfangs aus drei mal drei, neun Würfeln derselben Farbe. Durch willkürliches Verdrehen der Würfelseiten entsteht ein kunterbunter Würfel, dessen sechs Farben zufällig gemischt werden. Ziel ist jetzt, die kleinen verschiedenfarbigen Würfel durch Drehen um die Raumachse so zu verbinden, dass alle sechs Würfelflächen wieder aus neun Würfeln einer Farbe bestehen.

Der OLAP-Würfel funktioniert – vereinfacht ausgedrückt – genauso. Er bringt einzelne Verknüpfungspunkte stimmig zusammen. So können beispielsweise verschiedene Zeitabschnitte mit Kundengruppen und den von diesen Kunden gekauften Produkten in Verbindung gebracht werden. Erhöht man den Detailierungsgrad, kann gezeigt werden, was ein einzelner Kunde zuvor nie, aber seit vier Wochen regelmäßig kauft.

Wie im obigen Beispiel: Eine junge Frau kauft seit sechs Wochen nur noch Bioprodukte, hochwertige Kosmetika, Mutter-Kind Zeitschriften, verzichtet jedoch auf den Kauf von Alkohol. Verknüpft der Algorithmus diese Detailinformationen aus den drei Dimensionen, erkennt er ein Muster. Seine Interpretation: Diese Frau ist mit hoher Wahrscheinlichkeit schwanger. Und die daraus abgeleitete Hypothese: Sie wird bald viele Dinge für ihr Baby kaufen. Die naheliegende Lösung ist: der Geschenkgutschein.

Ein Würfel dieser Art kann auch einem ganzheitlich praktizierenden Arzt helfen, Patienten schnell und zielführend zu beraten. Würde man für diesen Arzt den Würfel für ein möglichst „gesundes Leben“ entwickeln, könnten ebenfalls die drei Achsen des Würfels sinnvoll genutzt werden, um die entscheidenden Daten zu einem Muster zu verknüpfen. Sind die Daten sinnvoll erfasst, können sie schnell und sicher ausgewertet werden. Statt Breite, Höhe oder Länge, werden die Achsen mit „Felder“, „Kategorien“ und „Merkmale“ beschriftet. Die „Felder“ beschreiben die Lebensbereiche, die in Summe ein gesundes Leben ausmachen. Den verschiedenartigen Ebenen der Lebensbereiche können „Kategorien“ wie Beruf, Privat, Soll, Kann, Körper oder Seele zugeordnet werden und „Merkmale“ sind die konkreten, oft

112 Anmerkung des Autors: OLAP ist die Abkürzung für Online Analytical Processing, BI für Business Intelligence.
113 Vgl. Bodendorf (2006), S. 41.
114 Anmerkung des Autors: Spiel des Jahres 1980, Erfinder ist der Architekt Ernö Rubik.

Abbildung 2: PAC©-Würfel Gesundes Leben

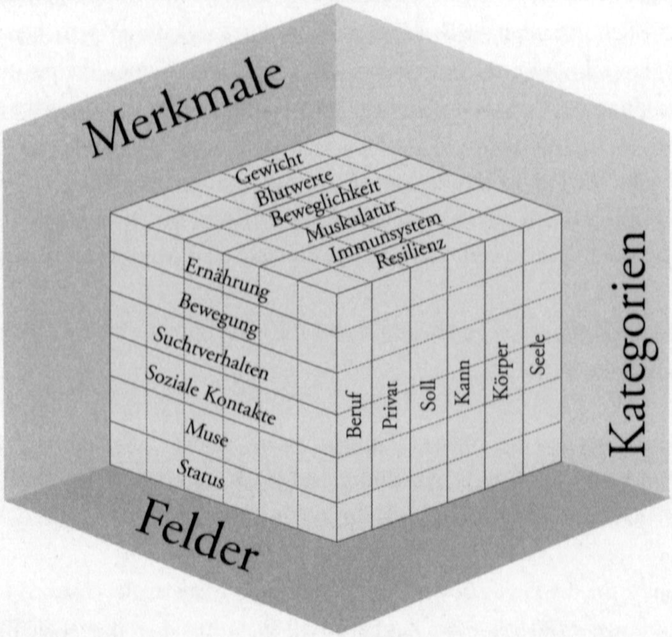

Quelle: Eigene Darstellung.

präzise messbaren Fakten, die körperliche und seelische Gesundheit beschreiben. „Felder" könnte Ernährung, Bewegung, Suchtverhalten, Soziale Kontakte, Muse und Status beinhalten. Bei messbaren, beschreibbaren „Merkmalen" sind Gewicht, Blutwerte, Beweglichkeit, Muskulatur, Immunsystem und Resilienz[115] denkbar. Nun kann alles mit allem in Verbindung gebracht werden – theoretisch.

Praktisch aber wird der ganzheitlich praktizierende Arzt versuchen, das entscheidende Muster herausarbeiten und dabei die überwiegende Mehrzahl der Detailinformationen sowie deren mögliche Verknüpfungen konsequent ignorieren. Im Laufe des Patientengespräches verbindet er zum Beispiel nur das steigende Gewicht und die Blutwerte mit der zurückliegenden Scheidung, dem Arbeitspensum und darüber hinaus mit dem Bewegungsmangel und der schlechten Ernährung. Seine Arbeitshypothese aufgrund dieser Reduktion und Verknüpfung ist: Nach der Scheidung stürzte sich sein Patient in die Arbeit, entwickelte sich zum Workaholic, vernachlässigte seinen Körper und begann, unter den Symptomen zu leiden. Aus

115 Vgl. Kapitel 3.2, S. 176–183.

Sicht des Arztes sind alleinige Appelle, sich gesünder zu ernähren oder Sport zu treiben, vergebens; Medikamente zu verschreiben wäre abzuwägen. Sinnvoll könnte eine Gesprächstherapie sein, welche den Patienten seelisch stabilisiert und in Folge die körperlichen Symptome abnehmen. Konkrete Impulse für Bewegung oder Ernährung können die positive gesundheitliche Entwicklung des Patienten zusätzlich beschleunigen. Arzt wie Banker genießen viel Vertrauen, haben oft tiefen Einblick in persönliche, intime Angelegenheiten eines Menschen. So wie es Ärzte gibt, die sich in Blutbildern oder der Symptombehandlung verlieren, gibt es Banker, die in Kontoständen oder Depotauszügen versinken. Beiden droht die Gefahr, das große Ganze aus den Augen zu verlieren und das Einfache, das Muster zu übersehen.

Aus der Position des Bankier 5.0 und dessen Blickwinkel auf seine Kunden kann ebenfalls der PAC©-Würfel angewandt werden.

Er besteht ebenfalls aus den drei Achsen (Dimensionen) „Felder", „Kategorien" und „Merkmale". Jede Dimension ist in sechs Abschnitte aufgeteilt, es entsteht ein Würfel aus 216 kleineren Würfeln; oder theoretischen Verknüpfungspunkten.

Ist das zu komplex für die Praxis in Banken? Wieso nicht nur vier Aspekte pro Dimension, also 64 Verknüpfungen? Oder wie der Zauberwürfel sogar nur drei, das wären immer noch 27 Verknüpfungen! Dem gegenüber steht der Algorithmus eines Roboters. Aus Kontodaten, Suchanfragen, Bewegungsprofilen, Sozialen Netzwerken, Kredit- und Kundenkarten, SCHUFA-Einträgen und Vergleichsportalen stellt er tausende Verknüpfungen her. Mit jedem Tag produziert jeder Mensch zig neue Daten und damit Verknüpfungspunkte, die lernende KI wird keinen davon jemals vergessen. Sie wird uns Menschen immer mehr kennenlernen, Rückschlüsse ziehen und bald besser kennen als wir uns selbst.

> Erfassen Banken ihre Kunden weiterhin so unterkomplex wie bisher, finden sie zu wenig Ansatzpunkte für eine proaktive Beratung. Banken geraten in den Reaktionsmodus, werden zu Getriebenen.

Alle Verknüpfungspunkte des PAC©-Würfels können mit den Themen Geld und im weiteren Sinn mit Vermögen in Verbindung stehen, entsprechen so dem Anspruch eines umfassenden ganzheitlichen Beratungsansatzes.

Finden Sie ein Problem oder einen Bedarf in Ihrem Erfahrungsschatz, das sich mit diesem Ansatz nicht hätte lokalisieren lassen? Finden Sie bei sich selbst, oder einem nahestehenden Menschen ein aktuelles Bedürfnis oder gar ein Lebensziel, das sich mit Hilfe des PAC©-

Würfels nicht identifizieren lässt? Ich bin überzeugt, dass die möglichen 216 Verknüpfungspunkte komplex genug sind, die relevanten darin zu finden.

Abbildung 3: PAC©-Würfel Bank

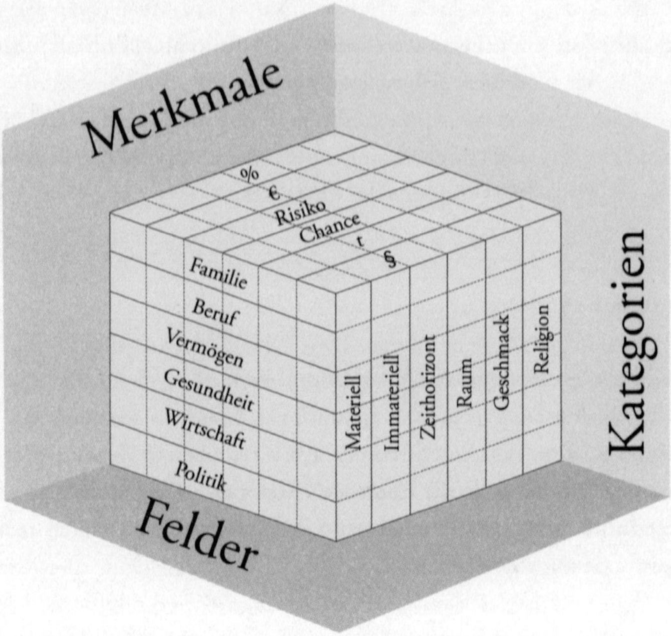

Quelle: Eigene Darstellung.

A) Die Dimension Felder

Die nachfolgend beschriebenen Felder bilden in Summe diejenigen Ebenen ab, die für ein erfülltes Leben eine entscheidende Rolle spielen: Familie, Beruf, Gesundheit, Vermögen, Wirtschaft, Politik.

Familie steht hier für:	Partnerschaft und Ehe, Familienplanung, Kinder, Eltern, Patchwork-Familien, Pflegekinder, Verpflichtungen, Erben
Beruf steht hier für:	Angestellter, Student, Freiberufler, Pensionär, Unternehmer, Perspektiven, Einkommen, Weiterbildung, Vertragsverhältnisse, Ort

Vermögen steht hier für:	Alle Anlageklassen, Bildung, mögliches Erbe, Vermächtnis, Schulden und andere Verbindlichkeiten
Gesundheit steht hier für:	Gesundheit des Kunden und seiner Angehörigen, auskurierte und überstandene Krankheiten, Gesundheitsprognosen
Wirtschaft steht hier für:	Vom Kunden erhoffte oder befürchtete Entwicklungen, Subventionen, Rahmenbedingungen
Politik steht hier für:	Gesetzliche Rahmenbedingungen, politische Prognosen, Rechte und Pflichten des Einzelnen

B) Die Dimension Kategorien

In die hier beschriebenen Kategorien fallen relevante Aspekte aus den Feldern eines erfüllten Lebens. Manche Aspekte tauchen auch individuell pro Kunde in mehreren Kategorien auf. Ein Karriereschritt aus dem Feld Beruf und der damit verbundene Gehaltsprung erhöht den Lebensstandard und fällt damit in die Kategorie „Materiell“ eines Kunden. Da er sich aber gleichzeitig verpflichtet fühlt, zum Beispiel seiner Kirche zu spenden, fällt es auch in die Kategorie „Religion“ oder „Immateriell“.

Materiell steht hier für:	Lebensstandard, die Rolle von Geld, Wünsche, Gegenstände
Immateriell steht hier für:	Moralische Grundsätze, Ideale, Wertvorstellungen, Hoffnungen, Kategorien für Richtig und Falsch
Zeithorizont steht hier für:	Alter, verbleibende Perspektive, Zeit für Vorhaben, Zeit für ein Ziel, Termine, Fristen, Laufzeiten
Raum steht hier für:	Räumlicher Lebensmittelpunkt der beteiligten Personen, mögliche Mobilität, virtuelle Lebensräume, soziale Netzwerke, digitale Kanäle für die Erreichbarkeit der Bank
Geschmack steht hier für:	Unterschiedliches Gefallen, Ästhetik im umfassenden Sinn, Stil, Kultur, Lebensformen, Peer Groups

Religion steht hier für:	Glaube oder Lebensphilosophie des Kunden, Einfluss der Religion auf sein Leben und das soziale Umfeld

C) Die Dimension Merkmale

Mit diesen Merkmalen können die messbaren Aspekte des Lebens konkret beschrieben werden. Das Einkommen wird in Euro erfasst oder die erwartete Chance in einer Relation oder Kennzahl definiert, der Zeithorizont wird in t gemessen und die rechtliche Regelung wird in Paragraphen ausgedrückt.

Euro steht hier für:	Guthaben oder Verbindlichkeiten in einer Währung, geldwerter Gegenwert eines Objekts
Prozent steht hier für:	Prozentualer Ausdruck einer Rendite oder Zinsen, mögliche Relationen zu Vermögensklassen, Finanzierungsfristen oder Währungen
Risiko steht hier für:	Risikofähigkeit, Risikobereitschaft, Wahrscheinlichkeit, Schaden, Ängste
Chance steht hier für:	Erwartete Chance, garantierte Verbesserungen, Hoffnungen
Zeit steht hier für:	Alle Einheiten von Zeit für Geldanlagen, Tilgungspläne, Familienplanung, Karriereplanungen, Lebensabschnitte, Businesspläne oder Fristen
Recht steht hier für:	Alle relevanten rechtlichen Vorschriften, insbesondere Steuerrecht, Basel III, MiFID, bankinterne Vorschriften, Staatsbürgerschaft, Aufenthaltsstatus, Erbrecht

Um zu den relevanten Verknüpfungen zu gelangen, also die überflüssigen Aspekte zu ignorieren, kann und muss der Bankier 5.0 viele Fragen stellen. Über das Ausschlussverfahren fallen somit ganze Felder, Kategorien und Merkmale weg. Um noch weiter in die Tiefe vorzudringen, bedarf es zusätzlicher Details. Bisher wäre die Arbeit noch oberflächlich.

2.2.2.2 Mehr Fakten und Wahrnehmungen für ein scharfes Bild

Die Detailschärfe des Bildes hängt davon ab, wie viele Fakten mit Hilfe des Kundeninformationssystems, des Robo Advisors und weiterer Datenquellen wie Presse, soziale Netzwerke, Kollegen, bankinterne Spezialisten oder dem eigenen Erfahrungsschatz hinzugefügt werden kann.

Ein Arzt veranlasst noch ein MRT[116], um seine Diagnose zu stützen; ein Profiler ermittelt mit Hilfe des Forensikers die Todesumstände, um seine Interpretation zum Tathergang zu verifizieren. Beide sammeln unstrittige belastbare Fakten, möglichst viele davon.

Darüber hinaus reflektieren Arzt wie Profiler ihre Wahrnehmungen und die der beteiligten Personen wie zum Beispiel Familienangehörige oder Zeugen. Dabei sind sie sich bewusst, dass jedwede Wahrnehmung, auch die eigene, subjektiv und damit verzerrt ist. Komplexere Kundensituationen sollten daher im Team besprochen werden, eigene blinde Flecken reflektiert und vorhandene, bisher ausgeblendete Aspekte wahrgenommen werden.

Der Profiler Alexander Horn schreibt in seinem Buch, wie wichtig das Unterscheiden von Fakten und persönlicher Wahrnehmungen ist.[117] Besonderes Augenmerk legt Alexander Horn darauf, wie unzuverlässig Zeugen sind. Auch im Bankenalltag beschreiben Mitarbeiter ihren Kollegen den Kunden im Brustton der absoluten Überzeugung als zum Beispiel arrogant, einfach zu handeln, kritisch, schlecht informiert, immer gut gelaunt. Aber ist der Kunde wirklich so? Im Polizeijargon würde man sagen: Fünf Zeugen, fünf unterschiedliche Aussagen. Ein gesundes Misstrauen ist also angebracht.

Bei Fakten wie auch persönlichen Wahrnehmungen besteht immer die Möglichkeit, entscheidende Aspekte zu übersehen, den „Wald vor lauter Bäumen" nicht mehr zu erkennen.

Der Nobelpreisträger Daniel Kahneman[118] beschreibt in seinem Buch „Schnelles Denken, langsames Denken"[119] das „Gorilla-Experiment". Hier wird gezeigt, wie oft Menschen übersehen, was zu sehen ist. Gerade dann, wenn wir eine Aufgabe konzentriert erledigen wollen: „Die intensive Konzentration auf eine Aufgabe kann Menschen tatsächlich blind für Stimuli machen, die normalerweise ihre Aufmerksamkeit erregen würden. Die spektakulärste De-

116 Anmerkung des Autors: Abkürzung für Magnetresonanztomographie. Mit einem MRT können Organe des menschlichen Körpers bildhaft dargestellt werden, um Krankheiten oder Gewebsveränderungen zu erkennen.
117 Horn (2016), S. 122 ff.
118 Anmerkung des Autors: Daniel Kahneman, Psychologe, erhielt 2002 den Wirtschaftsnobelpreis.
119 Vgl. Kahneman (2012).

monstration dafür lieferten Christopher Chabris und Daniel Simons in ihrem Buch „Der unsichtbare Gorilla". Sie produzierten einen kurzen Film über zwei Mannschaften, die sich Basketbälle zuspielten, wobei ein Team weiße Hemden trug und das andere schwarze. Die Betrachter des Films werden aufgefordert, die Zahl der Ballwechsel der weiß gekleideten Mannschaft zu zählen und die schwarz gekleideten Spieler zu ignorieren. Das ist eine schwierige Aufgabe, die volle Konzentration verlangt. Ungefähr in der Mitte des Videos taucht eine Frau als Gorilla verkleidet auf, überquert das Spielfeld und verschwindet wieder. Der „Gorilla" ist neun Sekunden lang zu sehen. Tausende Menschen haben sich das Video angeschaut, etwa der Hälfte von ihnen fällt nichts Ungewöhnliches auf. Ursache dieser Blindheit ist die Zählaufgabe – und insbesondere die Anweisung, eines der Teams zu ignorieren. Niemand, der das Video ohne diese Aufgabe betrachtet, würde den Gorilla übersehen.[…] Tatsächlich sind die Filmbetrachter, die den Gorilla nicht gesehen haben, zunächst davon überzeugt, dass er nicht da war. Sie können sich nicht vorstellen, dass ihnen so ein auffallendes Ereignis entgangen ist. […] Wir können gegenüber dem Offensichtlichen blind sein, und wir sind darüber hinaus blind für unsere Blindheit."[120]

Übertragen auf den Bankenalltag ist es für Berater im Kundenkontakt wichtig, so viel wie möglich vom Kunden zu sehen:

- Wie sieht das (Gesamt-) Vermögen genau aus, wie seine Allokation? Wo liegt das Depot auf der Effizienzkurve?
- Gibt es Vermögen bei anderen Banken? Gibt es einen negativen SCHUFA-Eintrag?
- Wer hat welche Vollmachten unter welchen Voraussetzungen?
- Wie lange ist die Kündigungsfrist eines Produkts?
- Welchen persönlichen Eindruck macht der Kunde?
- Was ist neben den Fakten wahrzunehmen?
- Was ist zu spüren? Was erzählt der Kunde im Small Talk?
- Was plant der Kunde, welche Ziele verfolgt er im Privat- oder Berufsleben?

120 Kahneman (2012), S. 36 f.

Auch äußere Einwirkungen haben Einfluss:

- Welche Daten liefert der Branchen- oder Länderreport?
- Was bestimmt momentan die Schlagzeilen?
- Wie sieht der historische Stresstest aus, wenn sich die Strategie auf „ausgewogen" ändert?
- Was zeigt der Chart für die zehnjährige Zinsbindung in den letzten fünf Jahre?
- Wo liegt der Goldpreis in Euro?
- Wie ist die Restschuld nach 15 Jahren bei einer Anfangstilgung von drei Prozent?

Wie beim Arzt, Profiler oder Ingenieur der Hochbau-Forensik: Das ganze Bild muss mit allen Details sichtbar werden.

2.2.2.3 Reduktion auf maximal acht Aspekte und deren Verknüpfung

Ist sowohl der Kopf als auch der Tisch voll mit gesammelten Fakten und Wahrnehmungen, beginnt die eigentliche Arbeit mit dem PAC©-Würfel. Wie findet sich ein einfaches Muster, wie soll die Reduktion vorgenommen werden? Wie findet man die maximal acht Aspekte? Und wieso gerade maximal acht?

> Allgemein lässt sich sagen: Die meisten Probleme, Wünsche oder Ziele im Leben hängen nicht mit 216 Aspekten zusammen. Im Regelfall sind es sechs, plus/minus zwei.

Gestützt wird diese Annahme auch durch die Arbeit des italienischen Ökonomen Vilfredo Pareto[121], die gezeigt hat, dass Variable immer ungleich verteilt sind: Mit 20 Prozent ihrer Kleidung gehen Menschen an 80 Prozent der Tage aus dem Haus. Mit zwanzig Prozent der Musiktitel des Archives bestreitet ein Radiosender 80 Prozent seiner Sendezeit. Dieses Prinzip kann auf alle Lebensbereiche angewendet werden. Die Regel hat Bestand und bedeutet hier: Mit 20 Prozent der theoretisch möglichen Verknüpfungspunkte entsteht 80 Prozent des entscheidenden Musters.

121 Vgl. Weibel (2014), S. 20–22.

Auf den PAC©-Würfel angewandt ergeben 20 Prozent aus 216 Verknüpfungen nicht acht, sondern 43 Verknüpfungen. Folgt man Pareto einmal pragmatisch und nicht mathematisch korrekt, ergibt sich – wenn man davon ausgeht, dass den Kunden aktuell ein Abschnitt pro Dimension bewegt, mehr als zwei sind selten – folgende Überlegung: Wird jede der drei Dimensionen des PAC©-Würfels auf jeweils mindestens einen, maximal zwei Abschnitte reduziert, ergeben sich maximal zwei mal zwei mal zwei, also acht Verknüpfungspunkte.

Es ist sicher sinnvoll, schon in der Vorbereitung auf ein Kundengespräch nach Hinweisen für eine sinnvolle Reduktion zu suchen. In allen Dimensionen und ihren Abschnitten lassen sich wichtige Aspekte finden wie zum Beispiel die Fälligkeit eines Wertpapiers, die Restschuld eines alten Konsumkredits oder ein mögliches Gesprächsziel des Kunden wie „Immobilienfinanzierung".

Im Gespräch selbst können folgende Fragen gestellt und die Antworten darauf vertieft werden:

- Auf welchen Feldern seines Lebens bewegt sich der Kunde aktuell?
- Wo gibt es Veränderungen?
- Welche Befürchtungen hat er?
- Welche Pläne gibt es und welche Ziele verbindet er damit?
- Was ist ihm im Moment das Wichtigste?
- Worüber diskutiert er mit Partner und Freunden?
- Wenn er sich etwas wünschen dürfte, was wäre das?
- Was hat aus Kundensicht Priorität?
- Was wäre, wenn, wofür, wieso gerade jetzt?

Wahrgenommen werden kann während des Gespräches zum Beispiel eine euphorische Aufbruchstimmung oder auch eine nachdenkliche Traurigkeit. Wahrgenommen werden kann eventuell ein veränderter Kleidungsstil, beispielsweise ein Kopftuch.

Jetzt werden einerseits die Fakten und persönlichen Wahrnehmungen mit Taschenrechner und Robo Advisor verknüpft, übereinstimmend mit den Regeln der Logik und Vernunft. Kahneman[122] spricht vom System 2, dem modernen kognitiven System des Menschen.

Andererseits werden Intuition und Assoziation genutzt: Kahneman spricht vom System 1, einem deutlich älteren System des Menschen mit der wesentlichen Leistung, zu filtern und extrem schnell intuitive und assoziative Verknüpfungen auszulösen.

Mit dem Robo Advisor wird errechnet:

- Wie viel Vorfälligkeitsentschädigung ist für ein Darlehen mit zehnjähriger Zinsbindung wohl zu bezahlen, sollte es nach vier Jahren gekündigt werden?

- Wie hoch sind die realen Kosten eines Beratungsmandats im letzten Jahr gewesen und wo liegt im Vergleich der Break-even einer All-In-Fee?

- Wie genau sieht der historische Stresstest einer Anlagestrategie aus, wo genau liegt dieses Depot auf der Effizienzkurve?

Mit Intuition und Assoziation wird nachgespürt:

- Könnte es sein, dass die politischen Veränderungen in Europa und in der Türkei eine Muslima in der Wahl ihres Lebensmittelpunktes beeinflussen?

- Könnte es sein, dass Todesfälle im engeren Umfeld einen Menschen dazu bringen dahingehend bewegen, seine Zeit mit neuen Prioritäten sinnvoll zu verbringen?

- Könnte es weiter vorstellbar sein, dass es nicht einfach ist, sich selbst einzugestehen, dass die eigene Gier und nicht die Bank für die erlittenen Kursverluste in den Jahren 2000 und 2008 verantwortlich war?

122 Vgl. Kahneman (2012).

A) Einige Gedanken zur Intuition

Um das Phänomen der Intuition zu erläutern, eignen sich Beispiele aus dem Alltag von Feuerwehrleuten[123] oder Alpinisten. Feuerwehrkommandanten befehlen scheinbar „aus heiterem Himmel“, ein Gebäude sofort zu verlassen. Kaum sind alle Menschen evakuiert, stürzt das Gebäude ein.

Ein Alpinist bleibt am Rande eines Hanges stehen und stoppt die Gruppe der Tourenskigänger. Die Gruppe will auf den Gipfel und muss dazu genau diesen Hang queren. Kaum hat eine Diskussion unter den Teilnehmern begonnen, löst sich eine Lawine oberhalb des Hanges und stürzt grollend ins Tal. Sie hätte die Gruppe unter sich begraben.

Fragt man den Feuerwehrkommandanten oder den Alpinisten, was ihn zu seiner Entscheidung bewogen hat, antwortet dieser oft: „Keine Ahnung, nur so ein Gefühl.“ oder „War wohl mein sechster Sinn.“ Daniel Kahneman, Gerd Gigerenzer und Benedikt Weibel sind sich einig: „Intuition basiert auf der Fähigkeit, mithilfe von Erfahrungen Situationen wiederzuerkennen. […] Intuition führt dazu, dass Dinge erkannt werden, ohne dass man sich bewusst wird, wie sie erkannt werden.“[124] Was im Alltagsgebrauch als unreflektierte Bauchentscheidung gilt, erweist sich als unbewusste Reflexion aufgrund von gespeicherten Mustern. Intuition bedeutet also, neue aktuelle Muster mit vorhandenen Mustern zu vergleichen und Rückschlüsse daraus zu ziehen.

Die Forschungen von Gerd Gigerenzer zeigen auch:

> Je komplexer eine Situation, desto eher kommt es darauf an, Fakten auszuschließen statt immer neue zu integrieren, will man eine tragfähige Entscheidung fällen.

Dabei hilft die Intuition. Mit ihr können in einem Bruchteil von Sekunden Details ausgeblendet und Entscheidungen getroffen werden. Ohne es erklären oder begründen zu könnte.[125]

Basis der Intuition ist der Erfahrungsschatz, auf den man zurückgreifen kann. Ein noch junger Bankier 5.0, der bis jetzt wenig Erfahrung in der Beratung sammeln konnte, kann nicht intuitiv entscheiden, seine Mustererkennung ist noch nicht ausgeprägt. Er muss sorgfältig ausgebildet, geführt und begleitet werden. Aufgabe der Führungs- und Personalverantwort-

123 Vgl. Morland (2015), S. 83 ff.
124 Weibel (2014), S. 32.
125 Vgl. Gigerenzer (2015).

lichen[126] ist es, dem jungen Bankier 5.0 durch vermittelte Musterbeispiele und Coaching eine Basis für dessen Intuition zu schaffen. So, wie es in der Kindheit nicht notwendig ist, jede Herdplatte selbst anzufassen ist es als Bankier 5.0 auch nicht nötig, jede Lebenssituation des Kunden selbst erfahren oder durchlebt zu haben. Richtig bleibt aber: Wer noch nie einen Herd gesehen hat, wird ihn auch nicht erkennen, wenn er ihn sieht. Daraus folgert die Erkenntnis, dass Intuition abhängig vom Beratungsauftrag des Bankier 5.0 ganz gezielt entwickelt werden muss.

B) Einige Gedanken zur Assoziation

Liest man das Wort „Kundenzufriedenheit", tauchen sofort Bilder und Gefühle auf. War die letzte Begegnung mit dem Kunden positiv, hat sich der Kunde lobend geäußert, sieht man vor dem inneren Auge noch einmal die angenehme Situation und die positiven Folgen, zum Beispiel die anerkennenden Worte der Kollegen beim letzten Teammeeting. Der Körper entspannt sich unwillkürlich, man fühlt sich wohl in seiner Haut. Wird das nächste Kundengespräch dadurch positiv beeinflusst, die Mustererkennung sicherer? Sehr wahrscheinlich.

Welches Bild taucht beim Wort „Kundenzufriedenheit" auf, hat man gerade ein hartes Preis- oder Reklamationsgespräch mit einem Kunden erlebt? Womöglich das Bild eines Baseballschlägers? Welches Gefühl kommt beim Lesen auf, wenn der Vorgesetzte immer wieder mahnt, in wirklich jedem Fall den „König Kunde" zufriedenzustellen? Frustration oder gar Wut? Wird das nächste Kundengespräch dadurch negativ beeinflusst, die Mustererkennung erschwert? Sehr wahrscheinlich.

Der Bankier 5.0 selbst, das Team und der Vorgesetzte sind dafür mit verantwortlich, welche Bilder und Gefühle assoziativ entstehen, wenn sich der Bankier 5.0 mit einem Kunden und dessen Anliegen unterhält. Jedes Wort, jeder Aspekt der Kommunikation löst Assoziationen aus. Die Frage ist: Sind sie zielführend?

> Die Prozesse der Intuition und Assoziation laufen unwillkürlich und in Sekunden ab. Sie sind entscheidende Gaben, die uns analoge Spezies von den digitalen Kollegen unterscheidet. Hüten und pflegen wir sie.

126 Vgl. Kapitel 3.4, S. 188–193.

Profiler, Ingenieure der Hochbau-Forensik, Schachgroßmeister, Mathematikgenies oder Hoteliers arbeiten kooperativ mit beiden Systemen: mit Logik und dem Robo Advisor einerseits sowie mit Intuition und Assoziation andererseits. Mit Kopf und Bauch, mit Ratio und Emotion – sowohl als auch. Die Gegensätze auszuspielen ist falsch.

Profis und ihre Spitzenteams organisieren deshalb den kontroversen Dialog, in dem sie ihre Argumente, Gedanken und Hypothesen austauschen. Sie ringen, streiten, wägen ab, suchen weiter. Denn sie alle wissen, dass jeder Mensch unter Verzerrungen in seiner Wahrnehmung leidet[127]. Eine Verzerrung ist eben auch ein Muster, Profis bringen diese ans Tageslicht.

Bankmitarbeiter kennen das Phänomen unter der Überschrift Behavioral Finance. Kunden verhalten sich häufig irrational: Bei Aktienkäufen reagieren sie zu spät; mit geerbtem Geld gehen sie anders um als mit selbst verdientem; beim Erfolg ihrer Geldanlagen verwechseln sie eigenes Können mit Glück. Es sind menschliche Phänomene, und nicht nur am Stammtisch gilt: Weit über die Hälfte aller Autofahrer zählt sich persönlich zu den überdurchschnittlich guten Autofahrern. Sie auch? Ich ebenfalls. Nachrechnen und überlegen würde helfen! Es gibt also nichts zu Lachen. Im Gegenteil, Kunden brauchen Wertschätzung und Hilfe vom Bankier 5.0.

2.2.2.4 Interpretation, Hypothesenbildung und mögliche Lösung

Die reduzierten und verknüpften Fakten und persönlichen Wahrnehmungen werden im Anschluss interpretiert, ihnen wird eine Bedeutung zugeschrieben. Mit dieser zugewiesenen Bedeutung wird eine Hypothese darüber aufgestellt, was für den Kunden und seine Zielerreichung hilfreich sein kann – und was vermutlich nicht. Der Bankier 5.0 und sein Kunde spekulieren also über mögliche Szenarien, Auswirkungen und deren Konsequenzen.

- Was bedeutet das für den Kunden?
- Mit welcher Wahrscheinlichkeit rechnet er mit einem bestimmten Risiko oder einer angestrebten Chance?
- Was steckt hinter einem Wunsch, was treibt den Kunden an?
- Welche Lösungsoptionen gibt es?

127 Vgl. Kahneman (2012), S. 342–355.

- Was kann man völlig neuartig gestalten, was sein lassen?
- Was nicht jetzt verändern, sondern auf später verschieben?
- Wie erhält man Entscheidungsspielräume?

Sinnvoll ist es, unter die Oberfläche zu gehen, weiter in die Tiefe zu tauchen. Das kann mit einer Zeitreise gut gelingen:

- Wo wird der Kunde in 15 Jahren stehen?
- Was wäre das Schlimmste, das ihm dort passieren, was das Schönste, das ihn dort erwarten könnte, wie sieht das dann ideale Leben aus?
- Wenn sich der Kunde das eine oder andere Szenario vorstellt, wie fühlt sich das für ihn an?
- Welche Gedanken gehen ihm bezüglich der fiktiven Situation durch den Kopf?

Im Dialog mit dem Kunden sind diese Fragen am besten zu beantworten. Durch die Fähigkeit zur komplexen Kommunikation, mit der Kompetenz, auch physisch zu arbeiten und darüber hinaus ein guter Gastgeber zu sein wird eine Atmosphäre geschaffen, die für diese komplexen Gesprächsthemen Voraussetzung ist.

> Um die eigene Offenheit aufrecht zu halten, blinde Flecken auszuleuchten und zielführende Lösungen zu entwickeln, können Faktenlage und persönliche Wahrnehmung, Interpretation sowie Hypothesenbildung zusätzlich im Team des Bankier 5.0 diskutiert werden.

Hierfür ist ausreichend Zeit einzuplanen, damit nicht nur das Offensichtliche gesehen wird. Eine erstbeste Lösung zu entwickeln kostet immer Zeit, die zweitbeste Lösung ist vermutlich Standard und verführerisch schnell zur Hand. Das Beispiel von John Nash in der Bar[128] zeigt das deutlich.

128 Vgl. Kapitel 2.2.1, S. 61.

Bei aller Prognosequalität bleiben Lücken, perspektivisch kann es kein Wissen geben. Ist das erkannte Muster dennoch überzeugend genug, eine Entscheidung unter Unsicherheit[129] zu ermöglichen? Dann ist dem Kunden diejenige Option zu empfehlen, für die im Moment mehr spricht als dagegen.

Die „Truthahn-Illusion“[130] beschreibt anschaulich, dass es eine hundertprozentige Sicherheit nicht gibt: Ein junger Truthahn macht schon als junges Tier die schöne Erfahrung, dass es Futter gibt, wenn der Bauer kommt. Der Truthahn lernt Tag für Tag, sammelt Erfahrung. Der Bauer ist nett, bringt Futter und kümmert sich um das Wohl des Truthahns und seiner Artgenossen. Der Truthahn hat ein gutes Leben und mag den Bauer sehr. Woche für Woche geht es ihm besser. Bis zum Tag vor Thanksgiving. An diesem Tag kommt der Bauer nicht mit Futter, sondern mit dem Beil und beendet das Leben des Truthahns. Weder die Logik des Truthahn-Robo-Advisors noch die Intuition des Truthahns hätten dieses Ergebnis vorhersehen und sein Leben retten können.

Das Leben gleicht dem Truthahnstall und eine Finanzkrise schlägt zu, wie der Bauer mit dem Beil. Nicht absolute Sicherheit ist das Ziel, sondern maximale Klarheit über Optionen, Wahrscheinlichkeiten und deren Auswirkungen. Bankier 5.0 können die hier beschriebene Struktur sorgfältig zum Wohl der Kunden nutzen und sich an den weit überwiegend positiven Resultaten erfreuen.

In der Praxis kann das so aussehen:

Ein Bankier 5.0, der von der Krebsdiagnose einer seiner Kunden hört, reagiert angemessen mitfühlend und agiert wertschätzend wie respektvoll. Darüber hinaus reflektiert er die ihm bekannte Familienstruktur, verknüpft sie mit der aktuellen Gestaltung der Konten und Vollmachten und bringt diese Informationen in Zusammenhang mit seinem Wissen zum Konfliktpotenzial bei Erbschaften. Im Speziellen erinnert er sich an die Aussagen eines der Kinder des zukünftigen Erblassers. In seinem Kopf entsteht ein Muster, eine mögliche Kettenreaktion. Ein Muster mit dem Potenzial erheblichen materiellen wie auch emotionalen Schadens in dieser Familie. In seinem Kopf tauchen Bilder von Erben auf, die sich erbittert streiten. Er fühlt sich selbstbewusst genug, den Dingen eine positive Wendung zu geben und wird aktiv. Im Dialog mit Teamkollegen sucht er einen kreativen Ansatz, um seinem Kunden hilfreich und engagiert zur Seite zu stehen.

129 Vgl. Pfersich (2014), S. 101–126.
130 Vgl. Taleb (2008), S. 62.

Als Gesprächsvorbereitung oder auch als Visualisierungshilfe im Beratungsgespräch kann die PAC©-Musterkarte kreativ genutzt werden. Fakten, Verknüpfungen, Notizen und Querverweise zeigen das Muster und helfen, die notwendige „Ein-SICHT" bzw. „Mehr-SICHT" herzustellen. Diese Art der Mind-Map ergänzt sinnvoll die Visualisierungen der Beratungsleitfäden und Analysebögen einer Bank.

Abbildung 4: PAC©-Musterkarte Neutral

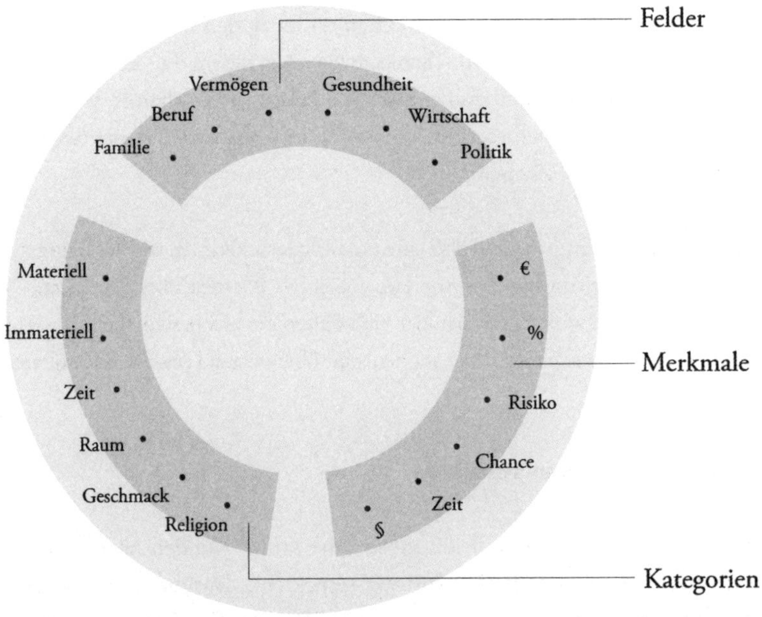

Quelle: Eigene Darstellung.

Für die Beispiele zu Beginn des Kapitels kann das so aussehen:

Beispiel A: Die junge Frau in Essen[131]

Am Schluss ist es ganz einfach: Die junge Frau ist eine Türkin der dritten Generation und besitzt die türkische wie auch die deutsche Staatsbürgerschaft. In den vergangenen zwei Jahren

131 Vgl. Kapitel 2.2.1, S. 62.

hat sie sich, ausgelöst durch die weltweiten Ereignisse, ihrer Religion zugewandt und möchte das auch mit dem Tragen eines Kopftuches nach außen zeigen. Gleichzeitig fragt sie sich, wie die politischen Veränderungen in Europa, insbesondere der Türkei, das innenpolitische und gesellschaftliche Klima in Deutschland verändern werden. Einerseits möchte sie gerne in Deutschland leben, würde jedoch andererseits im Zweifelsfall in die Türkei oder nach Kanada auswandern. Die gesellschaftspolitische Situation ist aus ihrer Sicht völlig offen. Eine Wohnung will sie auf jeden Fall kaufen, eine Mietwohnung kommt aus verschiedenen Gründen nicht mehr in Frage. Würde sie nun eine langfristige Zinsbindung abschließen und gegebenenfalls in drei Jahren auswandern, könnte sie nicht ohne Aufwand von dem Kreditvertrag zurücktreten. Es können Gebühren anfallen und mit einer Vorfälligkeitsentschädigung erhebliche Kosten entstehen. Nach Abwägen der Wahrscheinlichkeiten und den persönlichen Präferenzen spricht alles für den Abschluss einer flexiblen, variablen Finanzierung. Gleichzeitig wird die Zinsentwicklung vom Bankier 5.0 genau beobachtet und im Bedarfsfall die Gesamtsituation gemeinsam neu bewertet und entschieden.

Abbildung 5: PAC©-Musterkarte Beispiel A

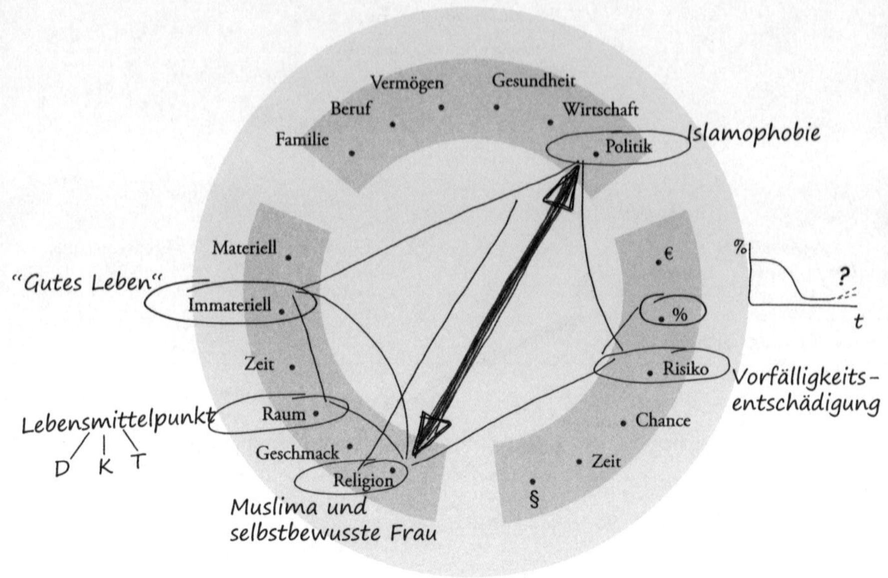

Quelle: Eigene Darstellung.

Beispiel B: Der Private-Banking-Kunde[132]

Am Schluss ist es ganz einfach: Im Umfeld des 70jährigen Mannes haben sich in den letzten Monaten mehrere Todesfälle ereignet. Zuletzt ist ein sehr guter langjähriger Freund verstorben. Die Trauer um diesen Freund, das Erkennen der eigenen nahekommenden Endlichkeit hat zu völlig neuen Prioritäten dieses Mannes geführt. Wo er noch bis vor ein paar Monaten gerne selbst über Geldanlagen entschieden hat, will sich heute keine Freude und keine Neugier mehr zu diesen Themen einstellen. Eher lustlos liest er seine immer noch abonnierten Börsenbriefe. Trotz seiner jahrelangen Aversion gegen Vermögensverwaltungen und deren Preise ist er nun doch sicher, damit die für ihn bessere Möglichkeit gewählt zu haben. Nachdem er die für ihn passende Strategie mit dem Bankier 5.0 definiert hat, schließt er das Mandat mit gutem Gefühl ab. Aus „Brauche ich nicht und ist zu teuer!" ist „Ist teuer, aber für mich das Richtige!" geworden.

Abbildung 6: PAC©-Musterkarte Beispiel B

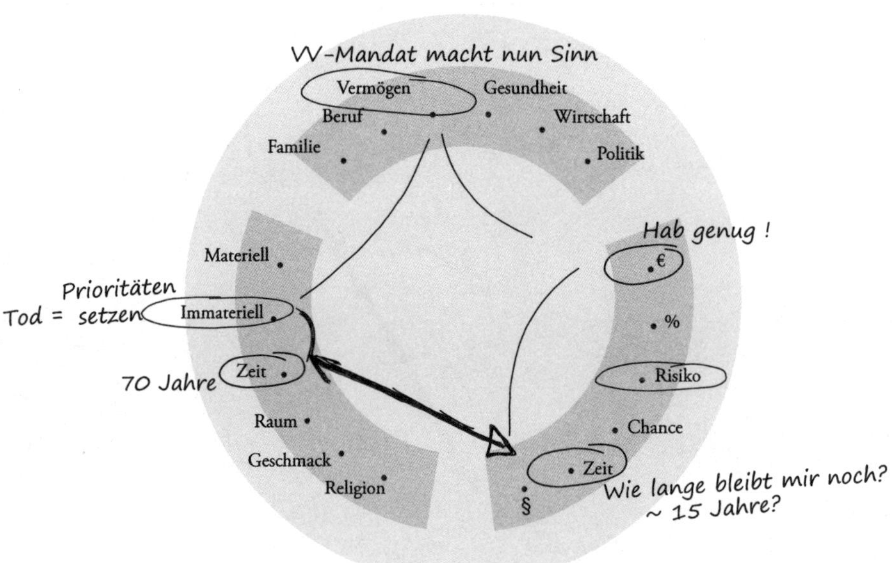

Quelle: Eigene Darstellung.

132 Vgl. Kapitel 2.2.1, S. 63.

Beispiel C: Der Babyboomer und Zinsjäger[133]

Am Schluss ist es ganz einfach: In einer ganz klassischen Rollenverteilung in einer Ehe hatte sich der Kunde seit Jahrzehnten um das Vermögen gekümmert. In den Jahren 1999 und 2007 hatte er, jeweils voll im Trend, große Beträge in Aktien investiert, 2007 auch das Erbe seiner Frau. Sowohl im Jahr 2000 als auch im Jahr 2008 platzen Spekulationsblasen, die großen Kursverluste veranlassten den Mann erstmals im Jahr 2002 und nochmals im Jahr 2009, bei jeweils sehr tiefen Börsenkursen, alle Aktien zu verkaufen. Nachdem er in den Jahren ab 2004 wieder neu in Aktien investierte, fühlte er sich persönlich zweimal „schuldig", nicht gut für seine Familie gesorgt zu haben und schwor sich 2009, nie wieder eine Aktie zu kaufen. Schuld und Scham hatte er daraufhin auf „die Banken" projiziert und diese mit seiner Zinsjägerei, Gebührenaversion und negativer Grundhaltung bestraft. Mit Wertschätzung und Einfühlungsvermögen spricht der Bankier 5.0 diese Themen im Beratungsgespräch 2017 zum ersten Mal deutlich an und eröffnet damit seinem Kunden eine Möglichkeit, mit sich, seiner Frau und auch der Bank ins Reine zu kommen.

Abbildung 7: PAC©-Musterkarte Beispiel C

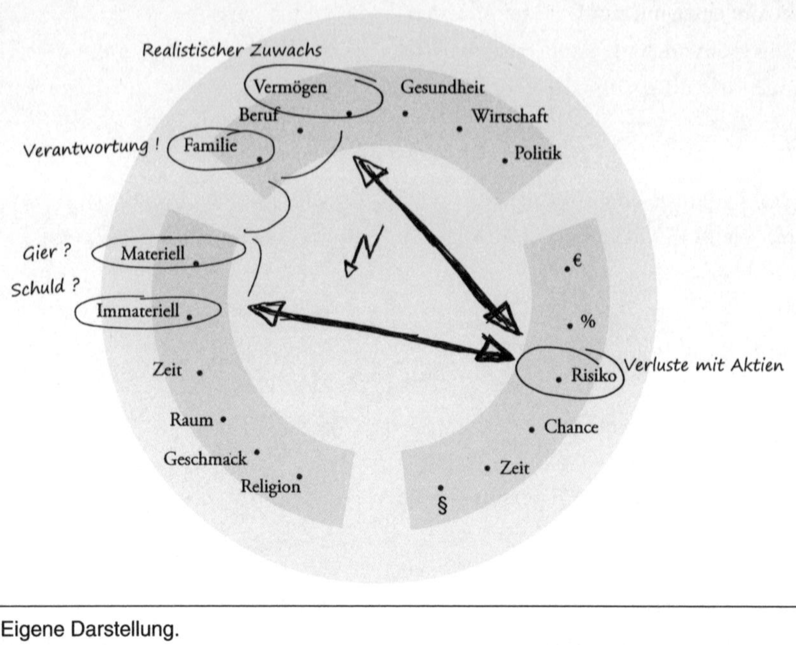

Quelle: Eigene Darstellung.

133 Vgl. Kapitel 2.2.1, S. 63.

Statt über Zinsdifferenzen diskutierte der Bankier 5.0 mit dem Ehepaar über die Differenz zwischen Schuld und Verantwortung. Insbesondere darüber, wie man „vernünftig" Verantwortung für sein Vermögen tragen kann. Die beiden Ehepartner werden sich nun bis zum kommenden Termin Gedanken über Renditeerwartung, Risikofähigkeit und -bereitschaft machen, um dann mittels einer Gesamtübersicht die weiteren sinnvollen Schritte zu besprechen.

> In der Einfachheit liegt die zielführende Lösung. Mustererkennung ist der Weg zu Einfachheit.

Durch das intensive Beschäftigen mit Mustern wird deutlich: Einfachheit ist ein universales Prinzip. Eine Art Grundwahrheit, die sich durch alle Bereiche und Disziplinen zieht. Mathematik, Rhetorik, Kunst, Design. Selbst Gartengestaltung, das Kuratieren einer Ausstellung oder der Aufbau einer Oldtimersammlung. Ohne Muster entsteht Verschwendung, Chaos und Verwirrung, Ziele werden nicht erreicht. Ohne Einfachheit keine Schönheit.

Im Zuge der Spezialisierung und Arbeitsteilung ist der Blick für die einfachen Muster vermutlich ein gutes Stück verloren gegangen. Gerade auch in Banken, in denen man lange glaubte, es ginge nur um Geld.

2.3 Die Kompetenz, neue Lösungsansätze zu kreieren

Abbildung 8: Bankier 5.0 – Kreativität

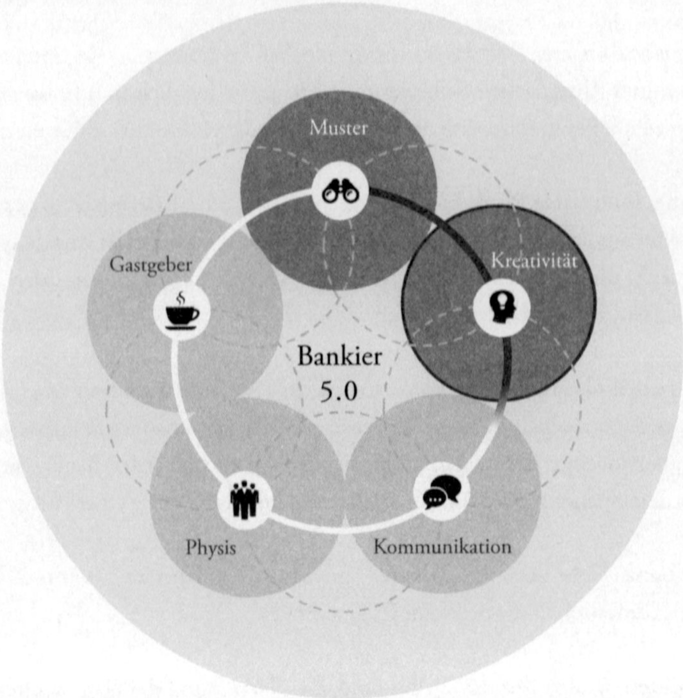

Quelle: Eigene Darstellung.

2.3.1 Neues ist zu 90 Prozent eine Rekombination des Alten

Die Kompetenz, neue Lösungsansätze zu kreieren: Ziel dabei ist es, neue, ungewohnte, freche, kreative oder sogar im ersten Moment unbequeme Lösungsansätze zu entwickeln. Aufbauend auf die oben erkannten Muster und Zusammenhänge entstehen neue Blickwinkel, Assoziationen und wirklich neue Gedanken. Mit der Frage „Wie können wir erreichen, dass … ?" wird der Status Quo einer Bank-Kunde-Beziehung verändert und die Zukunft des Kunden gestaltet. Wenn es für die Masse der Kunden richtig sein mag, eine Immobilienfinanzierung schnell zu tilgen, kann es im Einzelfall sinnvoll sein, die Tilgung auszusetzen und das dafür gedachte Geld alternativ anzulegen. Aus Anlagevorschlägen werden Gestaltungsoptionen. Aus Produkten Wahlmöglichkeiten. Aus Dienstleistungen eine Horizonterweiterung.

Erst als Gedankenspiel im Dialog, dann als ertragreiche Umsetzung über die Produkte und Dienstleistungen einer Bank. Immer mit der Freiheit des Kunden, sich heute dagegen, aber im nächsten Jahr doch dafür zu entscheiden. Und immer mit der Gewissheit für den Bankier 5.0, dass es nicht um richtig oder falsch, sondern um sorgfältig und verantwortungsbewusst geht.

Neue Lösungsansätze kreieren – ist das überhaupt möglich im Korsett aus Regulierungen, Kundenerwartungen und Absatzzielen? Selbstverständlich. Es ist möglich und notwendig neu zu denken, kreativ zu überlegen, innovativ zu kombinieren oder eine andere Rolle einzunehmen.

Bei der Aufgabe, innovative Produkte, Dienstleistungen oder Erlebnisse zu gestalten, die nicht nur attraktiv, sondern auch realisierbar und marktfähig sind, ist die Kundenperspektive der Ausgangspunkt dieser neuen Herausforderung. Alles ist möglich, wenn drei Prämissen erfüllt sind: attraktiv, realisierbar, marktfähig.

Ein Spannungsverhältnis aus drei oft konkurrierenden Prämissen kann nur in ein stimmiges Gleichgewicht gebracht, jedoch nicht gelöst werden. Der Anspruch einer Prämisse geht immer zu Lasten mindestens einer der beiden verbleibenden Prämissen. Jeder Banker kennt dieses Phänomen aus dem Spannungsverhältnis zwischen Risiko und Chance einer Anlageklasse.

Mit der Kompetenz „Neue Lösungen kreieren" gelingt es dem Bankier 5.0, mit diesem Spannungsverhältnis professionell umzugehen. Er gestaltet es.

Attraktiv bedeutet: für den Kunden zielführend; das „Neue" und das oben erkannte Muster mit einer Lösung verbinden. Alles ist attraktiv, was dem Kunden nutzt und ihn seinen Zielen näherbringt oder aber seine Risiken minimiert. Beispielsweise einer jungen Muslima Wahlfreiheiten lassen, sollten sich die gesellschaftspolitischen Rahmenbedingungen ändern; einem alten Mann Zeit, Ruhe und Frieden schenken, um die verbleibende Lebenszeit zu genießen; einem Ehepaar die Chance geben, neu über ihre Haltung zu und dem verantwortungsvollen Umgang mit Geld nachzudenken.

Realisierbar bedeutet: im Rahmen der juristischen, normativen und technischen Möglichkeiten umsetzbar; gerade auch dann, wenn es in dieser Bank das erste Mal sein sollte. Ein Beispiel für die Lösungssuche unter denkbar restriktiven Bedingungen ist die NASA-Mission Apollo 13, verfilmt 1995[134] mit Tom Hanks als Hauptdarsteller. Apollo13 sollte mit drei Astronauten bemannt 1970 zum Mond fliegen und dort wie Apollo 11 mit einer Mondlande-

134 Vgl. Film „Apollo 13", (1995).

fähre landen. Zu einer Mondlandung kam es jedoch nicht. Mit „Houston, wir haben ein Problem" meldete der Kommandant Jim Lovell ernsthafte Schwierigkeiten an das Mission-Control-Center in Houston/Texas. Das Muster hinter der Beinahe-Katastrophe: technische Ausfälle in Serie und sich unvereinbar gegenüberstehende Restriktionen wie Energieknappheit, mangelnder Sauerstoffgehalt oder Kälte in der Astronautenkapsel. Was immer die Astronauten unternahmen, um ihr Leben zu retten, hatte negative technische Auswirkungen, die wiederum ihr Überleben bedrohten. Den drei Astronauten gelang es, das Spannungsfeld der Prämissen in ein stimmiges Gleichgewicht zu bringen, indem sie unkonventionell dachten und aus vorhandenen Mitteln neue Lösungen entwickelten. Unorthodoxe Ideen kamen dabei vom Boden, dem Team des Mission Control Centers in Huston. Das Miteinander eines heterogenen Teams führte zu neuen Lösungen aus vorhandenen Komponenten. Ein Paradebeispiel, wie aus einer verrückten Idee eine realisierbare Innovation entstehen kann. Schließlich landeten die drei Astronauten sicher auf der Erde.

Marktfähig bedeutet: für die Bank angemessen ertragreich; zusammengesetzt aus dem monetären Wert des Kunden, seinem Referenzwert und dem Informationswert. Alles ist marktfähig, was in dieser Addition kurz- oder mittelfristig angemessen ertragreich wird. Was aber ist ein angemessener Ertrag? Sicher eine der entscheidenden Fragen für das Managen und Steuern einer Bank und ihrer Preispolitik. Ausschließlich Führungskräfte der jeweiligen Bank können die Antwort darauf geben und die entsprechenden Parameter ihrer Preispolitik definieren. Diese Antworten werden immer von Kunden, Medien, Politik und Wettbewerbern aufmerksam wahrgenommen und kritisch bewertet.

> Neue Lösungen finden bedeutet querdenken, nicht zu träumen.

Es geht nicht um „Wünsch Dir was" im Phantasieland, sondern um „Wie können wir erreichen, dass … ? in der Realität. Das geht nur mit einer neuen Lösung, einer Kombination aus den vorhandenen Bausteinen und Möglichkeiten der Bank und ihren Menschen.

Um eine neue, kreative Lösung zu finden kann der Bankier 5.0 vor dem Hintergrund der erkannten Muster sich selbst und, wann immer möglich, sein Team fragen:

- Welche neuen Produkte und Varianten sind vorstellbar?
- Welche neuen Dienstleistungen sind denkbar?
- Welche neuen Medien und Zugangskanäle sind möglich?

- Welche neuen Preismodelle sind schlüssig?
- Muss die Umsetzung ganz oder kann sie teilweise erfolgen?
- Jetzt oder später?
- Kann die Struktur des Vermögens oder der Finanzierung verändert werden?
- Welche neue Rolle kann die Bank oder der Bankier 5.0 einnehmen?
- Welche internen oder externen Spezialisten können integriert werden?
- Welche neuen Informationen kann die Bank vom Kunden erhalten?
- Welche neuen Stakeholder können mit eingebunden werden?
- Wo in der analogen oder digitalen Welt kann man sich begegnen?

Speziell für Firmenkunden und Intermediäre:

- Was kann den Kunden schneller oder flexibler machen?
- Was kann seine Prozesse wirtschaftlicher gestalten?
- Was kann seinen Unternehmenszweck so unterstützen, dass er in seiner Tätigkeit besser wird?
- Was kann ihn in den Augen seiner Kunden glaubwürdiger machen?

2.3.2 Rahmen für erfolgreiche neue Lösungen

Für den optimalen Prozess der Ideenfindung braucht es mindestens einen Sparringpartner, ideal ist ein heterogenes Team aus vier bis sechs Kollegen. Wollen die obigen Fragen kreativ beantwortet werden, sind drei Aspekte für die Qualität der Antworten entscheidend: Expertise, kreative Kapazität, Diversität und Motivation.

Expertise ist das substantielle Wissen um die Sache selbst: Fachwissen rund um Bankprodukte und Dienstleistungen, juristische Rahmenbedingungen und spezifische Vorschriften der Bank, Allgemeinwissen sowie Lebenserfahrung. Mindestens ein Kollege, der eine vergleichsweise andere Denk- und Herangehensweise wie der zuständige Bankier 5.0 hat, besser noch ein heterogenes Team sichern Breite und Tiefe der notwendigen Expertise auf den obigen Gebieten.

Kreative Kapazität ist ein Talent, eine Gabe die jeder Mensch besitzt, aber nicht jeder Mensch hat gleich viel davon. In einem spielerischen, sich wiederholenden Prozess können die Kreativität des einzelnen und des Teams entscheidend gesteigert werden. Das Spielen – in diesem Fall mit Ideen – bringt messbar bessere Ergebnisse und Albert Einstein sagte dazu: „Um seine Kreativität anzuregen, müsse man die kindliche Neigung zu Spielen entwickeln."[135] Vor diesem Hintergrund sind die farbigen Räume, Trampolins oder Kinderrutschen bei Firmen wie Google oder Amazon nur konsequent. Und ein Kicker-Fußball-Tisch im Pausenraum einer Bank ist immerhin ein Anfang, spielerische Elemente in den Alltag zu integrieren.

Gerald Hüther schreibt zum schädlichen Druck während einer Lösungssuche in seinem Buch „Rettet das Spiel" eindrücklich, welche enorme Rolle die „Spielräume"[136] einnehmen: „Wissensinhalte, Kenntnisse und Erfahrungen werden nur dann auf eine andere, neuartige Weise miteinander verknüpft, wenn die Energie dort oben, also der Erregungszustand im Gehirn, weder zu hoch noch zu niedrig ist. Deshalb kommt auch niemand auf eine neue, kreative Idee, wenn er sich anstrengt, wenn er sich unter Druck gesetzt fühlt oder von starken Affekten getrieben ist. Und natürlich fällt auch niemandem etwas ein, der gar nichts will und nichts tut, also keinen Grund, kein Motiv hat, sich etwas Neues auszudenken."[137] Neben Vermeiden von Druck ist das Motiv entscheidend für das Finden neuer Lösungswege.

Motivation ist der Wille, sich für den Kunden einzusetzen, die Perspektive zu wechseln und sich nicht mit der erstbesten Lösung zufriedenzugeben. Abhängig von der vom Bankier 5.0 gefühlten Sinnhaftigkeit eines weiteren, zufriedenstellenden Lösungsansatzes, wird dieser Kraft und Ausdauer in eine neue Lösung investieren. Wenn eine bekannte, oft angewandte oder schlicht einfache Lösung auf dem Tisch liegt, braucht es einen starken Antrieb, nach der erstbesten Lösung weiterzusuchen.

135 Seppälä (2016), S. 144.
136 Vgl. Hüther, Quarch (2016), S. 30 ff.
137 Hüther, Quarch (2016), S. 32.

> Damit aus Kreativität eine innovative neue Lösung wird, sind drei Rahmenbedingungen für das zielführende Arbeitsumfeld Voraussetzung: notwendige Ressourcen, eine unterstützende Unternehmenskultur sowie ein loyales Management.

Notwendige Ressourcen meint an erster Stelle Zeit, der gefühlte Freiraum des Bankier 5.0. Unter Zeitdruck können keine Assoziationen, neue Gedanken oder spontane Ideen entstehen. Der Mythos des „blitzartig" kommenden genialen Einfalls ist eben ein Mythos. Linus Pauling[138] ist sich sicher: „Um eine gute Idee zu haben, muss man erst einmal jede Menge Ideen haben."[139] Um diese zu entwickeln, ist ausreichend Zeit nötig. Ein Bankier 5.0, der von Termin zu Termin hetzt, kann nur auf Standardlösungen zurückgreifen und ist dabei langsamer als jeder Algorithmus. Es bleibt dabei: Ohne ausreichend Zeit hat der Bankier 5.0 keine Chance.

Die unterstützende Unternehmenskultur schafft eine Atmosphäre, die Mut macht, neue Wege zu gehen. Kreative, neue Lösungen erfordern Schritte auf unbekanntem Terrain, Scheitern inklusive. Die Fehler- und Lernkultur des umgebenden Systems spielt dabei eine entscheidende Rolle. Vorgesetzte, die grundsätzlich „fehlerfreundlich" sind, fördern dabei, einen Misserfolg zu riskieren und nicht, diesen zu vermeiden. Spaß, Freude und gemeinsames Lachen helfen, den Mut nicht zu verlieren, weiter zu diskutieren, zu verwerfen und nochmals neu zu beginnen.

Das fordernde wie auch fördernde Management ist die Keimzelle, der Treiber des Prozesses; der Garant für die Kompetenz, neue Lösungen zu kreieren. Im erlebten Alltag prägt jedwede Kommunikation oder Entscheidung die oben genannte Unternehmenskultur und wirkt auf die Motivation des Einzelnen. Führungskräfte der Bank schaffen die Voraussetzungen dafür, dass die in den Mitarbeitern steckende Motivation erblühen und der Arbeit mit Kunden einen Sinn gegeben werden kann. Diese Führungskräfte handeln getreu der Erkenntnis „Mitarbeiterorientierung ist praktizierte Kundenorientierung"[140] und erarbeiten dialogisch die notwendigen Rahmenbedingungen für die kreative Lösungsfindung.[141]

In diesem Umfeld, auf dieser „Spielwiese" kann jetzt die Suche nach der neuen Lösung beginnen.

138 Anmerkung des Autors: Nobelpreisträger für Chemie 1954 sowie Friedensnobelpreisträger 1963.
139 Brown (2016), S. 52.
140 Pfersich (2015), S. 132.
141 Vgl. Pfersich (2015), S. 132–154.

2.3.3 Drei Schritte zur neuen Lösung

2.3.3.1 Schritt 1: Wahlmöglichkeiten schaffen

Divergentes, also unterschiedliches, entgegengesetztes oder auch pluralistisches Fragen und Denken vergrößert die Wahlmöglichkeiten.[142] In unserem Kulturkreis wird oft reflexartig und unreflektiert konvergent gedacht. Verdeutlicht werden kann dieses Phänomen an folgendem Beispiel: Wenn sich eine befreundete Gruppe von Menschen überlegt, wohin man heute zum Abendessen gehen könnte, gibt es theoretisch sicher viele Möglichkeiten: Wo hat es beim letzten Mal geschmeckt? Welches Restaurant ist neu in der Stadt? Welches Gasthaus ist am schnellsten zu erreichen, welches hat Parkplätze vor der Türe? Wo nimmt man Rücksicht auf Allergien? Wer bietet den leckersten Wein? Wo liegen die Preise? Wo darf im Nebenzimmer geraucht werden? Wo ist welches Publikum? Theoretisch sind schnell fünf bis zehn Wahlmöglichkeiten gefunden. Praktisch aber werden in den meisten Fällen nur wenige Alternativen erwogen und es kommt schnell zu einer Entscheidung.

Woran liegt das? Geprägt durch Kultur, Erziehung und Ausbildung sind Westeuropäer gewohnt, eine Situation zu analysieren und dann über konvergentes Denken schnell zu einer Entscheidung zu gelangen. Das ist zielführend, wenn es darum geht, schnell aus bekannten Wahlmöglichkeiten auszuwählen, um eine Entscheidung zu treffen. Metaphern wie „Lieber den Spatz in der Hand, als die Taube auf dem Dach", „Da weiß man, was man hat", aber auch „Zeit ist Geld", beschreiben und konstituieren das konvergente Denken und Entscheiden.

Hinzu kommt die Folge des gleichzeitig deduktiven Vorgehens, die Verallgemeinerung: Von der Masse der Menschen wird auf das Individuum geschlossen. Von einer Ziel- oder Kundengruppe auf den einen individuellen Kunden. Vertriebsmitarbeiter höre ich dann sagen: „Das ist ein typischer Lehrer, die sind alle beratungsresistent und wollen keine Aktien kaufen." Aus einer Korrelation Beruf „Lehrer" und „Anstrengende Beratungsgespräche" wird nebenbei eine Kausalität abgeleitet: „Ist der Kunde Lehrer, wird das Beratungsgespräch anstrengend". Verständlicherweise wird so auch nicht über etwas nachgedacht, was ein unangenehmes Gespräch mit einem Lehrer Positives nach sich ziehen könnte. Es ergibt sich eine Verengung im Denken und einer stark reduzierten Anzahl von Wahlmöglichkeiten. Im Ergebnis kommt es häufig zu einer zweitbesten, in jedem Falle austauschbaren Lösung. Die Kollegen der Nachbarbank sind vermutlich zur „gleichen Lösung in grün" gekommen.

142 Vgl. Brown (2016), S. 53–70.

Vertriebsmitarbeiter entsprechen mit diesem Vorgehen fatalerweise genau der Arbeitsweise eines Algorithmus. Der im Kapitel 2.2.2.1 beschriebene Algorithmus des Lebensmittelriesen ermittelt aus der Big-Data-Analyse eine Korrelation, ein Muster. Er errechnet über die deduktive Vorgehensweise eine Kausalität „Frauen, die diese Dinge kaufen, sind schwanger“, stellt eine Hypothese auf „Diese schwangerere Frau wird bald Babyartikel kaufen“ und löst die Übersendung eines Gutscheines für den Online-Store „Babyparadies“ aus. Eine vergleichbare Prozedur leistet der Algorithmus im Robo Advisor; schneller, billiger, ohne je zu ermüden, an 7 Tagen die Woche, 24 Stunden lang. Aber keine Lösung ohne Preis. Auch der Algorithmus im Robo Advisor der Bank verallgemeinert und kann damit falsch liegen. Das ist gefährlich. Was ist, wenn im obigen Beispiel die schwangere Frau keine personalisierte Werbung möchte, lieber im Fachgeschäft kauft, die angebotenen Markenprodukte ablehnt, für zwei Monate im Ausland ist oder die komplette Erstausstattung geschenkt bekommt? Jede in diesem Sinne falsche Botschaft widerspricht dem zentralen Versprechen der Kundenorientierung. Das kostet Vertrauen, Image und Geld.

Der Bankier 5.0 ist klug, er kooperiert mit dem Robo Advisor. Er nutzt sämtliche Ergebnisse vom Robo Advisor, versteht sie als Impulse. Er denkt mit, fragt nach und diskutiert divergent.

Er stellt die obigen Fragen und vertieft die Antworten, ohne diese zu werten – Brainstorming in Perfektion. Er folgt seinen intuitiven Impulsen und sucht nach weiteren Alternativen; stellt abwechselnd weiter oder enger gefasste Fragen:

- Wofür kann ich einen Beitrag liefern?
- Was wäre, wenn … ?
- Wie gehe ich mit der Preissensitivität des Kunden um?
- Was, wenn der Kunde das Gleiche bei einer anderen Bank billiger bekommen könnte?
- Was kann ich als Kompensation anbieten?
- Wie kann ich erreichen, dass … ?
- Wird die Ehefrau einverstanden sein?

- Welches sind die größten Herausforderungen für das mittelständische Unternehmen?
- Wie reagiert der Inhaber?
- Wie kann ich das Risiko veranschaulichen?
- Wie kann man Lebensqualität messen?
- Wie diese verbessern?
- Welchen Nutzen hätte er von Lösung X?
- Was wird von einer Bank erwartet?
- Was kann ich darüber hinaus für die Familie tun?
- Was bedeutet in diesem Fall Respekt und Integrität?

Nur so liegen plötzlich Begriffe wie variabler Zins, Vorfälligkeitsentschädigung, Newsletter, Stopp-Marken, eine Bank-App, die Rolle des Bankier 5.0, Gefühle wie Scham und Schuld, Deckungsbeitragsrechnung, IT-Schnittstellen, Vermögensverwaltungsmandat, Bereitschafts-Handy am Wochenende, ein Waldspaziergang mit dem Kunden, Inspiration durch Kundenveranstaltungen und vieles mehr auf dem Tisch. Ein kreatives Chaos, aber Quantität geht in dieser Phase vor Qualität.

Mehr Wahlmöglichkeiten erhöhen gleichzeitig die Komplexität und machen damit das Leben für alle Beteiligten schwerer. Schwerer in dem Sinn, dass man sich scheinbar immer weiter von einer Lösung entfernt, scheinbar abstruse Ideen im Raum stehen. Dieses Abweichen und Experimentieren fällt insbesondere den für die Ressourcen Verantwortlichen schwer. Halten sie diesem Prozess bis hierhin stand, können sie nun aufatmen, denn jetzt geht es an die Minimierung der Optionen.

2.3.3.2 Schritt 2: Entscheidungen treffen

Nun ist konvergentes Denken zielführend. Es schränkt die oben erarbeiteten Wahlmöglichkeiten wieder sinnvoll ein und hilft, eine lineare, streng rationale Entscheidung für einen konkreten ersten Prototyp zu finden.

Jetzt werden unsystematische Ansätze und unfertige Ideen konsequent durchforstet und viele davon gestrichen. Gleichgültig, wer der Kollegen welchen kreativen Ansatz wie eloquent eingebracht und vertreten hat. Hier zählen keine Hierarchien, entscheidend ist allein die Substanz einer Wahlmöglichkeit. Die in ihr liegende Chance, die drei Prämissen attraktiv, realisierbar und marktfähig in ein Gleichgewicht zu bringen.

Um die zielführende Lösung schnell zu finden, müssen alle bestehenden Wahlmöglichkeiten bewertet werden. Einerseits unter dem interessanten Aspekt „Neu, haben wir hier noch nie so gemacht“, andererseits unter dem motivierenden Aspekt „Klingt spontan attraktiv, macht Lust“. Jeder der Beteiligten oder Befragten kann pro Aspekt maximal drei Punkte vergeben und diese auf alle Wahlmöglichkeiten verteilen. Völlig frei. Der Spitzenreiter unter den Wahlmöglichkeiten mit den meisten „Neu“- und „Attraktiv“-Punkten wird daraufhin in die Frage umformuliert: „Wie können wir erreichen, dass ... ?“. Das Team denkt sofort weiter: „Es kann gehen, wenn ... !“ Auf diese Weise werden die Beiträge analytisch durchdacht, Pro und Contra sowie These und Antithese dialektisch in eine Synthese gebracht und der Wert dieser Wahlmöglichkeit aufgedeckt. Dies ist die Grundlage für den ersten konkreten Prototyp.

Dieser Bewertungs- und Ausleseprozess bringt die Stärken des Menschen einzigartig zur Geltung. Tim Brown, ein Vordenker der Innovationsmethode „Design Thinking“, schreibt dazu: „Nun schließlich möchte ich auf das allerstärkste Instrument des Design Thinking zu sprechen kommen. Und damit meine ich nicht CAD, schnelle Prototypenherstellung oder Offshore-Produktion, sondern das empathische, intuitive, Muster erkennende, parallelverarbeitende und neuronal vernetzte Internet, das jeder von uns zwischen seinen Ohren hat. Bis auf weiteres jedenfalls ist es unsere Fähigkeit, komplexe Konzepte zu entwickeln, die sowohl funktionell relevant als auch emotional ansprechend sind, was den Menschen von den immer komplizierteren Maschinen abhebt, die wir für unsere Zwecke einsetzen. Und solange es keinen Algorithmus gibt, der uns sagt, wie man divergente Möglichkeiten in eine konvergente Realität bringt oder analytisches Detail in ein synthetisches Ganzes, wird diese Begabung versierten Designdenkern ihren Platz in der Welt garantieren.“[143]

143 Brown (2016), S. 69.

2.3.3.3 Schritt 3: Prototypen bauen und diesen intern testen

Walter Gropius, Visionär des Bauhaus, hat Zeit seines Lebens Prototypen und Modelle entworfen[144]. Auf dem Papier, maßstabsgerechte Architekturmodelle aus Gips und Karton oder Holzmodelle der Möbelstücke. Diese Entwürfe zeigte er Kollegen, Freunden oder Gästen, um sie deren Gedanken und Gefühlen auszusetzen. Ich kann mir die lebhafte, engagierte, sicher oft kontroverse Diskussion gut vorstellen. Architekten, Maler, Schriftsteller, Komponisten, Lebenskünstler, Industrielle oder konventionelle Handwerker, sie alle brachten sich am Bauhaus mit ihren heterogenen Blickwinkeln und Ideen mit ein. Da wurde entworfen, verworfen, verändert, zerstört und immer wieder neu gebaut. Entscheidend ist die schnelle iterative Vorgehensweise. Nicht Perfektion des Prototyps ist das Ziel, sondern das Auslösen von Feedbackschleifen. Dieses Feedback testet den Prototyp, es kann integriert oder ignoriert werden. Der Prototyp erhält so langsam seine Form, eine mögliche neue Lösung wird erkennbar. Ein Wohnhaus, eine Fabrikhalle oder ein Stuhl wird sichtbar. Neu und konsequent am Menschen orientiert.[145]

In der Bank wird der Prototyp eines Anlage- oder Finanzierungsvorschlags, eines Zahlungsverkehrskonzepts, eines Währungsmanagements, einer Familienkonferenz, eines Konto-/ Kartenmodells, eines Immobilienflexibilitätsplans „gebaut". Es wird ein Chancen-Maximierer, ein Risiko-Minimierer oder ein Restlebensfinanzentwurf konzipiert. Neu und konsequent am Kunden orientiert.

Wie und in welchen Formaten kann ein Prototyp gebaut werden?[146] Zum Beispiel mit Lego-Bausteinen. „Lego Serious Play – Build your way to better business – a powerfull tool designed to enhance innovation and business performance"[147]. Mit Playmobilfiguren, Post-It-Wänden, in Rollenspielen mit Kollegen, in Interviews mit unbeteiligten Dritten oder wohlgesonnenen, aber unbeteiligter Kunden.

---

144 Vgl. Winkler (2003).

145 Anmerkung des Autors: Kritiker werfen dem Bauhaus an dieser Stelle vor, sich eben nicht am real lebenden Menschen, sondern an einem Idealbild des Menschen orientiert zu haben. Das Bauhaus wünsche sich einen gebildeteren, ästhetischeren und demokratischeren Menschen, als dieser es tatsächlich sei. Aus meiner Sicht ist dies eine berechtigte Kritik, da die zukünftigen Benutzer und Bewohner der Möbel oder Gebäude kaum in die Überlegungen mit einbezogen wurden. Es wurde für sie gedacht. Das wirft die interessante Frage auf, wie Banken heute neue Filialkonzepte planen. Und vor allem, für wen? Der Bankier 5.0 jedenfalls denkt und entwickelt immer für das jeweilige Individuum, seinen Kunden.

146 Vgl. Kapitel 2.5.1.3, S. 137–139.

147 Vgl. www.lego.com

Für die Entwicklung neuer Produkt-Dienstleistungskombinationen eignen sich auch Szenario-Techniken wie die einer Kundenreise. Hier werden zum Beispiel alle Schritte visualisiert, die der Kunde von Anfang bis Ende eines Dienstleistungserlebnisses durchläuft.

Das Abenteuer, neue Lösungen zu kreieren, ist ein explorativer Vorgang. Der Bankier 5.0 ist auch ein Forscher und als verantwortlicher Relationship-Manager der Expeditionsleiter seiner Bank. Das Manager Magazin schreibt dazu: „Klötzchen statt Powerpoint. Raus aus dem CEO-Büro, rein ins Kinderzimmer“[148]. Keine Scheu, immerhin war auch der erste Prototyp einer Computermaus eine umgebaute Butterdose. Mit der Kugel eines Deorollers, befestigt im Boden der Dose![149]

Beim spielerischen Bauen der Prototypen kommt das Team sicher auch hin und wieder zu der Erkenntnis: „Das geht im Moment noch nicht.“ – Entäuschend, aber in jedem Fall lehrreich. Es wurde etwas gelernt! Also zurück zu Schritt 1 und weiter zu Schritt 2. Rom, die Glühbirne oder das iPhone wurden auch nicht an einem Tag gebaut oder erfunden.

Bei diesen Denkmodellen entstehen oft Ideen für neue, heute noch nicht vorhandene oder mögliche Produkte und Dienstleistungen einer Bank. Sie können in Folge mit gemischten Teams aus Vertrieb, Marketing, Controlling, Recht und ausgewählten Kunden[150] weiterentwickelt werden: Der Vorsprung durch „Kreative Zerstörung“[151] hilft jeder Bank in einer Zeit, in der immer neue Start-ups den Druck aufrechterhalten werden.

2.3.4 Fragen des Skeptikers und zwei Antworten des Optimisten

Braucht es tatsächlich „neue“ Lösungen? Ist es möglich, die Prämissen attraktiv, realisierbar und marktfähig in eine sinnvolle Balance zu bringen? Muss dieser Aufwand sein?

Ja, es muss sein! Das hat zunächst einmal nichts mit Robotern zu tun, sondern mit dem steigenden Qualitätsanspruch der Kunden. Banken werden immer wieder bei zweit- wenn nicht drittbesten Lösungen für ihre Kunden „erwischt“, in Verbrauchermagazinen dafür kritisiert und in Kolumnen sarkastisch diskreditiert.

148 Manager Magazin, (05/2017), S. 92.
149 Vgl. Brown, (2016), S. 75.
150 Vgl. Pfersich (2015), S. 49–55.
151 Anmerkung des Autors: Begriff geprägt von Joseph Schumpeter, Ökonom, 1883–1950.

Ein Beispiel hierfür ist die wöchentlich erscheinende Kolumne des Stuttgarter Finanzanalytikers Volker Looman in der Frankfurter Allgemeinen Zeitung. Wöchentlich beschreibt er einen Kundenfall mit dahinterliegendem Muster und schaut sich die angedachte Lösung an, die in der Regel von einer Bank oder Sparkasse initiiert ist. Genüsslich deckt er auf, dass die Lösungen oft unnötig kompliziert[152] statt einfach, dabei noch viel zu teuer[153] sind; die emotionalen Fallen[154] des Kunden weder reflektiert noch die dahinterliegenden Sehnsüchte[155] hinterfragt werden.

Man muss die Lösungsansätze von Volker Looman nicht präferieren und darf den Sarkasmus unangemessen finden, aber man darf die darin enthaltenen Botschaften nicht ignorieren:

> 80 Prozent aller Geldfragen haben nichts mit der Bank, sondern mit dem Leben[156] der Kunden zu tun!

Und dieses Leben wird schneller, komplexer, gefährlicher, mobiler, optimierbar und auch länger. Nachdenken wird zur Notwendigkeit.

Ein relevantes Beispiel ist das Phänomen „Vererben“. In den Jahren 2015 bis 2024 werden in Deutschland mehr als drei Bio. €[157] vererbt, alleine im Jahr 2017 wechseln rund 260 Mrd. € den Eigentümer über eine Erbschaft[158]; die geburtenstarken Jahrgänge von 1955 bis 1966 kommen erst noch in das relevante Alter. Und diese Menschen sollten über Verschenken und Vererben nachdenken und klug handeln. Machen sie aber nicht: „Über das Thema Erben nachzudenken bedeutet, sich mit dem eigenen Tod zu befassen. Das falle den Deutschen offenbar schwer. Nur jeder Vierte hinterlässt bislang ein schriftliches Testament.“ schreibt Der Spiegel und titelt: „Erbfeinde – Der letzte Wille entzweit Familien – doch es geht auch friedlich. Eine Gebrauchsanweisung“[159]. Es muss nicht immer der radikale Konflikt sein, es kommt auch bei gelungenen Schenkungen oder Erbschaften zu emotionalen Belastungen für die betroffenen Familienmitglieder. Diese transferierten Werte und deren durchaus auch positiven Auswirkungen verändern unweigerlich Selbstwertgefühl, Status, Lebensgewohnheiten; verursachen schlechtes Gewissen, schaffen Distanz in alten Beziehungen oder verhindern Anstrengungen im Bereich der

152 Frankfurter Allgemeine Zeitung (04.04.2017), S. 25.
153 Frankfurter Allgemeine Zeitung (23.05.2017), S. 25.
154 Frankfurter Allgemeine Zeitung (09.05.2017), S. 29.
155 Frankfurter Allgemeine Zeitung (21.03.2017), S. 25.
156 Frankfurter Allgemeine Zeitung (10.01.2017), S. 25.
157 Vgl. brand eins (2017), Heft 6, S. 118 f.
158 Vgl. Der Spiegel (2017), Heft Nr. 22, S. 40–47.
159 Vgl. Der Spiegel (2017), Heft Nr. 22.

Aus- und Weiterbildung[160]. Die Journalistin und Autorin Julia Friedrichs schildert in ihrem Buch „Wir Erben“ wie sich die Erbschaften konkret auswirken können. Eindrücklich ist ein Beispiel zweier Brüder, welche durch eine Erbschaft, verbunden mit Elternunterhalt, Nießbrauch einer Immobilie und die Besicherung eines Darlehens in einen tiefen Konflikt gestürzt wurden: „Aber längst war der Streit mehr als ein Kampf zwischen Geschwistern. Die Brüder steckten in einer Maschinerie, die das Verhältnis zwischen ihnen, zur Mutter und zu deren Vermögen betreute, organisierte, verwaltete: Richter und Rechtspfleger am Amtsgericht, selbständige Berufsbetreuer und Verfahrenspfleger, Gutachter, eine Angestellte der Sozialbehörde beim Landkreis und ein Notar. Insgesamt dreißig Personen, die im Auftrag des Amtsgerichts in ihrem Fall tätig wurden, davon allein siebzehn Juristen.“[161]

Dieses Beispiel ist sicher ein extremer, aber kein Einzelfall. Banken sind bei diesen Phänomenen von Anfang an involviert und können entscheiden, welche Rolle sie in Zukunft ausfüllen wollen.

In der Praxis kann das so aussehen:

Der Bankier 5.0 bietet einen ungewöhnlichen Lösungsansatz an. Er lädt seinen Kunden proaktiv nach einer Mustererkennung (Alter des Kontoinhabers, Struktur des Vermögens und dem Erfahrungswissen „Erbschaftskonflikte“) für das aus seiner Sicht notwendige Beratungsgespräch nicht zu einem „Banktermin“ ein, sondern regt eine „Familienkonferenz“ unter seiner Moderation an. In dieser Familienkonferenz erkennt der Bankier 5.0, dass viele Aspekte rund um das zu vererbende Vermögen noch nicht besprochen wurden. Da noch viele Fragen offen sind, ist es zielführender, das Geld im Moment nicht anzulegen, sondern auf einem entsprechenden Konto zu parken. Er drosselt das Tempo, statt auf einen Abschluss zu drängen. Er ist verständnisvoller Gesprächspartner, der bei einer neuen Prioritätensetzung unterstützt; hat hilfreiche Literatur, die Kontaktdaten eines Rechtsanwaltes und weiterführende Links im Internet recherchiert. Er fokussiert den Blick der Beteiligten auf Themen der zwischenmenschlichen Beziehungen. Seine Kunden sprechen nach diesem Gespräch nicht mehr von der Rendite einer Geldanlage, sondern von den Auswirkungen des Geldes auf das familiäre Gefüge. Der Prototyp „Familienkonferenz“ war im Nachgang ein erfolgreicher neuer Lösungsversuch: Kundenorientierung pur.

160 Vgl. brand eins (2017), Heft 6, S. 121.
161 Friedrichs (2015), S. 128.

Für die in Kapitel 2.2.1 beschriebenen Beispiele A, B und C kamen ebenfalls neue Prototypen zum Tragen: das Loslassen einer langen Zinsbindung, die gerade in Niedrigzinsphasen so verführerisch wie scheinbar logisch wirkt, kombiniert mit einer Beobachtung der Zinsentwicklung per Bank-App. Oder: Das Schweigen bei den intimen Themen des Kunden durchbrechen und so die Rolle des Vertriebsmitarbeiters neu definieren. Dabei lebt der Vertriebsmitarbeiter gleichzeitig Werte der Bank wie Integrität oder Respekt so, wie es der Kunde sich wünscht, nicht, wie der Berater mutmaßt, der Kunde es sich wünschen könnte. Oder auch: Die Partnerschaft zwischen Bank und Kunde selbstbewusst und mutig gestalten, die eigene Opferhaltung verlassen. Eine gemeinsame Zeitreise in die Vergangenheit unternehmen, dort durch die Kulissen wandeln und die Motive der handelnden Protagonisten mit den Augen von Heute betrachten.

Dem aufmerksamen Leser ist sicher aufgefallen, dass in diesen drei unterschiedlichen Kundengesprächen der oben beschriebene Weg über die drei Schritte 1. Wahlmöglichkeiten schaffen, 2. Entscheidungen finden, 3. Prototyp bauen, scheinbar in einem Beratungsgespräch stattgefunden haben muss. Ich habe die zeitliche Verkürzung gewählt, um die Methodenkompetenzen hier im Buch lesbar und verständlich zu gestalten. In der Realität gab es für die drei durchaus komplexen und kommunikativ anspruchsvollen Praxisbeispiele jeweils mindestens zwei Beratungstermine. Es ist auch vorstellbar, dass ein erfahrener Bankier 5.0 bei weniger komplexen Fällen die Schritte 1-3 in einem Beratungsgespräch bewältigen kann. Mit Blick auf die Erträge muss er das sogar in manchen Fällen. Dem Ansatz dieser Methodenkompetenz und der Haltung dahinter wird der Bankier 5.0 sicher gerecht, plant er für seine wertvollen Kunden mindestens zwei Termine ein.

Meine Beratungs- und Coaching-Praxis zeigt immer wieder: Eine neue, innovative Lösung zu finden bedeutet, in manchen Beratungsgesprächen den Wunsch des Kunden nicht sofort umzusetzen, nur weil dieser es so möchte. Getreu der Erkenntnis, ein Kunde kann immer nur wissen, was er möchte oder nicht. Er kann nie wissen, was er haben könnte.

Der Bankier 5.0 ist ein Optimist mit Realitätsbezug. Er besitzt den unerschütterlichen Glauben daran, dass die Dinge besser werden können, als sie heute sind. Folgerichtig geht es selbstbewusst und offen in die Test- und Finalisierungsphase seines Prototyps: Er sucht den gelingenden Dialog mit seinen Kunden. Sein Werkzeug dafür: Kommunikation.

2.4 Die Kompetenz, komplex zu kommunizieren

Abbildung 9: Bankier 5.0 – Kommunikation

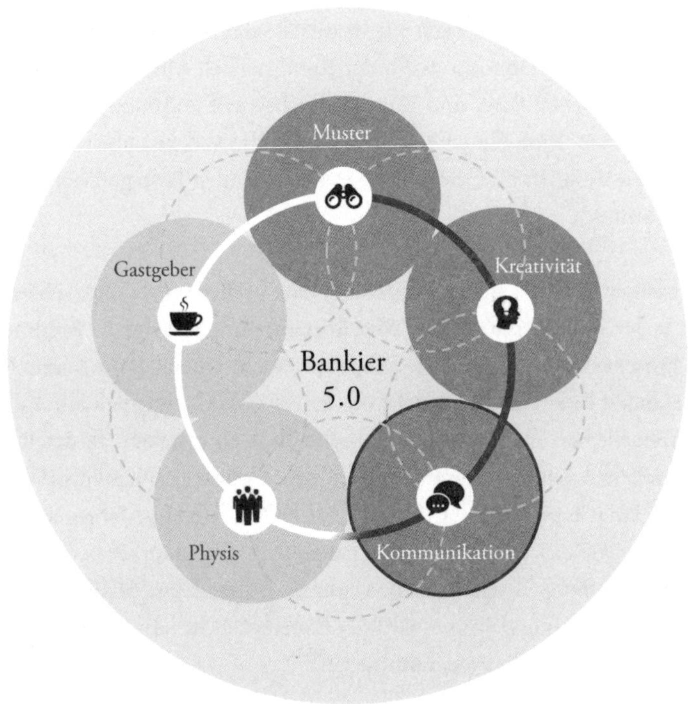

Quelle: Eigene Darstellung.

2.4.1 Reden verhält sich zu Kommunikation wie Autofahren zu Formel 1

Die Kompetenz, komplex zu kommunizieren: Ziel dabei ist es, alle relevanten Themen angemessen anzusprechen. Gerade auch die heiklen, schwierigen, komplizierten oder komplexen Themen. Alle anderen Themen oder Informationen können in einer einfachen, unterkomplexen Sprache durch Algorithmen vermittelt werden. Themen anzusprechen bedeutet konkret, tief in das Leben des Kunden einzutauchen. Sinnvoll Komplexität zu reduzieren, ohne Informationen zu verfälschen, mutig zu provozieren, um Denkhaltungen aufzubrechen; humorvoll zu reagieren, um die Spannung einer Gesprächssituation auszugleichen. Komplexe

Kommunikation heißt auch, den Unterschied zwischen an- und hinnehmen zu kennen und seine Sprache dementsprechend auszurichten. Überhaupt, die Sprache, die Wortwahl selbst:

- Werden die eigenen Bedürfnisse mittels Statussprache formuliert?
- Wird mit Hilfe der Signalwörter neben dem Denken auch das Fühlen des Kunden angesprochen?
- Erschweren Killerphrasen das Verständnis zwischen Berater und Kunden?

Passende Analogien und Geschichten transportieren Inhalte schneller, stärken das Gedächtnis der Gesprächspartner. Und Visualisierungen auf Papier oder iPad beschleunigen das Verstehen, sorgen für „Ein-Sicht".

Die folgenden Seiten schreibe ich in aller Demut vor der Sprache und der Herausforderung, diese zielführend zu nutzen. Oft genug höre ich meine eigenen kleinen oder größeren Sprachsünden selbst, erschrecke vor meinen blinden Flecken und Unzulänglichkeiten. Die nachfolgend beschriebenen Phänomene sind mir Ansporn genug, an mir und meinen sprachlichen Möglichkeiten zu arbeiten. Hier schreibt ein Forscher.

> Die menschliche Sprach-Wüste breitet sich aus, die Ströme aus Wörtern verkümmern zu Rinnsalen.

Welchen Schaden der Präsident einer Großmacht alleine durch seine Wortwahl anrichten kann, ist im Jahr 2017 gut zu beobachten. Scheinbar unüberlegte Nachrichten auf Twitter, spontane Äußerungen in ein Mikrofon oder unpassende Adjektive seiner Notiz im Kondolenzbuch der Gedenkstätte Yad Vashem[162] sind eindrückliche Negativbeispiele. Über den Wahlkampf hinaus fielen emotionale Späne, da sprachlich weiterhin grob gehobelt wurde. Zum Entsetzen der Beteiligten, ganz zur Freude der Kabarettisten. In jedem Fall zum Schaden für uns alle. Beschreibt der als mächtigster Mann der freien Welt beschriebene Präsident die nachdenkliche, zur Stille mahnende Atmosphäre von Yad Vashem als „fantastisch" (im Original „amazing"), wird das Defizit an Empathie zur schneidenden Verletzung. Versucht dieses Staatsoberhaupt einem Attentäter[163] mit „Verlierer" (im Original „loser") die Würde zu nehmen, kommuniziert hier eher

162 www.zeit.de, Kurianowicz (24.05.2017).
163 Anmerkung des Autors: Nach dem Konzert der Sängerin Ariana Grande am 22. Mai 2017 in Manchester UK verübte der IS-Sympathisant Salman Abedi im Foyer der Manchester Arena ein Sprengstoffattentat, es gab viele Tote und Verletzte.

ein abgebrühter Geschäfts- als ein verantwortungsbewusster Staatsmann. Da spricht das Ego, nicht der Souverän. Auch in Deutschland finden sich in den prägenden politischen Themen Beispiele für die sprachliche Verflachung: Da wird eine politische Überzeugung mit „Wir sind nicht Burka“ vertreten und eine Partei, die gewinnen möchte, spricht von einem „ordentlichen“ Programm. Diese Tiefpunkte menschlicher Kommunikation sind nur die Spitze des Eisbergs.

Basis dieses Eisbergs ist unsere allgemeine Kommunikation in den Medien, im privaten Alltag und auch in der Bank. Es sind die schnellen sprachlichen Reaktionsmuster, die sich epidemisch ausbreiten. Oft gedanken- oder lieblos mit wenig Individualität und Empathie für eine Situation. Muss es wirklich sein, persönliche SMS oder geschäftliche Mails mit „GLG K“ zu unterschreiben? Ist keine Zeit für „Ganz liebe Grüße, Karla“? Muss in einem Dankesschreiben nach einem Kundentermin dieses Gespräch mit „angenehm“ beschrieben werden? Müssen Themen oder Informationen mit „spannend“ nivelliert oder gar zugekleistert werden? Gibt es keine Alternativen? Doch! „Offen“, „überraschend“, „vertraulich“, „spontan“, „ausführlich“, „intim“, „lebhaft“ oder „hilfreich“. Offensichtlich „frisst Stress Wörter auf“.

Moderne Kommunikationskanäle sind die faktische Verdrängung der Worte durch Symbole[164] in allen nur denkbaren Facetten. Einzelne Worte verschwinden, weil sie auf Facebook, WhatsApp, Twitter, Snapchat oder Instagram kein Forum finden. So verkleinert sich erst der aktive, dann der passive Sprachschatz. In der Folge können sich Menschen nicht mehr differenziert oder emotional sinnlich ausdrücken, um einen Sachverhalt oder Gefühle zu beschreiben.

Skurril ist, wenn Menschen dabei synthetische Roboterstimmen der ersten Generation irritierend und unsympathisch finden und sich über auswendig gelernte Routine-Floskeln mancher Dienstleister echauffieren.

Bin ich kulturpessimistisch, voreingenommen und blind für die guten Seiten neuer Kommunikationsformen? Können die inzwischen sehr ausdifferenzierten Emoticons und Emojis sehr viel schneller Information vermitteln und emotionale Wirkung ausdrucksstärker erzeugen, als Sprache es je könnte? Schneller in jedem Fall. Sagt ein Bild doch mehr als tausend Worte. Aber Geschwindigkeit ist nicht überall zielführend. Gerade in der Mustererkennung, der Hypothesenbildung, dem kreativen Prozess der Lösungsfindung und vor allem beim Testen des Prototyps im Kundendialog ist Zeit sekundär.

164 Anmerkung des Autors: Emoticons sind Gesichter aus Satzzeichen und/ oder Buchstaben, die Gefühle ausdrücken können. Emojis sind kleine bunte Bilder. Der Begriff kommt aus dem Japanischen und wird aus den Silben „e“ für Bild und „moji“ für Schriftzeichen abgeleitet. Beides wird in sozialen Netzwerken und Plattformen aktiv angewandt.

Mittels Emoticons und Emojis wird auch ein bestimmtes Niveau an Informations- und Emotionstransfer erreicht. Aber eben nur ein bestimmtes, nicht das bestmögliche Niveau. Ich denke, ein noch so treffend ausgewähltes Symbol kann niemals die gleiche Wirkung haben wie ein sorgfältig überlegt und geschriebener Satz. Zeigt doch die Arbeit hinter dem Satz die Wertschätzung des Schreibers für den Leser.

Ich plädiere für eine Kombination aller Kommunikationsmittel, um sämtliche Vor- und Nachteile sinnvoll zu nutzen. Das meint „sowohl als auch" statt „entweder oder". Es dürfen gerne auch einmal die schnellen Botschaften über das Smartphone sein, wenn die Sprachwüsten wieder zu blühenden Landschaften gedeihen.

Ein weiteres Phänomen ist die Verständlichkeit der Sprache selbst. Wenn aus Sicht des Vertriebsmitarbeiters logische Zusammenhänge von diesen nachlässig erklärt werden und zusätzlich „Fachchinesisch" dominiert, ist es für den Kunden schwer, die vermittelten Inhalte gut zu verstehen. Das ist besorgniserregend, da auf diese Weise vielen guten Argumenten die Kraft genommen wird. Schlimmer aber ist, dass unbekannte Begriffe den Kunden verunsichern, diese für dessen Gehirn schwer zu verarbeiten sind und damit den Verkauf einer im Grunde guten neuen Lösung be- oder sogar verhindern. Von fachlichen Aspekten geprägte Ausbildung und interne Kommunikation sind die Auslöser dieser unpassenden Sprache. Ohne sich dessen bewusst zu sein, nehmen Vertriebsmitarbeiter den internen Sprachduktus mit in den Kundendialog.

Das ist ein branchenneutrales Phänomen, als Kunde ist man nirgendwo sicher: In der Autowaschanlage wurde ich beim Bezahlen darüber informiert, dass mein Auto vor dem Waschprogramm noch von den Kollegen „gelanzt" werden würde. Eine echte Stilblüte des jungen Mannes[165].

Die Verständlichkeit von Sprache und Text wird bereits systematisch per Software gemessen. Eine erprobte Methode dazu ist der „Hohenheimer Verständlichkeitsindex"[166], der nach Parametern wie Satzlänge oder Wortwahl die Verständlichkeit in einer Zahl zwischen 0 und 20 misst. Dabei steht „0" für einen formal völlig unverständlichen Text. Der Wert „20" steht für einen sehr verständlichen Text. Politikwissenschaftliche Doktorarbeiten kommen auf einen Durchschnittswert von 4,3 Punkten. Die Politik-Artikel in der Bild-Zeitung auf durchschnittlich 16,8 Punkte. Der Kommunikationswissenschaftler Prof. Dr. Frank Brettschneider stellt in einer Studie fest: „Bei 295 untersuchten Finanz-Dokumen-

165 Anmerkung des Autors: Den Stab eines Hochdruckreinigungsgerätes, welchen der Bediener beim Arbeiten in der Hand hält, nennt man „Lanze".

166 Vgl. Reinmuth, Kastens, Voßkamp (2016), S. 188–195.

ten liegt die durchschnittliche Verständlichkeit der untersuchten Texte bei 9,98 Punkten. Die beste der untersuchten Banken erreichte mit ihren Texten 12,86 Punkte."[167] In Summe kein gutes Ergebnis für die Banken.

Die Hauptgründe für Sprache und Text einer Bank liegen zum einen in der nötigen Rechtssicherheit. Juristisch belastbare Aussagen müssen in dieser Weise formuliert werden, um Rechtsfehler zu vermeiden. Dazu kommt die Dominanz der Fachabteilungen. Für die Mitarbeiter, Experten in ihrem Gebiet, ist es schwer vorstellbar, dass Laien diese Aussagen nicht verstehen könnten. Mein Eindruck aus der Praxis: Entscheidend für schlechte Verständlichkeit ist der Zeitdruck.

Zur Bewältigung des enormen Arbeitspensums in Banken greifen die Vertriebsmitarbeiter unwillkürlich auf schnell verfügbare neurologische Routinen zurück. Leider aktivieren sie damit auch ungünstige Sprachmuster. Das Resultat sind Rechtschreib- und Grammatikfehler in Sprache wie Text sowie unkonzentriertes, fehlerhaftes Copy-and-Paste in E-Mails und Kundenanschreiben. Da stimmt dann weder Singular noch Plural noch das Personalpronomen. Selbst Marketingbroschüren sind hin und wieder fehlerhaft. Oft ein diametraler Gegensatz zu Überschriften wie „Excellenz" oder „Perfektion in der Betreuung Ihres Vermögens". So wird Vertriebserfolg gemindert.

Um einem Menschen glauben zu können, muss man zuerst glauben wollen. Will ich an ein Dienstleistungsversprechen einer Bank glauben, die hör- wie lesbar diese abstrakten Versprechen konkret nicht erfüllt?

Wie es besser gelingen kann, zeigen einfachste Vorläufer der Robo Advisor von morgen, die immer populärer werdenden Erklär-Filme auf den Homepages von Sparkassen[168] und Banken[169]. Hier wird mit einfachen Worten und Visualisierungen ein Zusammenhang einsichtig vermittelt und Emotionen beeinflusst.

Wörter sind wie Feuerwerkskörper: Zünden sie in der passenden Choreographie, entsteht Magie. Wörter lösen Gefühle aus, wecken Erinnerungen, verändern unser Körpergefühl. Wörter schmecken, riechen, haben eine Temperatur und können richtig knallen. Jedoch: Zum falschen Zeitpunkt gezündet wird aus einem Knall ein großer Schreck.

167 Reinmuth, Kastens, Voßkamp (2016), S. 189.
168 Vgl. www.haspa.de
169 Vgl. www.vb-rb.de

Die Linguistin Elisabeth Wehling schreibt dazu in ihrem Buch „Politisches Framing": „Sprache bestimmt, wie wir unsere Umgebung und andere Menschen wahrnehmen, und mit welcher Leichtigkeit Informationen und Fakten von unserem Gehirn registriert werden. Und sie wirkt sich direkt auf unser Handeln aus – zum Beispiel auf unsere Körperbewegungen und unser soziales Verhalten."[170]

Wie genau das in Sekundenbruchteilen geschieht, zeigt das Buch und vor allem das dazugehörige Video „The Power of Words"[171] von Andrea Gardner[172]. Das Video platzt mit der Magie seiner Botschaft geradezu in das Gefühlsleben der Zuschauer. „Ändere Deine Worte und Du änderst Deine Welt."

Ich möchte mit diesem Buch für exakt dieses Bewusstsein arbeiten. Viele gute Bücher wurden bereits zu Kommunikation und Rhetorik geschrieben. In meinen Büchern „Neustart Bank"[173] und „Neustart Bankberatung"[174] habe ich praxisrelevantes Wissen und konkrete Formulierungsbeispiele für gute Kommunikation in Banken gesammelt. Darauf aufbauend möchte ich hier neun Aspekte beschreiben, die für die Methodenkompetenz „Komplexe Kommunikation" des Bankier 5.0 unverzichtbar sind.

Derjenige, der seine Arbeit oder sein Anliegen nicht ernst nimmt, indem er ihm keine kräftige Stimme verleiht, der Worte aus der dürren Sprachwüste pickt und meint, „das müsste schon irgendwie passen", raubt seinen Kunden die Möglichkeit, Standpunkte und anvisierte Ziele zu verstehen. Derjenige, der seine Arbeit derart fahrlässig sprachlich ins Abseits stellt, muss damit rechnen, in der Beratung seiner Kunden zum Zaungast zu werden. Nicht so der Bankier 5.0.

2.4.2 Das Erkennen der menschlichen Grenzen und ihre Überwindung

Empathie, Toleranz, der Sinn für das eigene Bewusstsein seien menschliche Kernkompetenzen und könnten nicht durch KI nachgeahmt werden, sagen skeptische Stimmen. Das ist aus heutiger Sicht zutreffend. Aber wir sind in diesen Kernkompetenzen nicht gut. Ohne es empirisch beweisen zu können: bestehen nicht 90 Prozent der Filminhalte, der Literatur oder Musik aus Beziehungsproblemen jedweder Art? Spielen Liebe, Religion, Geld, der eigene Status oder ein

170 Wehling (2016), S. 20.
171 www.youtube.com
172 Vgl. Gardner (2014).
173 Vgl. Pfersich (2015).
174 Vgl. Pfersich (2014).

sonstiges zutiefst menschliches Bedürfnis eine Rolle, beginnen die Konflikte. Eitelkeiten, Egoismus, Konkurrenzdenken verhindern Zusammenarbeit und Partnerschaft. Zwischen Staaten, in Projektteams oder in Familien. Wo ist dann Empathie für das Gegenüber, wo der kreative Kompromiss zum Wohle aller, der respektvolle Umgang mit den Menschen zu finden? Wo wird dann verziehen, nicht gewertet und die subjektive Wahrnehmung Dritter als deren Wahrheit anerkannt?

Die menschlichen Kernkompetenzen scheinen gleichzeitig auch ein großes Problem zu sein. Vor diesem Hintergrund verstehe ich auch die Frage, ob Roboter-Soldaten nicht die besseren Soldaten wären? Diesen könne man immerhin problematische Phänomene wie Rache oder Hass „wegprogrammieren", so die Befürworter dieser umstrittenen Kampfmaschinen. Und ich verstehe die Optimisten im Silicon Valley, die daran glauben, dass das autonom fahrende Auto das bessere wäre. Denn dieses würde sich nach einem Glas Wein nicht selbst überschätzen, nicht zum Ampelsprint provozieren lassen und immer innerhalb des Tempolimits bleiben.

Wir reden in Banken über „Behavioral Finance" und meinen damit das mindestens unlogische, unprofessionelle, wenn nicht gar dumme Verhalten der Kunden. So, als ob wir selbst nicht denselben Versuchungen, Verzerrungen und anderen typischen menschlichen Mechanismen unterworfen wären. So, als ob Daniel Kahnemans Erkenntnisse zwar für die anderen, nicht aber für uns gelten würden.[175]

Das ist als Weckruf zu verstehen. Wir müssen besser werden. Winfried Kretschmer und Katja Reichgardt bringen es in der Rezension des Buches „Humility is the new smart – Rethinking Human Excellence in the smart machine age" auf den Punkt: „Wir dürfen uns nicht einlullen lassen von der verbreiteten kreativen Selbstbeweihräucherung, der zur Schau getragenen Überzeugung, wie innovativ und kreativ wir doch seien und wie weit fortgeschritten in der Entwicklung unserer Zusammenarbeit. Nein, wir sind nicht wirklich gut. Wir müssen besser werden. Und uns dorthin entwickeln, wo die Maschinen (noch) nicht hinkommen."[176]

Noch nicht hinkommen. Der von mir konstruierte fiktive Robo Advisor Alma Advisor 1.0[177] charmanter Vertreter des Smart Machine Age, kommt schon sehr weit und lernt täglich dazu.

175 Vgl. Kahneman (2012).
176 Vgl. Kretschmer (2017), www.changex.de
177 Vgl. Kapitel 1.2, S. 24.

Wie also besser werden, was genau ist damit gemeint? Es geht um die Basis zielführender Kommunikation, die Grundlage der folgenden neun Aspekte komplexer Kommunikation. Jede Kommunikation ist der Ausdruck unseres Inneren, sie folgt wie unsere Ausstrahlung den gespeicherten Programmen im Kern jedes Menschen. Wir kommunizieren, wie wir sind, unsere Kommunikation sind wir. Mittlerweise ist es eine Binsenweisheit: Man kann nicht nicht kommunizieren. Für eine klare, respektvolle und gewinnende Kommunikation ist der Blick in unser Inneres die Basis. Erkennen, lernen und üben.

Edward Hess und Katherine Ludwig fassen diese Arbeit an sich selbst in vier Schritten zusammen[178]:

1. Quieting Ego: Die Bereitschaft, das eigene Ego angemessen zurückzunehmen. Ich verstehe darunter die Fähigkeit, sich selbst nicht so fürchterlich wichtig zu nehmen. Auch wenn es hie und da weh tut.

2. Managing Self: Die Bereitschaft zur Selbstkontrolle. Ich verstehe darunter die Fähigkeit, seine inneren Systeme, sein inneres Team bewusst zu steuern, eine kontextabhängige Balance herzustellen.[179]

3. Reflective Listening: Die Bereitschaft zum reflektierten Zuhören. Ich verstehe darunter die Fähigkeit, nicht nur auf der rhetorischen Ebene seinem Gegenüber aktiv zuzuhören, sondern es darüber hinaus mit wachem Verstand und offenen Gefühlen wahrzunehmen. Den anderen zu sehen.

4. Otherness: Die Bereitschaft, sich auf Beziehungen einzulassen. Ich verstehe darunter die Fähigkeit, sich immer wieder den Bedürfnissen anderer zu öffnen. Die grundsätzliche Bereitschaft, Kraft zu investieren, die Bedürfnisse dieser Partner zu befriedigen. Innerhalb der selbstdefinierten Grenzen und ohne Garantie auf Ertrag.

178 Vgl. Hess, Ludwig (2017), S. 76.
179 Vgl. Pörksen, Schulz von Thun (2014), S. 92–114.

Die Arbeit der Autoren Edward D. Hess und Katherine Ludwig hat mich sehr beeindruckt. Da sie sich einerseits mit den Inhalten meiner Ausbildung bei Gunther Schmidt[180] und andererseits mit der Summe meiner bisherigen Lebenserfahrung deckt, räume ich Hess und Ludwig hier eine zentrale Stelle ein. Hilfreich für die obigen vier Schritte ist die Arbeit des Neurobiologen und Psychotherapeuten Joachim Bauer. Aus seinem Buch „Selbststeuerung – Die Wiederentdeckung des freien Willens" stammt das Zitat: „Mit Selbststeuerung lässt sich im Leben vieles, ohne sie nichts erreichen."[181] Das schließt eine zielführende, komplexe Kommunikation mit ein.

Der Bankier 5.0 rekultiviert die Sprachwüste, weil er, also sein Innerstes, es kann. Bliebe seine Sprache auf der rhetorischen Ebene, wäre jedes seiner Worte ein Tropfen auf dem heißen Stein.

2.4.3 Menschen gewinnen, nicht überzeugen – neun Aspekte

2.4.3.1 Aspekt 1: Resonanz ist der Schlüssel zur Kooperation

> Ein erfülltes Leben ist ein Leben in Resonanz.

„Intelligenz und Kooperation sind die zwei Erfolgsfahrkarten des Menschen" so Joachim Bauer in einem Gespräch mit Gunther Schmidt.[182] Kooperation mit, nicht Kampf gegen Menschen ist die erstbeste Verhaltensweise für uns alle. Wechselseitiges Einfühlen und Perspektivübernahme sind die Voraussetzungen für das Gelingen in Partnerschaften, Nachbarschaften oder Teams. Dieses Ping-Pong untereinander ist Resonanz. Das Gegenteil von guter Resonanz ist der Schlag-Abtausch mit Argumenten.

Menschen gehen über die verbale und körperliche Sprache in die wechselseitige Resonanz. Sprache ist der soziale Klebstoff, der menschliche Systeme zusammenhält.

> Was beim Affen das gegenseitige Lausen, ist beim Menschen das miteinander reden als Signal der Zusammengehörigkeit, des Bezogenseins.

180 Anmerkung des Autors: Hypnosystemisches Curriculum Cognintuitions-Coaching, 2012–2014. Gunther Schmidt ist Gründer des Milton-Erickson-Instituts (MEI) in Heidelberg; ein Zentrum für hypnosystemische Kompetenzentfaltung in Psychotherapie, Coaching und Organisationsberatung mit Fortbildungsangeboten für die beruflichen Tätigkeitsfelder Psychotherapie, Medizin, Psychosoziales, Beratung, OE-, PE- und Teamentwicklung.

181 Bauer (2015), S. 9.

182 www.youtube.com

Ich und Du. Menschen sind auf soziale Interaktion, auf Akzeptanz angewiesen wie auf Nahrung. Ist genug davon da, gelingt Kooperation.

Jeder Mensch interagiert – mal mehr, mal weniger. Er beobachtet und wird beobachtet. Er sendet und empfängt – bewusst und unbewusst. Damit das gut gelingt, ist der Mensch mit einem sensiblen, schnellen Empfangs- und Verarbeitungssystem ausgestattet, den Spiegelneuronen[183, 184]. Diese können zweierlei: Einmal sorgen sie dafür, dass wir auf beobachtete Handlungen reagieren. Wir beobachten im Kinofilm eine spannende Szene, stoppen schlagartig das Kauen des Popcorns, halten die Luft an; ganz so, als wären wir selbst Akteur in der beobachteten Handlung.

Zweitens können Spiegelneuronen Gefühle quasi übernehmen. Sehen oder erleben wir einen traurigen Menschen, leiden wir mit.Umgekehrt steckt Lachen an, Optimismus färbt ab. Wie sollte eine Partnerschaft auch ohne Mit-Gefühl funktionieren, wie eine Kooperation mit dem Kunden der Bank?

Der Bankier 5.0 gestaltet daher seine Aktionen sowie seine Re-Aktionen auf sein Umfeld. Das Ziel dabei: In Resonanz kommen, mitschwingen, in Symbiose sein.

Wenn der Berater als Reaktion eines Kundenstatements formuliert: „Nein, das kann man so nicht sagen. Der historische Kursverlauf zeigt genau, dass…!“ merkt der Kunde über seine Spiegelneuronen sofort: Der Vertriebsmitarbeiter geht nicht in Resonanz zu mir. Die Kooperationsbereitschaft sinkt. Der Babyboomer und Zinsjäger spürt zuverlässig über seine Spiegelneuronen, dass der Vertriebsmitarbeiter Aversionen gegen ihn hegt. Er verlässt den Resonanzraum. Seine Kooperationsbereitschaft sinkt.

Wenn jedoch der Bankier 5.0 die Frage stellt, „Oh, interessant, wie kommen Sie zu dieser Überlegung?“ spürt sein Kunde, er wird als Subjekt in seiner individuellen Realität wahr- und ernstgenommen, er spürt Resonanz. Die Kooperationsbereitschaft steigt. Erzählt der Bankier 5.0 seinem Kunden, er könne sich gut vorstellen, dass die Verantwortung für ein Vermögen auch eine große Bürde sein kann, spürt dieser Kunde Resonanz. Seine Kooperationsbereitschaft steigt.

183 Vgl. Bauer (2015), S. 103–106.
184 Vgl. Rosa (2016), S. 246–269.

Der Bankier 5.0 sitzt auch gedanklich nie dem Kunden gegenüber, sondern immer neben ihm. Er übernimmt Perspektiven des Kunden und stellt diese auf Augenhöhe mit seinen eigenen. Er geht in Resonanz, baut somit Kooperationsbereitschaft auf und schafft die Basis für die Partizipation des Kunden.

2.4.3.2 Aspekt 2: Partizipation – Resonanz erleben

> Wenn ein Kunde schon in die Filiale geht, dann, um zu partizipieren.

Vor der industriellen Revolution 1830 waren die Menschen in erster Linie Produzenten von Gütern. Mit der Industrialisierung und deren Massenproduktion wurden die ehemals selbst produzierenden Menschen mehr und mehr zu Konsumenten. Die Arbeitszeiten gingen tendenziell zurück, es blieb mehr Zeit und Geld für Konsum. Mit der notwendigen Standardisierung entstand parallel eine Entfremdung zwischen Produkt und Dienstleistungen einerseits und den konsumierenden Menschen andererseits. Kunden wurden zunehmend in eine passive, konsumierende Rolle gedrängt. Kaufen von der Stange.

Als Gegentrend suchten die Menschen nach Individualisierung und Eigeninitiative, sehnten sich nach besonderen Erlebnissen. So erklärt sich der Erfolg von Ikea, der Erlebnisgastronomie, den Custom Bikes von Harley-Davidson und BMW oder dem Massentrend Grillen. Immer mehr Marken, die sich partizipative Erlebnisse ausdenken. Gerade beim Grillen wird der Gegentrend zu verpackten, industriell gefertigten Convenience-Produkten deutlich, die schlicht nur konsumiert werden. Grillende Menschen erfüllen sich die Sehnsucht nach Individualität und Partizipation, am besten noch in der Gruppe. Sie „ergrillen“ sich ein sinnliches Erlebnis und werden nebenbei satt.

Eine Bankengruppe wirbt mit den Slogans „Jeder Mensch hat etwas, das ihn antreibt“ und „Wir machen den Weg frei“. Sie fokussiert damit auf die Frage: Wofür braucht es einen Antrieb, wohin soll der Weg führen? Diese Fragen kann jeder Mensch nur für sich selbst beantworten. Allgemein kann es ein „erfüllendes Leben“ sein. Ich teile die Einschätzung des Soziologen Hartmut Rosa, dass das materielle Vermögen keine Garantie für ein erfülltes Leben ist. Sehr wohl aber die Ausgangslage, es zu erreichen, deutlich verbessert.[185] Will der Bankier 5.0 konsequent kundenorientiert agieren, kann er eine Schicht tiefer denken und sich in den Kunden hineinspüren. Hartmut Rosa vertritt dazu die Meinung „Die für die Moderne in

---

185 Vgl. Rosa (2016), S. 44 f.

vielerlei Hinsicht maßgebliche Vorstellung, die Lebensqualität werde durch die Vermehrung von Ressourcen und Optionen per se verbessert, ist irreführend; vielmehr gibt es gute Gründe für die Annahme, dass die eigendynamische, selbstzweckhafte Steigerungslogik der Moderne das menschliche Weltverhältnis immer stärker belastet – oder gar selbst schon Ausdruck und Ausfluss eines problematischen Weltverhältnisses ist. Ob Leben gelingt oder misslingt, hängt davon ab, auf welche Weise Welt (passiv) erfahren und (aktiv) angeeignet oder anverwandelt wird und werden kann."[186]

Anverwandelt ist sicher kein übliches Wort und mag im ersten Moment befremdlich klingen. Ich habe es mir anverwandelt, indem ich es in „verbunden", „eins mit etwas sein" und „verwachsen" übersetzt und auf konkrete Personen und Gegenstände übertragen habe. Da wurde mir bewusst, warum ich bestimmte Personen, Beziehungen oder Dinge besonders schätze.

Auf der Basis von Resonanz will der Mensch mitmachen, sich einbringen und beteiligen; will teilhaben, lateinisch partizipieren; gemeinsames Er-Leben.

Sprechen Banken von Multi-Channel entsteht der Eindruck, es ginge allein um den Zugangskanal zur Bank. Mal mobil, mal stationär. Einmal Selbstberatung im Internet, dann der Dialog im neuen Filialkonzept. Oder es wird unterschieden in „Execution-only"-Kunden einerseits und Beratungskunden andererseits. Ich bin sicher, das greift zu kurz. Kunden suchen nicht Beratung, sondern Resonanz und Kooperation.

> Beratung ist mehr als eine Entscheidungshilfe, sie ist ein partizipatives Erlebnis!

Für den reinen Konsum von Beratung und Produkten braucht es keine Menschen mehr. Das übernimmt Kollege Alma Advisor 1.0.

Den idealen Rahmen für sinnliche, partizipative Erlebnisse bieten die neuen Filialkonzepte. In deren offener Atmosphäre, verbunden mit technischen Möglichkeiten, beispielsweise einem Robo Advisor, kann der Bankier 5.0 ein partizipatives Erlebnis schaffen. Die beschriebene Familienkonferenz[187] mit der Erbengemeinschaft ist ein gemeinschaftliches Erlebnis.

Neben den physischen, stofflichen Möglichkeiten[188] ist der Dialog das Werkzeug der Wahl Hier hat jedes einzelne Wort mehr Bedeutung, als es im ersten Moment scheint.

---

186 Rosa (2016), S. 53.
187 Vgl. Kapitel 2.3.4, S. 100.
188 Vgl. Kapitel 2.5.1, S. 129.

2.4.3.3 Aspekt 3: Zielführendes Framing durch die bewusste Wortwahl

> Nichts bedeutet irgendetwas. Bedeutung wird gegeben.

Eingangs dieses Kapitels habe ich Wörter mit Feuerwerkskörpern verglichen[189]. Da sie semantischen Wundertüten gleichen, sind sie es tatsächlich. Einerseits werden sie als lexikalisches Ausdrucksmittel verwendet, andererseits aktivieren sie ein ganzes Universum aus Erfahrungen, Wissen und damit verbundenen Emotionen. Elisabeth Wehling erklärt dieses Phänomen mit „Frame-Semantik", einem Deutungsrahmen für Sprache. Nur mit diesem können Menschen Wörter zu Information verarbeiten. Darüber hinaus aktiviert die Frame-Semantik innerhalb des Bedeutungsrahmens auch Wörter, die weder geschrieben noch gesagt wurden. Liest eine Gruppe von Probanden die kleine Geschichte „John wollte das Vogelhaus reparieren. Er schlug auf den Nagel, als sein Vater dazukam."[190], wollen später 52 Prozent der Probanden das Wort „Hammer" gelesen haben. Die Vergleichsgruppe liest die Geschichte leicht verändert so: „John wollte das Vogelhaus reparieren. Er suchte den Nagel, als sein Vater dazukam.". In dieser Gruppe gaben 20 Prozent an, das Wort Hammer gelesen zu haben. Wieso ist das so? Beim Lesen von „reparieren", und „Nagel", noch stärker mit „schlug" wird ein Frame aktiviert. Dieser Frame beinhaltet bei den meisten Menschen den Hammer. Das Experiment zeigt, dass unser Gehirn automatisch eine ganze Wundertüte an Ideen ausschüttet, um zu begreifen; Ideen aus Weltwissen, persönlichen Erfahrungen und Emotionen. Ein ganzes Feuerwerk wird gezündet.

Das hat weitreichende Konsequenzen für den Dialog in der Bank. Aktuelle Forschungsergebnisse haben gezeigt: „Und dies [Phänomen Frame-Semantik; Anm.d.Verf.] kann so weit führen, dass wir meinen, die mit einem einzelnen Wort verbundenen Ideen nicht nur gedacht zu haben, sondern schwören könnten, sie auch gehört oder gelesen zu haben."[191]

Den Sprachraum der Bank füllen Wörter wie „Integrität", „Vertrauen" oder „Verantwortungsgefühl". Aussagen wie „Sie stehen im Mittelpunkt unseres Handelns" oder „Wir geben Ihnen konkrete Handlungsempfehlungen, wie Sie Ihre Situation verbessern und Ihre Ziele erreichen können.", sind auf Plakaten, Produktbroschüren und Screens zu lesen. Im Sprachraum der Bank wird damit, durchaus gewollt, der Frame „Sicherheit" aktiviert. Zu diesem Frame gehören aber auch Aspekte wie Stabilität, Garantie oder Versprechen. Kunden haben diese Wörter „gehört", auch wenn diese niemals vom Vertriebsmitarbeiter ausgesprochen wurden. Entwickelt sich nach Abschluss der Wert eines Depots zum Beispiel negativ, ist der

189 Vgl. Kapitel 2.4.1, S. 106.
190 Vgl. Wehling (2016), S. 29 f.
191 Wehling (2016), S. 30.

Konflikt zwischen der Bank und dem Depotinhaber, dem Babyboomer, den seine Kursverluste mit Aktien emotional belasten, vorprogrammiert.

> Frames sind stärker als Fakten!

Das Gehirn bevorzugt grundsätzlich immer die Fakten, welche in den aktivierten Frame passen. In den Frame „Sicherheit“ passen „eventuell mögliche Kursverluste“ nicht. Das Gehirn ignoriert diese Information, lässt sie an seiner Firewall abprallen.

Die Phänomene der Frame-Semantik lassen sich nicht wegdiskutieren oder ignorieren. Der Bankier 5.0 achtet hellwach und achtsam auf seine Wortwahl, da er sich der Konsequenzen bewusst ist. Ihm ist klar, dass er den Frame thematisieren und mit allen verbundenen Ideen auf den Tisch bringen muss. Er zeigt Optionen auf, der Kunde kann sich für eine entscheiden. Nichts ist alternativlos, aber jede Lösung hat ihren Preis. Ein erwachsener Kunde einer Bank hat immer die Wahl. Der Bankier 5.0 lässt sie ihm.

2.4.3.4 Aspekt 4: Die Wahl lassen – Ambivalenz-Management

> Es ist ein Privileg, zwischen den Stühlen zu sitzen.

Stehen mindestens zwei oder mehr Optionen im Raum, bieten sich Wahlmöglichkeiten an, wird es für Menschen oft schwierig. Das kann manchmal am Buffet beobachtet werden. Die geradezu unüberschaubare Menge kann einen erschlagen; die Auswahl ist schon deshalb eine Herausforderung, weil nicht alles auf den Teller und im Anschluss in den Bauch passt. Nur: was wählen, was abwählen? Wo doch alles so lecker schmeckt. Gleichzeitig aber auch alles viel zu zuckrig, zu fett, zu wenig ökologisch oder zu ungesund ist. Ich finde es verständlich, dass sich Gäste am Buffet tendenziell die Teller zu voll schaufeln. Um am Ende erdrückt zu befinden, sie hätten wieder viel zu viel gegessen. Ja, es ist eine Last mit der Wahl, es ist eine oft gefühlte Last mit der Ambivalenz. Einerseits … und andererseits … ! Was nun?

Hier leistet der Bankier 5.0 eine wertvolle Unterstützung. Er erarbeitet eine Entscheidungsgrundlage für seinen Kunden und leitet einerseits einen Rat daraus ab, andererseits kann der Kunde frei entscheiden; er wird dabei weder bevormundet noch überredet.

Geht es um das Testen des Prototyps in all seinen Varianten, das Abwägen der jeweiligen Vor- und Nachteile, entstehen ambivalente Wünsche und Gefühle. Dieses gleichzeitige Nebeneinander von sich oft widersprechenden Wünschen und Gefühlen führt zu inneren Spannungen beim Kunden.

> Ambivalenz ist aber auch ein Zeichen für ein erwachsenes, pluralistisches und differenziertes Inneres, für eine Variante von Klugheit.

Um dieser komplexen Situation gerecht zu werden, Widersprüche auszubalancieren, biete ich zwei Werkzeuge an: eine Haltung und eine Gesprächsintervention.

A) Die Haltung zu Ambivalenz:

Bankier 5.0 zu sein bedeutet, eine Rolle als Berater einzunehmen. In dieser Rolle gibt er seinem Kunden die notwendige Unterstützung, um die für ihn stimmigen Entscheidungen treffen zu können. Stimmig bedeutet, eine Gegensätzlichkeit wie „Risiko versus Chance" oder „Qualität versus Preis" zu er- und anerkennen.

Der Bankier 5.0 als Berater hat die Aufgabe, zielführende Lösungen zu erarbeiten. Und diese bestehen immer aus Gegensätzen. Er stellt, um im Bild des Buffets zu bleiben, die Auswahl an Speisen nicht nur auf den Tisch – diese Art von Bank-Buffet erledigt Alma Advisor 1.0, sondern er rät zu bestimmten Lösungen beziehungsweise von anderen ab. Mit Fachkompetenz auf Basis der Kundeninformationen. Der Kunde, sein Gast steht im Mittelpunkt seiner Hinweise. Vergleichbar mit dem souveränen Ober in einem guten Restaurant. Er macht Vorschläge, bietet Varianten an, geht auf Restriktionen ein und serviert am Ende das exakt abgestimmte Menü für genau diesen Gast. Dabei bleibt er gelassen, denn der Kunde soll essen und genießen, nicht er. Beraten ist etwas anderes als befehlen, aufschwatzen oder „verkaufen".

Der Bankier 5.0 bietet ausdauernd Varianten an, ist bei keiner Ablehnung gekränkt; er lässt seinem Kunden immer die autonome Entscheidung. Bestandteil dieser Haltung ist der Verzicht auf die trivialen Zuschreibungen richtig und falsch. Er ist sich darüber im Klaren, dass es im Zeitalter der schnellen disruptiven Veränderungen kein richtig oder falsch geben kann; nur ein „es spricht mehr dafür als dagegen".

Ist es beispielsweise falsch oder richtig für den älteren Herrn im beschriebenen Beispiel, ein Vermögensverwaltungsmandat abzuschließen? Könnte es nicht auch sein, dass ihn die Arbeit an seinem Depot vom Schmerz ablenkt? Könnte ihn die Freude an einer positiven Kursentwicklung nicht auch aufmuntern? Ja, das könnte alles zutreffen und damit das Verwaltungsmandat eine zweitbeste Lösung sein. Aber im Dialog erschien es dem älteren Herrn stimmiger, sich Zeit für einen anderen Umgang mit Tod und Endlichkeit zu verschaffen. Somit ist diese Lösung für diesen Kunden stimmig.

B) Die Gesprächsintervention für den Umgang mit Ambivalenz:

Der Banker 5.0 schreibt das Wort „Wahl" auf ein Stück Papier. Darunter einen Pfeil nach unten, an dessen Spitze er das Wort „Auswirkungen" schreibt. Unter „Auswirkungen" legt er zwei Spalten an: Links die Variante „Wie bisher", rechts die Variante „Verwaltungsmandat". Diese beiden Spalten unterteilt er nochmals mit jeweils einem Plus- und einem Fragezeichen. Während des Zeichnens erläutert er die autonome Wahlfreiheit des Kunden und den Respekt vor seiner Entscheidung. Gleichgültig, wie diese aussehen wird. Der Bankier 5.0 spricht mit seinem Kunden über die Grundwahrheit, dass alles zwei Seiten hat. Im Dialog erfragt, diskutiert und notiert der Bankier 5.0 Stichworte und trägt diese in die jeweiligen Spalten ein. Er beginnt ganz links mit den erwünschten, dann wechselt er zu den unangenehmeren Auswirkungen der Alternative „Wie bisher". Beide Gesprächspartner wechseln gedanklich in die Spalte „Verwaltungsmandat" und tragen dort erst die unangenehmeren, dann die erwünschten Auswirkungen ein. So entsteht eine transparente Entscheidungsbasis für den Kunden, seine Interpretation von Wirklichkeit steht auf dem Papier.

Mit dieser Intervention werden die Aspekte Resonanz, Partizipation und Framing ideal umgesetzt. Unabhängig vom Inhalt der Optionen geht der Kunde mit einem Gefühl der Zufriedenheit aus dem Gespräch.

Seine Autonomie wurde gewürdigt. Der Bankier 5.0 wird zum achtungsvollen Anwalt der Ambivalenz.

C) Test und Finalisierung des Prototypen – Früher nannten wir es Beratung und Verkauf.

Auch der Bankier 5.0 lebt vom Verkauf an zufriedene Kunden. Konsequent geht er den Weg von der Analyse über das Nachdenken bis hin zur Entwicklung des Prototypen. Er führt so viele Gespräche wie nötig und entwickelt den ersten Entwurf weiter zum fertigen Konzept, ganz im Sinne seines Kunden. Dabei agiert er konsequent abschlussorientiert, um die ausgereifte Lösung an den Kunden verkaufen zu können. Für diesen Weg braucht er einen hellwachen, aufmerksamen Kunden. Ist dieser gelangweilt oder gar unterfordert, geht er weder in Resonanz noch entwickelt sich ein partizipatives Erlebnis.

2.4.3.5 Aspekt 5: Die angemessene Provokation – es braucht Erregung

> Was soll die Feigheit, provozieren Sie endlich Ihre Kunden!

Feigheit? Provokation in der Bank, initiiert durch den Bankier 5.0?

Das klingt unverschämt, verrückt und gefährlich. Reizt beim Lesen zum spontanen Widerspruch. Plätscherte der Lesefluss gerade noch so gemächlich vor sich hin, schießt er jetzt wie Stromschnellen durch die „neurologischen Schluchten" des Lesers. Genau das ist gewollt. Ich habe diesen Frame bewusst geöffnet, im Bewusstsein, dass er beim Leser die „semantische Wundertüte" öffnet. Da kommen Erinnerungen an Auseinandersetzungen hoch. Bilder von körperlichen Reaktionen und Gefühle wie Euphorie, Angst oder Scham sind präsent. Als Autor riskiere ich Aggressivität und Ablehnung, einen Konflikt mit dem Leser. Dieses Risiko gehe ich an dieser Stelle ein. Kann ich doch vom Leser nicht verlangen, was ich selbst nicht bereit bin zu tun. Wofür provoziere ich den Leser und riskiere sein Wohlwollen?

Weil speziell für diesen Abschnitt der putzmuntere und gerne auch skeptische, aufmerksame Leser gefragt ist.

Provokation[192] im Zusammenhang mit der Methodenkompetenz des Bankier 5.0? Mit gewollter Regel- oder Normenüberschreitung soll bei Dritten eine neue, hier eine zielführende Verhaltensweise angeregt werden. Aus guten Gründen sollen Blickwinkel verändert und Standpunkte verschoben werden. Der Maler Matisse provozierte die Kunstwelt mit seinen Bildern, Gropius die Bauherren mit seiner Architektur, Alexander Horn die ermittelnde Sonderkommission mit seinen Hypothesen zum Tathergang. Wie, außer mit Provokation verlassen Menschen ihre liebgewonnene Komfortzone?

> Die hier gewollte Provokation ist immer überraschend, durchdacht, intelligent und immer positiv motiviert. Niemals anmaßend, herabwürdigend oder verletzend.

192 Anmerkung des Autors: Der Begriff hat seinen Ursprung im Lateinischen, lat. provocare kann mit „hervorrufen" oder „herausfordern" übersetzt werden.

Ist die eingangs unterstellte Feigheit nicht schon verletzend? Das kann sein; und wenn es so ist, bitte ich aufrichtig um Verzeihung. Ich habe diese Grenzüberschreitung aus zwei Gründen riskiert. Erstens, weil ich auf das Gefühl des Lesers vertraue. Darauf, dass er mich beim Lesen gut kennengelernt hat. Intuitiv spürt, dass es nicht verletzend gemeint sein kann. Und zweitens, weil ich Leser motivieren möchte, Kunden der Bank zu provozieren. Angemessen und im Vertrauen auf die bisher erreichte Beziehungsqualität. Positiv motiviert durch die Ambition, eine erstbeste Lösung für den Kunden zu erarbeiten.

Im Kapitel 2.3.2 habe ich Gerald Hüther bereits zitiert.[193] Seine Arbeit zeigt, dass der Erregungszustand des Gehirns nicht zu hoch, aber eben auch nicht zu niedrig sein darf, will der Mensch neu denken und lernen. Ziel des Bankier 5.0 ist, dass seine Kunden alte Muster hinter sich lassen und neue Lösungen verstehen und akzeptieren.

Die Forschungen der Rechtspsychologin Julia Shaw belegen, dass ein zu hoher Erregungszustand auch die Gedächtnisleistung der Menschen deutlich reduziert.[194] Ist er zu niedrig, sind die Ergebnisse ebenso schlecht: „Aus diesen Ergebnissen geht klar hervor, dass eine Erregungssteigerung mit einer Steigerung der Gedächtnisleistung einhergeht. Das ist stimmig, denn wenn wir an unsere lebhaftesten Erinnerungen zurückdenken, geht es meist um emotionale Ereignisse."[195] Kunden die sich schlecht an Gesprächsinhalte erinnern, schließen weniger ab, sind illoyaler und empfehlen die Bank seltener weiter.

Folgerichtig provoziert der Bankier 5.0 ein Ehepaar mit der Frage „Wären Sie denn wirklich zufriedener, wenn ich alle Gebühren auf null reduziere? Ist das die Lösung für Ihren spürbaren Groll?" Bei der jungen Muslima provoziert er gekonnt mit: „Mir ist an Ihnen etwas aufgefallen, das eigentlich nicht Inhalt eines typischen Bankgespräches ist. Ihr Kopftuch. Jetzt habe ich zwei Möglichkeiten: Ich kann dazu schweigen und ein Standardberatungsgespräch zu Baufinanzierung mit Ihnen führen. Oder aber ich spreche das Thema an, stelle ein paar Fragen zum Hintergrund Ihres Kopftuches und verstehe so mehr von Ihnen, Ihrem Leben und Ihren Plänen. Damit steigt die Chance, eine wirklich passende Baufinanzierung für Sie zu entwickeln. Welche Möglichkeit soll ich wählen?"

Sich mit dem Nutzen und Preisen einer Lösung zu beschäftigen, kann ebenso eine zielführende Provokation sein.

193 Vgl. Kapitel 2.3.2, S. 91.
194 Vgl. Shaw (2016), S. 55–60.
195 Shaw (2016), S. 56.

2.4.3.6 Aspekt 6: Nutzenargumentation und Preise

> Preisgespräche waren gestern – Partnergespräche sind heute.

Beratung ist immer Hypothesenbildung. Der Bankier 5.0 bildet ständig be- und unbewusst Hypothesen. Dadurch läuft er Gefahr, diese für die Wirklichkeit zu halten. Der Prototyp, die neue kundenorienteierte Lösung ist eine umgesetzte Hypothese und ist deshalb im Sinne des Kunden kritisch zu überprüfen. Maßstab dabei ist einzig das Empfinden des Kunden: Sein Gefühl für die Stimmigkeit der Lösung und ihr Preis. Individuell und eigenverantwortlich. Partnerschaftlich.

Stimmig ist eine Lösung aus Kundensicht immer dann, wenn der Nutzen in einem ausbalancierten Verhältnis zum Preis steht. Ist diese Balance gegeben, ist der Prototyp kein Prototyp mehr – er ist dann zur finalen stimmigen Lösung gereift.

„Nutzen, was ist das nochmals genau?“[196, 197] So fragen mich immer wieder Seminarteilnehmer und Klienten in Workshops und Coachings. Theoretisch gelernt wissen fast alle Teilnehmer: Merkmale sind die technischen Daten eines Produkts. Daraus folgen Vorteile, welche für alle Kunden gleichermaßen gelten. Davon abgeleitet ergibt sich der Nutzen für den einzelnen Kunden. Nutzen ist also immer individuell. Soweit die Theorie. In der Bankpraxis fällt die Differenzierung zwischen dem allgemeingültigen Vorteil und dem individuellen Nutzen oft schwer. Aus meiner Sicht ist es hilfreich, wenn der Bankier 5.0 sich selbst und dem Kunden immer wieder die perspektivischen Fragen stellt: Wenn Ihr Leben ein Film ist, der heute beginnt: wie sieht die Handlung aus? Welche Haupt- und Nebenrollen gibt es? Wie soll das Ende sein? Wie wirkt sich ein Vorteil bei genau diesem Kunden in dessen erdachtem Lebens-Film aus? Welche Konsequenzen werden diese Auswirkungen haben? Keine? Positive, und wie wünschenswert sind diese? Negative, und wie unangenehm sind diese?

In Coachings und Praxisbeobachtungen kann ich wahrnehmen, dass sich Vertriebsmitarbeiter tendenziell zu wenig Zeit für die Drehbücher ihrer Kunden nehmen. Aber immer dann, wenn das Drehbuch des Lebens offen auf dem Tisch liegt, sprechen der Bankier 5.0 und sein Kunde wie selbstverständlich über den Nutzen. Sprechen über die Auswirkungen und deren Konsequenzen, entwickeln eine Dramaturgie und setzen Gefühle frei. Kopfkino pur, ein emotionales Erlebnis.

196 Vgl. Pfersich (2014), S. 66–70.
197 Vgl. Pfersich (2015), S. 66–91.

In Zeiten der Niedrig- oder gar Negativzinsen bekommen die Preise und Konditionen einer Bank einen noch höheren Stellenwert. Aus Banksicht, da sie noch ertragsrelevanter geworden sind.[198] Aus Kundensicht, da sie an vielen Stellen objektiv erhöht oder verschlechtert wurden und subjektiv im Verhältnis zur schlechten Rendite noch stärker angestiegen sind. Banken sind teuer. Das dürfen sie auch sein, wenn auf der anderen Seite die Leistung stimmt. Diese Leistung wird heute defensiv und mit zu wenig Selbstbewusstsein vertreten. Noch zu häufig lassen sich Vertriebsmitarbeiter auf vergleichbare Produkte reduzieren. Lassen zu, dass die positiven Auswirkungen der Beratungsleistung, Tipps, geschenkte Extra-Meilen oder Serviceelemente unter den Tisch fallen. Und dann ist die Bank plötzlich zu teuer.

Werden vom Bankier 5.0 Komplimente des Kunden für die Bank hinterfragt, werden hypothetisch Leistungen reduziert oder fiktiv Vertriebsmitarbeiter ausgetauscht. Werden die vom Kunden erlebten Unterschiede zwischen Banken erfragt, stehen die Mehrwerte dieser einen Bank mit einem Mal präsent im Raum. Stellt der Bankier 5.0 zusätzlich die hypothetische Frage „Wo würden Sie Ihr Geld weiter anlegen, wenn die Preise und Konditionen überall gleich wären?" wird dem Kunden deutlich, wo seine Präferenzen liegen, wofür er eventuell vorhandene Preisunterschiede sinnvollerweise bezahlt.[199]

> Bankpreise sind immer Paketpreise!

Folgerichtig müssen Preis- und Konditionenmodelle transparent sein. Es gibt keine Entschuldigung mehr, dem berechtigten Kundeninteresse nach Klarheit nicht vollständig nachzukommen. Es ist inakzeptabel, wenn die Stiftung Warentest noch im Februar 2016 feststellt, dass von 23 Banken nur vier Banken gut und 8 Banken ausreichend über Preise informiert haben[200].

Der Bankier 5.0 vertritt und kommuniziert die Preise für seine Leistungen.

Damit diese Leistungen von Kunden ein-gesehen und verstanden werden können, visualisiert er die Zusammenhänge, macht sie durchsichtig. Transparent.

198 Vgl. Pfersich (2014), S. 127–151.
199 Vgl. Pfersich (2014), S. 127–151.
200 Vgl. Reinmuth, Kastens, Voßkamp (2016), S. 347–353.

2.4.3.7 Aspekt 7: Visualisieren via Zeichnung, Storytelling, Metaphern, Analogien

> Filme im Kopf-Kino – exklusiv für die Kunden der Bank.

Warum schwankt und torkelt ein Segler, geht er nach vier Wochen auf hoher See im Hafen an Land? Aüf dem sich ständig bewegenden Segelschiff musste er immerzu Schwankungen ausgleichen, um so dynamisch auf die Bewegungen des Schiffes zu reagieren. Nur so konnte er sich sicher bewegen, ohne über Bord zu gehen. Er hatte sich perfekt den Bedingungen auf See angepasst. Bekommt er im Hafen wieder festen Grund unter die Füße, könnte er auf diese flexible Gangart wieder verzichten. Es dauert aber einen Moment, bis der Körper von „flexibel" auf „konstant" umschaltet. Also torkelt er in Richtung Hafenkneipe. Verlässt er diese nach zwei Stunden, torkelt er vielleicht wieder, dann aber aus einem anderen Grund.

Wenn die Welt, in der wir heute leben, einem stürmischen Meer mit hohem Seegang gleicht, wie sollten wir darauf reagieren? Wie Vermögen gestalten, Fristen verändern, Währungskörbe strukturieren? Wir sollten dynamisch reagieren. Stabilität durch Beweglichkeit. Denn nur bei absolut stabilen Verhältnissen macht eine stabile, konstante Vorgehensweise Sinn. Und diese stabilen Verhältnisse sind nicht gegeben.

Mit dieser kleinen Geschichte kann der Bankier 5.0 das alte Muster seines Kunden, im Beispiel des Babyboomers, durchbrechen. Er kann seine neue Lösung spielerisch plausibel und ohne Fachbegriffe erklären.

Der Kunde soll eine neue Lösung, eine innovative Leistung der Bank verstehen und schätzen lernen. Das ging in dem Beispiel C sehr gut, da der Kunde seinen letzten Urlaub auf einem Segelboot vor der kroatischen Küste verbracht hatte.[201] Der Bankier 5.0 hat mit seinem Prototyp konkret das schnelle und automatisierte Rebalancing der Werte im Kundendepot im Sinn, das der Algorithmus des Robo Advisors im neuen Anlagemodell durchführt. Der Bankier 5.0 erwähnt die Worte „Rebalancing" oder „Effizienzkurve" jedoch bewusst nicht oder erklärt diese erst zu einem späteren Zeitpunkt.

Geschichten zu erzählen, „Storytelling heißt, Geschichten gezielt, bewusst und gekonnt einzusetzen, um wichtige Inhalte besser verständlich zu machen, um das Lernen und Mitdenken der Zuhörer nachhaltig zu unterstützen, um Ideen zu streuen, geistige Beteiligung zu fördern und damit der Kommunikation eine neue Qualität hinzuzufügen. Dass dazu auch ein

201 Vgl. Kapitel 2.2.1, S. 63.

Element des Unterhaltenden kommt, dass man durch gut erzählte Geschichten Neugierde erregt, Spannung erzeugt, Vergnügen bereitet, Emotionen weckt, das alles kommt hinzu und dem eigentlichen Ziel zugute."[202]

> Geschichten, Analogien und Metaphern sind geeignete Projektionsflächen, um alte Muster zu erkennen, sie zu durchbrechen und neue Lösungen mindestens vorstellbar zu machen.

Geschichten, Analogien und Metaphern reduzieren die Komplexität einer Botschaft. Sie lassen nichts weg, sondern konzentrieren Informationen auf ihren Kern.

Können Sie eine Geschichte, einen Zusammenhang oder eine Sammlung verschiedener Aspekte noch mit einer kleinen Skizze unterstützen, dann malen und zeichnen Sie einfach los. Das muss nicht unbedingt im klassischen Sinn schön sein. Es wirkt trotzdem. Tim Brown macht auch mir, einem fürchterlichen Zeichner, Mut: „Wenn Sie nicht zeichnen können, so ist das schade. Aber tun Sie es trotzdem."[203]

Je klarer das Bild vom Nutzen einer neuen Lösung zu Tage tritt, je transparenter das Preis-Leistungs-Verhältnis, desto weniger Kritik und Einwände wird der Bankier 5.0 hören.

Abbildung 10: Skizze Segelboot

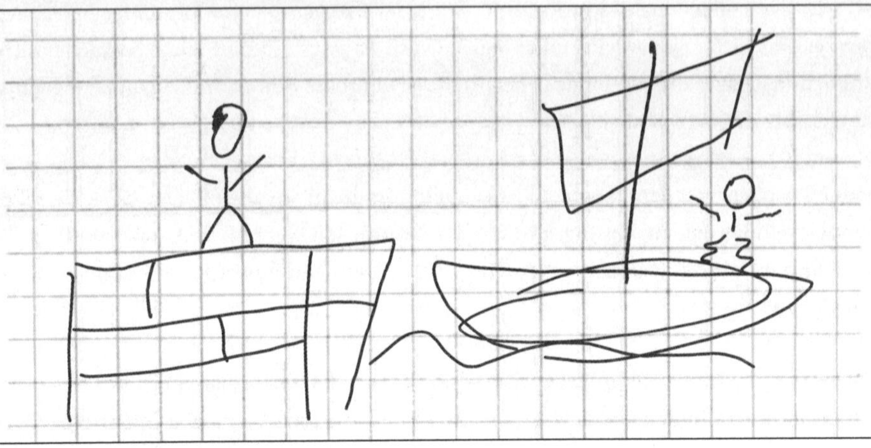

Quelle: Eigene Darstellung.

202 Frenze, Müller, Sottong (2006), S. 3.
203 Brown (2016), S. 187.

2.4.3.8 Aspekt 8: Einwandbehandlung – der Umgang mit „Nein“

> Wer das „Nein“ ernst nimmt, hat das „Ja“ verdient.

Unterschiede in den Blickwinkeln und Meinungen sind grundsätzlich kein Problem. Unterschiede werden zuverlässig immer dann zum Problem, wenn die Beteiligten sie als störend empfinden. In einem Sinfonieorchester spielen die unterschiedlichsten Instrumente und kein Musiker findet das problematisch. Das liegt am gemeinsamen Ziel, dem Musikstück den künstlerischen Ausdruck zu verleihen und dem Zuhörer ein Klangerlebnis zu bereiten. Wenn der Bankier 5.0 Geige und sein Kunde Cello spielt, vereint sie das gemeinsame Ziel, die für den Kunden beste Lösung zu finden.

Unterschiedliche Blickwinkel sind in Kundengesprächen schnell ein Problem, werden diese von Vertriebsmitarbeitern nicht angemessen besprochen. Der Kunde fühlt sich nicht ernst genommen oder verstanden. Wahr- und ernstgenommen zu werden ist aber ein berechtigtes Bedürfnis des Kunden. Völlig unabhängig vom fachlichen, konkreten Inhalt.

Der Bankier 5.0 wird diese Bedürfnisse wahrnehmen, annehmen und dies seinem Kunden zurückmelden. Er nutzt sein Wissen um den Konstruktivismus[204], das Konzept der Gewaltfreien Kommunikation[205] und hat die persönliche Reife, sein Gegenüber annehmen zu können. Unabhängig, was dieser denkt, fühlt oder wie er handelt. Er ist der gelassene Gastgeber[206], der diese offene Haltung ausstrahlt. Der Kunde reagiert darauf mit seinen Spiegelneuronen, empfängt die wertschätzenden Signale vom Bankier 5.0 und sendet darauf positive, zielführende Signale zurück. Beide gehen in die gewünschte Resonanz. Gänzlich unabhängig vom fachlich konkreten Inhalt.

In dieser wertschätzenden Atmosphäre können nun die unterschiedlichen Blickwinkel der zu entwickelnden neuen Lösung konstruktiv besprochen werden. Erst jetzt wird das Für und Wider diskutiert, Varianten werden gewählt, die neue Lösung fertig entwickelt und dann verkauft.

„Diskutieren“ bedeutet hier in jedem Fall, den Kunden zu überzeugen, ihn für die neue Lösung zu gewinnen. In keinem einzigen Fall ist damit „überreden“ gemeint oder beabsichtigt. Das ist der gravierende Unterschied. Überreden kann nur, wer „über jemandem steht“, wer

204 Vgl. Pfersich (2014), S. 40 f.
205 Vgl. Rosenberg (2016).
206 Vgl. Kapitel 2.6.2, S. 148–151.

Macht hat. Das kann emotionale oder auch intellektuelle Macht sein. Ein Vertriebsmitarbeiter ist regelmäßig in einer Situation, in der er überreden könnte. Sei es, weil der Kunde großes persönliches Vertrauen in den Vertriebsmitarbeiter hat, oder weil er überhaupt keine Lust hat, einen Sachverhalt wirklich zu verstehen. Der Kunde gibt die Verantwortung gerne an den Vertriebsmitarbeiter ab und verleiht ihm damit Macht.

> Der Bankier 5.0 besitzt die Souveränität und Professionalität, eine vom Kunden eingeräumte Machtposition niemals einseitig zum eigenen Vorteil zu nutzen. Ganz besonders nicht bei den unterschiedlichen Blickwinkeln.

Diese Professionalität wächst auch aus dem Wissen heraus, dass die Attribute „richtig" und „falsch" eher zu den Grundrechten, als zum komplizierten Leben in einer komplexen Umwelt passen. Das persönliche Denken, Fühlen oder Handeln eines Menschen ist nach meinem Verständnis niemals richtig oder falsch. Es ist eine vom Menschen gewählte Lösungsstrategie. Allerdings eine mit Auswirkungen und Preisen.

Wie ein alter Mann seine verbleibende Lebenszeit verbringt oder ob eine Zinsbindung richtig oder falsch ist – wer sollte das wissen? Wie sollte es auch ein richtig oder falsch geben, kann doch niemand wissen, was uns in der Zukunft erwartet.

2.4.3.9 Aspekt 9: Umgang mit Unsicherheit und Risiko

> Wir wissen über die Zukunft weniger als nichts, nämlich gar nichts!

Wie sollten wir auch, es ist noch niemand von dort zurückgekehrt. Bei allen Überlegungen rund um Muster und neue Lösungen bleiben Informationslücken, bleibt Unsicherheit. Und im Unbekannten steckt beides, Risiko und Chance. Menschen in unserem Kulturkreis mögen das Risiko in den seltensten Fällen. Sie bleiben deshalb oft auf der vermeintlich sicheren Seite. Die Folgen sind Klumpenrisiken, verpasste Chancen und mangelnde Optionen, wenn es darauf ankommt, flexibel auf Veränderungen zu reagieren.

Das Spannungsverhältnis zwischen einer vernünftigen Handlung einerseits und dem darin enthaltenen Risiko andererseits kann nie aufgelöst, es muss kundenorientiert ausbalanciert werden.

Balance erreicht der Bankier 5.0 durch einen positiven Zugang zu „Wahrscheinlichkeit". Dort, wo es keine Sicherheit, keine Garantie geben kann, bleibt Wahrscheinlichkeit. Was aus der semantischen Wundertüte „Wahrscheinlichkeit“ strömt, ist extrem vom jeweiligen Kontext abhängig. Wird mich der teure zusätzliche Airbag im Falle eines Unfalls schützen? Wahrscheinlich. Erhöht eine gesunde Lebensführung die Lebenserwartung? Wahrscheinlich. Verbessert eine gute Ausbildung der Kinder deren berufliche Perspektive? Wahrscheinlich. Bei diesen und anderen elementaren Fragen ist das Wahrscheinliche meistens Grund genug, zielführend zu handeln.

Warum nicht in der Bank? Werde ich mit diesem Anlagemix mein Vermögen erhalten? Wahrscheinlich. Ist es sinnvoll, jetzt ein Forward-Darlehen abzuschließen? Wahrscheinlich. Macht der Abschluss des Fondsparplans Sinn? Wahrscheinlich. In Vermögensfragen sind Kunden häufig unzufrieden mit „Wahrscheinlich“ und folgen zu oft den Verführern, die auf ihre Fragen mit „Ja, sicher!“ antworten.

Der Bankier 5.0 thematisiert diese Zusammenhänge, inklusive der Unsicherheit und dem möglichen Risiko. So entsteht die Entscheidungsbasis für eine neue Lösung. Diese ist so gefestigt, dass er mit ethischer und fachlicher Überzeugung seinem Kunden sagen kann. „Aus heutiger Sicht spricht mehr für als gegen diese Lösung“ oder „Aufgrund aller Informationen, die wir heute auf dem Tisch haben, rate ich Ihnen zu.“

Kann der Bankier 5.0 aufgrund Wahrscheinlichkeiten eine Lösung mit einem kraftvollen „Ja“ vertreten? Ja, das kann er. Er ist sich über die Unsicherheiten im Klaren und denkt deshalb in Optionen hinsichtlich der zukünftigen möglichen Ereignisse. Optionen sind Werkzeuge der Flexibilität, sie ermöglichen Re-Aktionen[207] auf sicher kommende Veränderungen[208]. Das in Veränderungen immer enthaltene Risiko kann nicht ausgeschlossen werden. Von niemandem. Aber jeder kann so robust wie irgend möglich aufgestellt sein, um zielführend mit Veränderungen umzugehen.

> Robustheit ist die Antwort auf die Fragilität unserer Zeit.

Zuwanderung, Terrorismus, Technische Fortschritte: Eine große Mehrheit der Deutschen hat den Eindruck, dass sich die Gesellschaft in Deutschland stark oder sogar sehr stark verändert.[209] Der Bankier 5.0 ist sich nicht sicher, was kommt. Er ist sich sicher, mit dem, was kommt, umzugehen. Egal, was kommt.

207 Vgl. Taleb (2014).
208 Vgl. Taleb (2008).
209 Frankfurter Allgemeine Sonntagszeitung (09.07.2017), S. 19.

Zum guten Schluss zwei beeindruckende Zitate zu Unsicherheit und Risiko:

„Es (Hoffnung; Anm. d. Verf.) ist nicht die Überzeugung, dass etwas gut ausgeht, sondern die Gewissheit, dass etwas Sinn hat – ohne Rücksicht darauf, wie es ausgeht.“[210]

„Je planmäßiger die Menschen vorgehen, desto wirksamer vermag sie der Zufall zu treffen.“[211]

Mit diesen 9 Aspekten schiebt der Bankier 5.0 die Grenzen der Kommunikation nach außen. Er erweitert seine Möglichkeiten, macht den Horizont 360 Grad weit. In Kapitel 2.1 und 2.2 habe ich beschrieben, wie wichtig ein weiter, weltoffener Zugang zu den Handlungen, zum Fühlen und Denken, kurz, zum Leben eines Menschen ist.

Der Philosoph Ludwig Wittgenstein hatte treffend bemerkt: „Die Grenzen meiner Sprache bedeuten die Grenzen meiner Welt.“[212] Der Bankier 5.0 sprengt diese Grenzen.

In der Praxis kann das so aussehen:

Ein Firmenkundenberater, ein Bankier 5.0, geht sensibel auf die Ängste und Argumente des Inhabers eines mittelständischen Unternehmens ein. Die wirtschaftlichen Rahmenbedingungen in dessen Branche haben sich verändert, disruptive Geschäftsmodelle, neue Wettbewerber erobern Marktanteile.

Alle berechenbaren Parameter, die Bilanzanalyse und die aktuelle betriebswirtschaftliche Auswertung, der Branchenreport der Bank, Auftragsbestand und Liquidität, alles spricht für eine schon lange geplante Investition in neue Gebäude und Maschinen. Aber der Inhaber schreckt vor einer Investition zurück, entscheidet sich dagegen. Der Bankier 5.0 geht im Partnergespräch verständnisvoll auf die Überlegungen und die Entscheidung seines Kunden ein. Empathisch, ehrlich aber auch provozierend: „Ich habe den Eindruck, wenn ich noch ein gutes Argument für die Investition hätte, würden Sie es überhaupt nicht hören wollen.“ Er riskiert mit dieser Aussage einen kritischen Diskurs. Er investiert dabei in das vorhandene Wohlwollen seines Kunden – und gewinnt. Denn der Kunde spürt: da stellt kein Besserwisser sein Empfinden über die Einschätzungen seines Kunden. Er spürt: Da reibt sich ein Partner an ihm, der den anspruchsvolleren Weg geht. Alles im Kundenin-

210 Havel (1991), S. 220.
211 Dürrenmatt (1998), Anhang, S. 1.
212 Wittgenstein (2016), S. 86.

teresse: Am Ende des Dialogs steht der Prototyp eines Joint-Ventures und seiner möglichen Finanzierung im Raum.

Die Praxis-Beispiele A, B und C wurden alle mit Aspekten der komplexen Kommunikation gelöst, dem jeweiligen Kunden eine für ihn neue und persönliche Lösung angeboten. Bankier 5.0 und Kunden sind sich nähergekommen, haben sich berührt. Lösungen wurden umgesetzt, auch wenn die Zukunft – wie immer – unsicher ist.

2.5 Die Kompetenz, physisch in Kontakt zu kommen

Abbildung 11: Bankier 5.0 – Physis

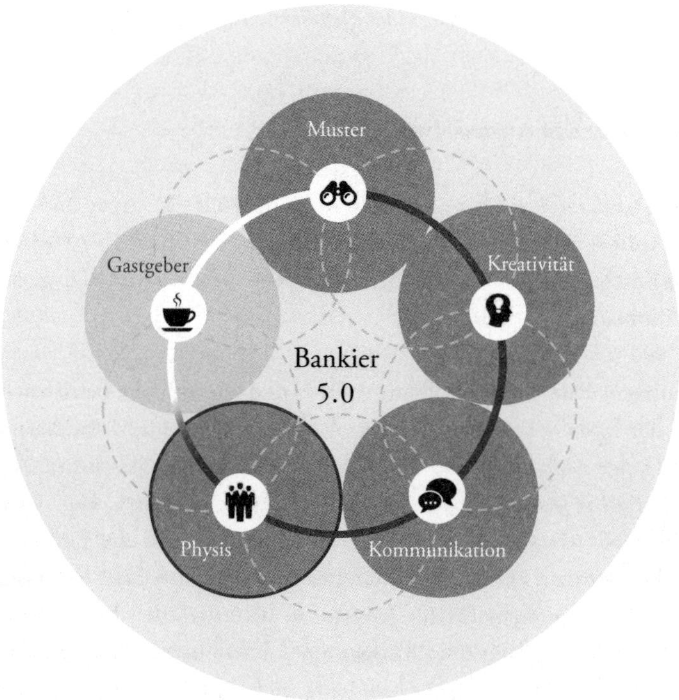

Quelle: Eigene Darstellung.

2.5.1 Anfassen ist Denken mit den Händen

Die Kompetenz, physisch und nicht nur verbal in Kontakt zu kommen. Ziel dabei ist es, mit allen Sinnesorganen angemessen mit Menschen in Kontakt zu kommen; körperliche Nähe zu suchen, den symbolischen Schulterschluss herzustellen.

Das erfordert ein gutes Gefühl für Distanz sowie die Grundregeln des Embodiment. Ohne Rhetorik abwerten zu wollen: Kommunikation über alle Sinnesorgane wird sträflich unterschätzt und in Banken zu wenig genutzt. Ein auf Text- und Sprechzentrierung verengter Kundenzugang wird immer mehr zur Reglementierung der Kundenbeziehung. Im Omnichannel-Ansatz[213] der Banken trifft das besonders auf den Zugang von Vertriebsmitarbeitern in der Filiale zu. Soll doch gerade hier der „menschliche, analoge Faktor" zum Erfolg beitragen. Wer hier die leiblichen, physischen oder stofflichen Aspekte von Kommunikation nicht im Blick hat, vernichtet mögliche und gleichzeitig so notwendige Deckungsbeiträge.

Physis meint hier zu allererst die Körper der beteiligten Menschen. Die „Körperlichen Weltbeziehungen"[214] sind die ersten Beziehungen, die ein neugeborenes Baby eingeht. Im Laufe der Jahre lernt man, „auf eigenen Füßen" zu stehen und geht seinen Weg.

Der Einfluss dessen, was man sieht, hört, spürt, riecht oder schmeckt, wirkt sich damit entscheidend auf die Ergebnisse zwischenmenschlicher Kommunikation in der Bank aus. Kommunikation ist spürbare Resonanz zwischen Menschen, sie braucht einen schlüssigen Resonanzkörper.

- Wie ist der Ort der Begegnung gestaltet?
- Wie sitzen die Beteiligten?
- Wie ist der Berater angezogen und wie riecht er?
- Werden abstrakte, virtuelle Aspekte mit Hilfe eines Objekts berühr- und einsehbar?

---

213 Anmerkung des Autors: Das lateinische Wort omnis, jeder, alle, bezeichnet in Omnichannel die Integration aller analoger und digitaler Vertriebskannäle.
214 Rosa (2016), S. 83–143.

Ein Holzmodell oder das Schweizer Taschenmesser transportieren die Wahlmöglichkeiten individueller Finanzierungsvarianten be-greif-bar. Das schwerere Papier für den Anlagevorschlag gibt den Inhalten Gewicht. Digitale, intellektuelle Inhalte, errechnet vom Algorithmus, geliefert vom Roboter werden von Menschen auch über Objekte sinnlich erfahrbar transportiert.

Wie stark Kommunikation mit Physis, unserer Körperlichkeit und der uns umgebenden stofflichen Welt zusammenhängt, ist an Sprachmetaphern zu erkennen, die wir täglich nutzen: Aus-halten, ein-sehen, berührt sein, unter die Haut gehen, unter den Nägeln brennen, eine Situation durch-stehen, Halt geben, ein eiskalter Typ, hitzige Diskussionen, warme Atmosphäre, sich fallen-lassen, eine Situation bedrückt, der Atem stockt, in diesem Punkt gehe ich nicht mit, ich stehe zu dem, was ich sage, ein Thema durchdringen, das haut mich um, etwas schlägt mir auf den Magen, es herrscht dicke Luft, die niedere Tat, Schmetterlinge im Bauch, das ist doch der Gipfel, Abgründe tun sich auf, der ökologische Fußabdruck, ein großes Rad drehen, eine gemähte Wiese, ein Graben der trennt und die Brücke die verbindet. Kaum ein Aspekt unseres Lebens, den man nicht durch körperliche oder dingliche Bezüge ausdrücken und beschreiben kann.

Tim Brown bringt die Notwendigkeit für eine auch im Wortsinn berührende Kommunikation auf den Punkt: „Die Rangfolge der Werte – von Gütern zu Produkten zu Dienstleistungen zu Erlebnissen – entspricht dem grundlegenden Wandel in unserem Erleben der Welt – vom primär Funktionalen zum primär Emotionalen.“[215] Banken beginnen, diese Erkenntnisse mit neuen Filialkonzepten[216] räumlich umzusetzen und verschiedene Interieur-Designs zu testen. Diese neuen Räume wollen von gut qualifizierten Menschen mit Leben erfüllt werden, sollen sie ihre gewünschte Wirkung entfalten. Ohne den Bankier 5.0 bleibt die neue Filiale reine Kulisse, teure Fassade. Vergleichbar mit dem emotionalen Erlebnis in einem Spitzenrestaurant. Dieses ist immer dann besonders intensiv, wenn das Personal zu Küche und Ambiente passt.

215 Brown (2016), S. 90.
216 Vgl. die bank (06/2017), S. 28–33.

2.5.1.1 Geist–Körper–Umwelt: Für immer verbunden

Was hat ein Lehrer auf dem Tisch zu suchen? [217, 218]

René Descartes[219] erforschte Zeit seines Lebens Aspekte wie Wahrheit, Ethik oder Vernunft. Er war auf der Suche nach einem verlässlichen Fundament für das Wissen. Gefunden hat er den Verstand, das Denken und entwickelte darauf aufbauend seine naturwissenschaftlich geprägte Erkenntnistheorie. Dieser Erkenntnis nach sind die weltlichen, körperlichen Empfindungen skeptisch in Frage zu stellen. Komplexe Sachverhalte sind demnach in Teilschritten logisch zu analysieren und alle Denkarbeit immer wieder auf Vollständigkeit zu überprüfen. Sein berühmter Grundsatz „cogito ergo sum", ich denke also bin ich, betont einerseits die absolute Dominanz des Verstandes und andererseits dessen Trennung vom Körper. Das Gehirn wird als abgekoppelt vom Körper und als oberste Instanz verstanden. Allem Sinnlichen und allen Gefühlen wird misstraut. Diese Denkschule prägt das allgemeine Verständnis von Kommunikation. So wird bis heute von Kommunikations- oder Argumentations- „Technik" gesprochen.

Im Zuge der Industrialisierung und der damit aufkommenden Technikbegeisterung und -gläubigkeit wurden auch in den Kommunikationswissenschaften technische, vernunft- oder geistorientierte Modelle wie das Sender-Empfänger-Modell[220] entwickelt. Die Mathematiker und Kryptographen Claude E. Shannon und Warren Weaver entwarfen dieses Modell in den 1940er-Jahren als Grundlage für geheime militärische Kommunikation mit dem Ziel, eine klare Botschaft zu codieren und an den Empfänger mit einem Funkgerät zu übertragen. Dieser konnte mit dem identischen Code die Nachricht decodieren und die Information nutzen. Kommunikation fand also immer strikt getrennt im Sende- oder Empfängermodus statt.[221] Dieses technische Verfahren wurde in den folgenden Jahren auf zwischenmenschliche Kommunikation in allen denkbaren Lebenssituationen übertragen.

Das so über die Jahrhunderte entstandene traditionelle Input-Output-Modell der zwischenmenschlichen Kommunikation[222] funktioniert seriell, arbeitet hierarchisch und mechanisch wie eine Maschine. In diesem Modell ist die Welt außerhalb und völlig getrennt vom Men-

217 Vgl. Film „Der Club der toten Dichter" (1989), Oscarverleihung 1990.
218 Anmerkung des Autors: Die Frage wird auf S. 137 beantwortet.
219 Anmerkung des Autors: René Descartes, 1596–1650, Französischer Philosoph und Mathematiker. Er gilt als Begründer des Rationalismus und Vorreiter der Aufklärung. Vgl. www.wikipedia.org
220 Vgl. Storch (2014), S.11–13.
221 Vgl. Röhner, Schütz (2012), S. 17.
222 www.youtube.com

schen. Das Gehirn empfängt lediglich die von der Welt gesendeten Signale und erteilt dem Körper den Befehl, eine entsprechende Handlung auszuführen. Es ist die Steuerzentrale und nimmt eine Vermittlerrolle zwischen Körper und Umwelt ein. Die Handlungsfähigkeit eines Menschen verbessern heißt demnach, den Geist zu verbessern. Auf diesen Vorstellungen basieren Appelle wie „Denk doch mal darüber nach!" oder „Sieh das doch endlich mal ein!".

Aus heutiger Sicht und aktuellem Kenntnisstand war und ist diese Vorstellung von erfolgreicher zwischenmenschlicher Kommunikation ein Fehler.

Descartes hat sich getäuscht! Der Neurologe und Psychologe Antonio R. Damasio hat in seinen bahnbrechenden Arbeiten zeigen können, dass Geist, Körper und Umwelt eine weit engere Einheit bilden als Descartes sich das zu seiner Zeit vorstellen und vor allem überprüfen konnte.[223]

Ebenso unzutreffend ist die Vorstellung, Kommunikation sei das Senden jeweils klarer Botschaften. Schon in den frühen 1970er Jahren entwickelte Friedemann Schulz von Thun sein Modell der vier Ohren[224]. In diesem Modell wird gezeigt, dass mit dem Sachinhalt, der Selbstoffenbarung, dem Beziehungsaspekt und dem Appell bis zu vier Aspekte in einer einfach klingenden Botschaft stecken können.

Heute ist erwiesen: Kommunikation entspricht keinesfalls dem Versenden einer Botschaft in jeweils eine Richtung[225]. Die Vorstellung, dass der Empfänger die Botschaft richtig decodiert und daraufhin seine Antwort verständlich codiert zurücksendet, ist naiv. In allen Kommunikationssituationen geht es um Resonanz und Interaktion zwischen Menschen. Die Botschaft entsteht erst im kommunikativen Prozess; in der autonomen Bedeutungsgebung jedes und in der wechselseitigen Interaktion zwischen Menschen.

Wir wissen heute: Alles Denken ist körperlich, denn das Gehirn ist ein integraler Bestandteil des Körpers. Beim Denken schöpft das Gehirn beständig aus den körperlichen Erfahrungen, die es bislang abspeichern konnte. Dazu gehören visuelle Erfahrungen, Bewegungen, Gefühle, Geschmäcker, Gerüche oder Geräusche. Und es reicht schon ein einziges Signal aus Gehirn, Körper oder Umwelt, um ein ganzes System zu aktivieren. Ein eigener Gedanke, eine eingenommene Körperhaltung oder ein Signal aus der Umwelt aktivieren eine „Wundertüte" wie ich sie schon beim Framing[226] beschrieben habe.

223 Vgl. Damasio (2004).
224 Vgl. Pörksen, Schulz von Thun (2014), S. 23–35.
225 Vgl. Storch, Tschacher (2014), S. 162–164.
226 Vgl. Kapitel 2.4.3.3, S. 114 f.

Maja Storch schreibt schon 2004 dazu: „Hirnforscher gehen heute davon aus, dass der menschliche Denkapparat über ein sogenanntes emotionales Erfahrungsgedächtnis verfügt. Es beginnt schon vor der Geburt zu arbeiten und speichert Erlebtes auf einer nicht sprachlichen, unbewussten Ebene in Form von Gefühlen oder Körperempfindungen ab. Trifft nun ein Reiz ein, sendet der Körper innerhalb von Sekundenbruchteilen entweder angenehme oder unangenehme Signale aus – je nachdem, welche Bewertungen im emotionalen Erfahrungsgedächtnis abgespeichert sind. Damasio nennt diese Körperbotschaften positive beziehungsweise negative somatische Marker – abgeleitet vom griechischen Wort „soma" für Körper."[227] Aktuelle Untersuchungen mit modernster Technologie bestätigen diese Thesen eindrücklich.[228, 229]

2.5.1.2 Embodiment – Kommunikation im Wechselspiel

Das Kommunikations-Model „Embodiment" beschreibt dieses parallel und selbstorganisiert arbeitende System aus Gehirn-Körper-Umwelt und macht es für die tägliche Kommunikation nutzbar.[230] In diesem Modell gibt es im Gegensatz zu Descartes Annahmen keine Hierarchie und keine Haupt- oder Steuerzentrale. Der menschliche Geist, das Gehirn ist hier „embodied", enthalten; verkörpert im Organismus und „embedded", eingebettet, integriert in seine Umwelt. Gleichberechtigt und demokratisch werden Erfahrungen und Bedeutungen durch andauernde Wechselwirkungen erzeugt. Handlungsfähigkeit verbessern heißt hier die Koppelung von Gehirn–Körper–Umwelt zu fördern.

Das Gehirn wirkt unmittelbar auf den Körper. Bei schlechter Laune lässt der Mensch unwillkürlich die Schultern hängen, zieht die Mundwinkel nach unten und die Stirn kraus. Diese Körperreaktionen wirken sofort zurück auf das Gehirn dieses Menschen und verstärkt dessen negatives Denken und Fühlen. Ein sich selbstverstärkender negativer Kreislauf entsteht.

Zeitgleich wirkt das Ergebnis dieser Wechselwirkung auf die Umwelt dieses Menschen. Hier nehmen Menschen die Stimmung auf, reflektieren über ihre Spiegelneuronen negative Wahrnehmungen und verfallen ebenfalls in eine entsprechende negative Körpersprache. Diese wirkt wiederum auf den ursprünglichen Sender zurück. Ein Kreislauf, in dem eine Situation ungünstig geprägt und gestaltet wird, eine unangenehme Realität entsteht. Das alles in

227 Storch (2004), S. 87.
228 Vgl. Der Spiegel (44/2017), S. 109 ff.
229 Vgl. Der Spiegel (44/2017), S. 115 f.
230 www.youtube.com

Bruchteilen von Sekunden und ohne bewusste Kontrolle der beteiligten Menschen. Das unwillkürlich und autonom arbeitende System Gehirn–Körper–Umwelt hat perfekt gearbeitet.

In die positive Richtung arbeitet das System selbstverständlich genauso zuverlässig. Die offene Körperhaltung des Bankier 5.0 und sein erfrischendes Lachen stecken Kunden sofort an. Deren Mimik hellt sich auf, Muskeln entspannen sich, die Körperhaltung ebenso. Konstruktive Veränderungsbereitschaft entsteht und optimistische Gefühle stellen sich ein. Bei der Diskussion um eine neue innovative Lösung werden die Gläser plötzlich „halb voll", schienen sie eben noch „halb leer"; und das, obwohl sich die Fakten nicht geändert haben. Sitzt der Bankier 5.0 während des Gesprächs neben dem Kunden, ihm nicht gegenüber, praktiziert er damit den „Schulterschluss". Der Kunde fühlt sich plötzlich nicht mehr allein. So gestärkt kann er sich vorstellen, „den Weg gemeinsam zu gehen".

Ich sehe in Alltagssituationen und bei meiner Arbeit, wie mit unterschiedlichsten Ausbildungskonzepten versucht wird, die Ausstrahlung und Kundenkommunikation der Vertriebsmitarbeiter zu verbessern – oftmals mit schlechtem Resultat. Täuscht man sich doch darin, dass Körpersprache und Rhetorik geschult werden können, indem man Lächeln, einzelne Gesten oder Worthülsen trainiert. Da stehen kleine Spiegel auf den Schreibtischen, hängen Smileys als Mahnung an PC-Schirmen in Banken oder Motivationssprüche auf der Rückseite des Empfangstresens in diversen Hotellobbys. In Trainings wurden diesen Menschen Ratschläge und Appelle ans Herz gelegt: Sie sollen den Kunden in die Augen schauen, die Beine nicht übereinander und die Hände auf den Tisch legen; keinesfalls mit dem Kugelschreiber spielen und niemals „äähhm" sagen. Hinzu kommen Outfit-Regeln, die anhand instruierender Bekleidungsvorschriften umgesetzt werden müssen. Vertriebsmitarbeiter verschiedener Banken erzählen mir, dass sie sofort nach Feierabend die „Uniform" erleichtert ablegen; so wie tagsüber die Krawatte, welche außerhalb der Kundentermine abgestreift im Großraumbüro am Fenstergriff hängt.

Hier werden Aspekte der Körpersprache sowie kommunikatives Verhalten auf Technik reduziert und als schematischer Ablauf trainiert. Das Resultat sind Menschen, die sich in ihrer Haut nicht wohl fühlen und verständlicherweise hingestellt, wie Attrappen wirken. Menschen werden so zu einer schlechten Kopie der kommenden Robotergenerationen. Sie gehen in keine Resonanz mit ihren Kunden.

Ein aufgesetztes Lächeln wirkt gekünstelt, Menschen haben so keine natürliche Ausstrahlung. Das ist vergleichbar mit einem Foto, bei dessen Aufnahme der Fotograf die Protagonisten um ein Lächeln bittet. Beim anschließenden Betrachten des Fotos kann man oft erkennen, welchen Menschen zum Lachen zu Mute war – und vor allem, welchen nicht.

Warum ist das so? Eine alleinige Instruktion an das Gehirn „Bitte jetzt alle recht freundlich lächeln“ erzeugt inkonsistentes Verhalten: Denken, Fühlen und Köpersprache bilden keine stimmige Einheit.

Die oben genannten Verhaltenstipps richten sich ausschließlich an den Verstand. Menschen werden aufgefordert, ein Verhalten zu simulieren, das weder ihren Emotionen noch ihrem Körpergefühl entspricht. Diese Menschen empfinden Stress. Gerade unter Stress knickt das vermeintliche Kontrollorgan „Denken“ ein. Alte, im emotionalen Erfahrungsgedächtnis abgespeicherte Muster kommen körperlich zum Vorschein. Die Simulation ist von außen als solche erkennbar.

Die meisten Menschen, die simulieren, sich inkonsistent verhalten, fühlen sich dabei schlecht. Auch, oft nicht genau mit Worten zu beschreiben „irgendwie falsch“. Die inkonsistenten Gefühle schwingen durch den Raum und werden von den anwesenden Menschen als irritierend wahrgenommen. So entsteht im Kundenkontakt ein Teufelskreislauf: Aus der gescheiterten Simulation wird schnell ein entlarvter Versuch, Kundenorientierung vorzutäuschen. Hier kann Vertrauen weder entstehen noch wachsen.

Wie geht es besser? Stimmiges, authentisches Verhalten muss vom Menschen im Innern erzeugt, nicht „aufgesetzt“ werden. Ganz natürlich in seinem sich selbst organisierenden System aus Gehirn–Körper–Umwelt. Erzählt der Fotograf einen netten Witz, mit dem er die Protagonisten zum Lachen bringt, sind auf dem Foto authentisch lachende, fröhliche Menschen zu sehen.

Warum funktioniert der kleine Trick des Fotografen? Der Körper kann Worte „verstehen“, in dem er ihren sinnlichen Gehalt im Gehirn simuliert, was wiederum Auswirkungen auf Körperhaltung und Ausstrahlung hat. Man erleichtert dem Körper dieses Verstehen, wenn Worte mit hohem sinnlichen Gehalt oder starke Bilder gewählt werden. Genau das passiert in der Pointe eines Witzes.

Die Logik des Embodiment-Modells wird zielführend genutzt, wenn man sich erst das Ziel überlegt und dann ein dazu passendes Bild findet. Der Frame dieses Bildes wird im Gehirn simuliert. Denken, Fühlen und Verhalten sind vorstellbar, werden unwillkürlich im eigenen Körper nachgeahmt. Kino im Kopf und Körper des Bankier 5.0.

Wie sieht die gewünschte Ausstrahlung des Bankier 5.0 aus?

- Welche Rolle soll er glaubhaft vertreten, welche Werte dabei leben?
- Wie passt er stimmig zur Positionierung der Bank?
- Welche Aufgaben und Zielstellungen prägen seinen Beziehungsauftrag?

Hier beginnt die Sorgfaltspflicht der Führung einer Bank. Ohne präzise Beschreibung der Beziehungsaspekte zwischen Bank und Kunde bleibt die Rolle an der Oberfläche, wenn keine stimmigen Bilder gefunden werden können.

Welche Bilder und Vorstellungen erscheinen stimmig zu den Antworten auf die Fragen zu Rolle und Selbstverständnis eines Bankier 5.0?

Bilder eines hanseatischen Kaufmanns, eines Kapitäns, eines englischen Butlers, eines noblen Ritters oder eines Elder States Man können symbolisch mit den Antworten übereinstimmen. Ebenso stimmig können das die Vorstellungen von einem souveränen Tier sein: einem Wal, einem Löwen oder einem Elefanten. Bilder von Pflanzen wie einer Eiche oder eines Bambusses können über ihre Zuschreibungen die gleiche Wirkung haben. Das Bild eines Filmstars oder eines Sportlers versprechen, assoziativ denselben Effekt auszulösen. Der Frame dieser Bilder wirkt und kann genutzt werden.

Welches Verhalten, welche Reaktionen werden mit diesen Bildern verbunden? Welche Geistes- und Körperhaltung, welcher Gang oder Gesichtsausdruck?

Die Körper der Menschen, die diese Bilder, Vorstellungen und Assoziationen im Kopf haben, bekommen sofort ein Körperfeedback, was zu Veränderungen führt: Die Haltung wird aufrecht, die Schultern straffen sich und die Stirn ist entspannt. Augenkontakt wird gesucht. Der Körper wendet sich hin zum Kunden und Gesten passen zur verbalen Sprache.

Das weitere Verhalten des Bankier 5.0 findet darauf selbstorganisiert im System Gehirn–Körper–Umwelt in der Art eines hanseatischen Kaufmanns, eines Wales oder eines Bambusses statt. Er interagiert mit seinem Kunden zuvorkommend wie ein hanseatischer Kaufmann, souverän wie ein Wal und flexibel wie ein Bambus. Professionell im Umgang mit Gästen, empathisch in der Gruppe, stabil im Gegenwind. Situationsangepasst und kreativ. Menschlich. Wertvoll.

Es muss in den Ausbildungskonzepten zum Bankier 5.0 Bild- und Rollenangebote geben. Der Bankier 5.0 ist kein einseitig intellektuelles, sondern ein systemisches, menschliches Konzept einer Rolle. Einer wichtigen Haupt-Rolle im Leben seines Kunden! Eine Rolle?

Ja, Menschen spielen ohne Unterbrechung die unterschiedlichsten Rollen. Sie geben auf den Theaterbühnen und Filmen des Lebens den Partner, den Freund, die Mutter, den Helfer, die Tochter, den Kasper oder die Seelsorgerin. Und sie spielen diese Rollen in sehr unterschiedlicher Qualität.

Extrem gute Schauspieler sind qualitativ überzeugend in ihren Rollen, da sie sich weit über den Text hinaus in die Rolle hineinarbeiten. Dazu lernen sie Sportarten, beschäftigen sich mit Krankheiten, hungern sich auf ein Gewicht oder sprechen mit dem Menschen, den sie darstellen sollen. Nur so können sie die Koppelung zwischen Gehirn, Körper und Umwelt optimieren. Nur so werden der Text, die Körpersprache und die umgebende Umwelt als ein stimmiges Ganzes wahrgenommen. Zuschauer sind ergriffen, weinen oder lachen im Kino, gehen schweigsam aus dem Theater.

Deshalb steht ein überzeugender Lehrer manchmal auf dem Tisch![231]

Gute Schauspieler wirken nicht authentisch obwohl sie, sondern weil sie ihre Rolle professionell spielen. Wie der Bankier 5.0 in seiner Bank[232].

2.5.1.3 Learning by doing – Kommunikation mit Artefakten

Warum lässt ein Lehrer seine Schüler bestimmte Seiten aus dem Schulbuch reißen?[233, 234]

Wir scheinen uns ohne Bezüge zur dinglichen, stofflichen Welt nicht ausdrücken zu können. Das be-greifen, ein-sehen und lernen abstrakter Zusammenhänge ist überhaupt nur durch konkrete Bezüge möglich. Besonders, wenn es an konkreten, dinglichen Produkten mangelt. In dieser Hinsicht ist eine Maschine leichter zu verkaufen als ein Wertpapier.

231 Anmerkung des Autors: Antwort auf die eingangs gestellte Frage von S. 131.
232 Vgl. Kapitel 2.6, S. 146–159.
233 Vgl. Film „Der Club der toten Dichter" (1989, Oscarverleihung 1990).
234 Anmerkung des Autors: Die Frage wird auf S. 142 beantwortet.

Menschliche Kommunikation wird nicht nur kognitiv codiert und decodiert, sie wird sinnlich erfahren. Fakten werden nur vor dem Hintergrund ihrer Verankerung in der stofflich-sinnlichen Lebenswelt und -erfahrung verstanden und erhalten so Bedeutung.

Die Soziologin Aida Bosch meint dazu: „Die Sprache ist ein sehr bedeutsames Medium, um menschliches Wissen zu speichern und an die folgenden Generationen weiterzugeben; doch vor allem sprachlichen Zugang zum gesellschaftlichen Wissen liegen ontogenetisch[235] haptische und visuelle Interaktionen mit der Umwelt. Mit dem Erwerb der Sprache in der Kindheit erweitern sich die menschlichen Kommunikations- und Handlungsmöglichkeiten sprunghaft, doch auch noch in späteren Lebensphasen bleibt die visuelle und die haptische Ebene des Austauschs mit der Welt wichtig, indem sie der sprachlichen Kommunikation eine Grundlage der Evidenz gibt, auf die der Mensch zurückgreifen kann, wenn er Zweifel an sprachlichen Aussagen hat."[236] Ich bin sicher, dass diese Aussage vor dem Hintergrund der MiFID II-Normen bezüglich Risikoaufklärung oder Preistransparenz zu einem der Erfolgsfaktoren für die erfolgreiche Kundenkommunikation wird. Aspekte wie Risiko oder Preis-Leistungs-Verhältnis sind so abstrakt, dass sie ohne dingliche Evidenz nicht zu begreifen sind.

In einer Umwelt, die von Kunden als zunehmend unsicher, schnell und gefährlich erlebt wird, ist die Vermittlung von Sicherheit und Vertrauen entscheidend. Das kann mit einem stofflichen Artefakt wie dem berühmten Schweizer Taschenmesser dinglich transportiert werden. Wenn alles wackelt und aus den Fugen gerät, funktioniert das Messer mit seinen gewohnten Werkzeugen zuverlässig. Das vertraute „Schnapp" klingt beruhigend und das bekannte Gewicht liegt angenehm in der Hand. Aida Bosch stellt in ihrer Arbeit fest: „Unser ‚Weltvertrauen' basiert auf der Stabilität unserer selbstgeschaffenen dinglichen Umwelt. Die Dinge der Menschen bilden ein System, das die soziale Welt stabilisiert und gewissermaßen den ‚Klebstoff' des sozialen Lebens darstellt. In den Dingen sind Wissen, Werte und Kultur gespeichert. Die Interaktion mit den Dingen gewährt uns einen beherrschbaren Weltausschnitt und die Gewissheit, dass uns der Himmel nicht auf den Kopf fällt und dass unsere Umwelt konstante Eigenschaften aufweist. So bilden die Dinge stabile Ankerpunkte für flüchtige Erfahrungen."[237] Was kann flüchtiger sein, als der Chartverlauf einer Aktie oder die Kursschwankungen der Fremdwährungskredite?

235 Anmerkung des Autors: Das Wort ontogenetisch hat seinen Ursprung im Griechischen und kann mit „sich entwickelnde" übersetzt werden.
236 Moebius, Prinz (2012), S. 51.
237 Moebius, Prinz (2012), S. 58 f.

Dieses Wissen hat Walter Gropius schon am Bauhaus in der sogenannten Vorlehre[238] für die Ausbildung seiner Studierenden genutzt. Im Team haben sie beim Basteln begriffen, nachgedacht und eingesehen. Anfassen, Drehen und Wenden, in die Hand nehmen, wegnehmen, hinzufügen und neu kombinieren. Alles wird durch Dinge möglich. Dinge kommunizieren, sprechen mit Augen, Nase, Ohren und Händen. Daher galten am Bauhaus strenge Regeln: „Im Anfang steht allein das Material, möglichst ohne Werkzeug, um engsten Materialkontakt zu erreichen. Er fördert das kritische Denken und legt erfinderische Fähigkeiten frei."[239] Dinge sprengen die Grenzen des verbalen auditiven Kanals, vervielfachen den Zugang zu Menschen. „So werden im Wechselspiel von Dingen und Menschen Handlungs- und Erkenntnispotenziale freigesetzt."[240], schreibt Karl H. Hörning, Professor für Soziologie an der RWTH Aachen.

Die Parallele ist für mich offensichtlich: In den 1920er Jahren suchten die visionären Architekten nach marktfähigen, machbaren und attraktiven neuen Häusern, Möbeln und Gebrauchsgegenständen. Heute sucht der Bankier 5.0 mit dem gleichen Methodenwissen marktfähige, machbare und attraktive Lösungen für seine Kunden. Für die Architekten galt: Leben ist mehr als Wohnen.

> Für den Bankier 5.0 gilt: Leben ist mehr als Vermögen.

Das können Kunden „Learning by doing" schneller verstehen und positiv im Gedächtnis behalten. Entscheidend ist das „doing", das physische Tun. In der innovativen Bauhaus-Ausbildung galt: „Meister unterrichten an Stelle von Professoren; anstatt sich an traditionellen akademischen Stilübungen zu schulen, übten sich die Studierenden in der Grundausbildung an Materialeigenschaften und freier Formbildung."[241]

2.5.1.4 Überraschen und verändern mit Artefakten

Menschen konstruieren sich die Realität selbst, jeder autonom für sich. Das Wasserglas ist für den einen halb-voll und für den anderen halb-leer. Die bekannten Frames schaffen in Bruchteilen von Sekunden eine wahrgenommene Realität, die der Wahrnehmende als reale

238 Vgl. Winkler (2003), S. 32–39.
239 Winkler (2003), S. 33.
240 Moebius, Prinz (2012), S. 35.
241 Lupfer (2017), S. 9.

objektive Wahrheit nimmt.[242] Die Bewertungen, Überzeugungen und Standpunkte, die aus dem aktivierten Frame resultieren, sind – wie die Erfahrung oft genug zeigt – nicht immer günstig für eine zielführende Beratung.

Diese Frames und alle mit ihnen verbundenen Erfahrungen sind fest im körperlichen Erfahrungswissen eines Menschen abgespeichert. Vergleichbar wie Apps auf dem Smartphone. Will der Vertriebsmitarbeiter diese sinnbildliche Software umprogrammieren, muss er eine neue, andere Situation herstellen. Der Grund ist: mehr vom selben gäbe dasselbe, alles bliebe beim Alten – alles nicht gewünscht.

Der Bankier 5.0 überrascht, vermittelt ein Aha-Erlebnis, indem er seinen Kunden verblüfft. So verändert er gekonnt die beim Kunden vorhandenen Bewertungen, Überzeugungen und Standpunkte. Er agiert ausgefallen, ungewöhnlich und mutig. Die gezielte Provokation wie im Aspekt 5[243] aus Kapitel 2.4 ist eine Kundenverblüffung. Allerdings ausschließlich auf der sprachlich abstrakten Ebene.

Der Bankier 5.0 nutzt zusätzlich auch die Kompetenz, physisch in Kontakt zu kommen und lenkt die Aufmerksamkeit mit Ungewöhnlichem.

Er bringt beispielsweise unübliche Gegenstände mit in das Kundengespräch. Das kann eine Playmobil-Figur sein, die symbolisch für die Tochter des Bankier 5.0 steht. Er zieht diese Figur aus der Hosentasche und stellt sie auf den Tisch. Er erzählt dabei, dass seine Tochter ihm vor einigen Tagen selbstbewusst gesagt hat, sie sei weder schwerhörig noch „schwer-wissig", hätte aber gleichwohl keine Lust auf Hausaufgaben. Das würde ihn immer daran erinnern, dass es nicht auf das „was ist zu tun", sondern auf das „wofür ist es zu tun" ankommt. Schon kleine Persönlichkeiten wie seine Tochter wollen für eine Sache gewonnen werden, wollen den Sinn erkennen. Und deshalb hätte er heute eine Menge Fragen an den Kunden, denn er wolle mehr über das „wofür" des Kunden erfahren.

Ein Bankier 5.0 geht mit vorhandenen Artefakten ungewöhnlich um. Er nimmt beispielsweise einen Prospekt der Bank vom Tisch und wirft ihn in den Papierkorb des Besprechungszimmers. Während er durch den Raum geht, sagt er zu seinem Kunden, er möchte nicht, dass die Ideen und die Möglichkeiten dieses Produkts im geistigen oder physischen Papierkorb des Kunden landen. Wenn das passiere, habe er es nicht geschafft, einen konstruktiven Dialog

242 Vgl. Pfersich (2014), S. 40 f.
243 Vgl. Kapitel 2.4.3.5, S. 118 f.

mit ihm zu führen. Aber genau das möchte er: einen Dialog führen, der tiefer geht. Mit einem Ergebnis, das im Papierkorb nichts zu suchen hat. Er holt den Prospekt wieder aus dem Papierkorb und setzt sich zurück an den Tisch.

Ein Bankier 5.0 geht mit Artefakten kreativ um. Er zieht beispielsweise ein Handy der ersten Generation aus der Tasche und legt es wortlos auf den Tisch: Groß, schwer, mit Tasten und kleinem Display. Ein Must-have seiner Zeit. Dann zieht er ein aktuelles Smartphone aus der Innentasche seines Sakkos und legt es mit den Worten „Alles hat seine Zeit. Handys werden nicht schlecht, aber sie altern und fallen unaufhaltsam aus der Zeit. So wie Anlagestrategien." auf den Tisch. Damit beginnt er eine Präsentation der neuen Anlagephilosophie seiner Bank, welche Robo Advisor und Mensch sinnvoll kombiniert.

Verblüffend. Frech. Anders. Schnell und unvermutet sorgt ein Artefakt in der Zeit des Multitasking für totale Aufmerksamkeit auf einen Aspekt und verleiht ihm Bedeutung.

2.5.1.5 Partizipation mit Artefakten

Die Bedeutung der Partizipation habe ich im Kapitel 2.4, Aspekt 2[244] herausgearbeitet. Das gemeinschaftliche Erlebnis ist ein großer Beitrag für erfüllte Beziehungen. Ist dieses alsbald auch noch dinglich, damit physisch erlebbar, besteht die Chance, eine neue Beziehung einzugehen oder ein bestehendes Vertrauensverhältnis auszubauen.

Stellen Sie sich folgendes Szenario vor: Zwei befreundete Paare wollen einen gemütlichen Sommertag auf einem Hausboot südlich von Berlin genießen. Das eine Paar hatte sich mit dem Hausboot einen Traum erfüllt, das andere Paar war zum ersten Mal zu Gast. Gemeinsam wollen sie eine Bootsfahrt auf der Dahme unternehmen. Sie sind kaum 300 Meter vom Liegeplatz entfernt, als der Motor plötzlich ausgeht. Alle Versuche, den Motor wieder in Gang zu setzen, schlagen fehl. Um wieder an Land zu kommen, werden alle verfügbaren Leinen zu einem langen Seil zusammengeknotet und am Hausboot festgebunden. Der „Skipper" rudert mit dem kleinen Beiboot zum Ufer, befestigt die Leine an einem Baum und die drei „Matrosen" ziehen das Hausboot Meter für Meter zurück zum Ufer. Das Anlegemanöver gerät turbulent, dabei fällt eine teure Sonnenbrille ins Wasser. Nachdem das Hausboot an Ort und Stelle sicher vertäut ist, springen zwei männliche Helden ins kühle Wasser. Einer der beiden Hobbytaucher hat nach dem zehnten Tauchgang tatsächlich

244 Vgl. Kapitel 2.4.3.2, S. 112 f.

Glück: Die Sonnenbrille geborgen, die Besitzerin glücklich und die Stimmung euphorisch. Dieser schöne Tag und das aufregende Erlebnis wurde danach oft erinnert und erzählt, eine verbindende Story der Paare.

Jeder kennt das Phänomen aus seinen eigenen Geschichten: Je intensiver das gemeinsam Erlebte, desto tiefer die positiven Spuren im Erfahrungswissen der Beteiligten; vor allem, je mehr Sinnesorgane einbezogen werden.

Das gilt nicht nur auf dem Hausboot, das gilt auch im Besprechungszimmer einer Bank, Tauchen wird nicht nötig sein. In einem Ikea-Katalog blättern, zwei Uhren vom Tisch in die Hand nehmen ist ein Anfang. Eine Portfoliostruktur aus den verschiedenen Lego-Steinen mit ihren unterschiedlichen Farben bauen ist gut. Ein Holzmodell zusammen- und umzustecken ist besser. Ein gemeinsam gezeichnetes Bild am Flip Chart, verziert mit diversen Post-its, ist richtig gut. Die Kombination wird zum „Wow".

Warum Ikea und Lego-Steine? Alles, was gemeinsam „Hand in Hand" gebaut wurde, wird von den Mit-Machern viel höher geschätzt. Beispielsweise eine Finanzierungsstruktur in Form eines Lego-Hauses. Jedes Jahr Zinsbindung ein Stein einer bestimmten Farbe. Jede Option zwei Steine in einer zweiten, Förderprogramme mit Steinen in einer dritten Farbe. Je mehr Steine, desto individueller und schöner wird das Haus. Die so erarbeitete finale Finanzierungsstruktur, ein ausgereifter Prototyp, wird solidarisch gegen Billigangebote Dritter und „Angebote von der Stange" verteidigt. Studien belegen dieses Phänomen und nennen es den Ikea-Effekt[245]. Es reicht schon der Katalog von Ikea, der über die Wirkung seines Frames das individualisierte Bauen evoziert. Dazu kommt, dass Menschen andere Menschen mehr schätzen, wenn sie mit diesen in einer Gemeinschaft tat-kräftig verbunden waren.

Mutige Bankier 5.0 bringen überraschend frische, duftende Vollkornbrötchen und selbstgemachte Marmelade mit zum Kundentermin. Vorsichtige Bankier 5.0 gießen das Mineralwasser vor dem Kundentermin aus der Flasche in eine Karaffe um, aus der anschließend in Gläser gegossen wird. Und wieder andere Bankier 5.0 nehmen tatsächlich einmal Äpfel und Birnen mit in den Kundentermin und machen deutlich, dass man beide Früchte besser nicht miteinander vergleicht.

Darum lässt ein Lehrer seine Schüler manchmal Seiten aus einem Buch reißen.[246]

245 Cialdini (2017), S. 236.
246 Anmerkung des Autors: Antwort auf die eingangs gestellte Frage von S. 137.

2.5.1.6 Das Resultat: Physischer Kontakt aktiviert Handlungen

Warum ist der Film „Der Club der toten Dichter" Oscargewinner?[247] Wieso blieben zwei seiner Zitate, „O Captain! My Captain" und „Carpe diem" im kollektiven Gedächtnis der Zuschauer? Und die wichtigste Frage: Warum stehen in der Schlussszene fast alle Schüler auf ihren Tischen, trotzen den Konventionen und setzen das um, was sie als richtig erkannt haben?

Eines der größten Probleme des heutigen Gesundheitswesens ist die mangelnde Therapietreue oder Adhärenz[248] der Patienten. Diese hören die Ratschläge der Ärzte sehr wohl und besorgen sich die gegebenenfalls notwendigen Medikamente aus der Apotheke. Viel zu oft werden Verhaltensänderungen in der Ernährung oder Körperübungen zu früh abgebrochen oder erst gar nicht begonnen. Mit Medikamenten verhält es sich ähnlich. Sie werden vergessen oder selbstbewusst vom Patienten eigenmächtig abgesetzt, die Dosierung reduziert, wenn die körperlichen Symptome besser werden. So werden bei Herz-Kreislauferkrankungen ein Schlaganfall und bei Antibiotikabehandlungen resistente Mikroorganismen riskiert.

Auch wenn die Pharmaindustrie Milliarden Euro für die klassische Werbung ausgibt und Ärzte mit Engelszungen reden, wird dieses Phänomen nicht besser, ganz im Gegenteil. Tim Brown stellt fest: „Statt ein Erlebnis zu schaffen, das den Patienten im Lauf der Zeit bei der Stange hält, gehen die Pharmaunternehmen auf herkömmliche Weise an den Verkauf der Produkte heran. Und büßen einen Großteil des therapeutischen und geschäftlichen Nutzens ein, wenn der Patient die Einnahme abbricht. Es gibt drei selbstverstärkende Phasen der medizinischen Behandlung. Zuerst muss der Patient seine Krankheit verstehen, dann den Behandlungsbedarf akzeptieren und schließlich handeln. Diese zeitbasierte ‚Adhärenzschleife' gibt einen Rahmen mit vielen verschiedenen Punkten vor, an denen es möglich ist, die Patienten bei Bedarf positiv zu bestärken."[249] Verstehen, akzeptieren und handeln muss mit Artefakten unterstützt werden, soll sich am Verhalten der Patienten etwas ändern.

Die Relevanz des Vergleichs ist deutlich. In unzähligen Beratungsgesprächen in Banken werden Massen von Analyse- und Beratungsbögen ausgefüllt, eine Situation beschrieben, Handlungsänderungen angeraten und Lösungsansätze konkret angeboten. Aber dann stockt der Prozess. Bei den Banken entstehen teure Datenfriedhöfe und im Kopf der Kunden sieht es aus wie in einer typischen Medikamentenschublade eines deutschen Haushalts.

247 Vgl. Film „Der Club der toten Dichter", (1989, Oscarverleihung 1990).
248 Anmerkung des Autors: Der Begriff hat seinen Ursprung im Lateinischen, lat. adhaerens, kann mit anhängend oder haftend übersetzt werden.
249 Brown (2016), S. 111 f.

Beratung muss umgesetzt werden, damit sie wirkt!

Die Deutschen sind immer noch „Ärmer als gedacht"[250], Aktienmuffel, mehrheitlich Mieter und die Hälfte von ihnen besitzt „kein nennenswertes Vermögen".

Verständnis, Akzeptanz und Umsetzung sind für einen erfolgreichen Vermögensaufbau so wichtig wie die konsequente Einnahme der Medikamente für die vollständige Genesung eines Patienten. Banken können viel stärker auf den physischen Kontakt setzen, als sie es bis heute tun. Ich bin sicher, die so oft beklagte „schlechte" Beratung in Banken ist mehrheitlich nicht inhaltlich ungenügend, sondern kommunikativ einseitig. Es fehlt der physische Kanal oder seine Möglichkeiten werden unzureichend ausgeschöpft.

Kommunikation im Sinne des auf immer verbundenen Systems aus Gehirn–Körper–Umwelt wirkt signifikant stärker, wenn sie physische Elemente enthält.

Darum ist der Film „Club der toten Dichter" so erfolgreich. Er spricht mit seinen Inhalten das Gehirn an, macht körperliche Empfindungen spür- und sichtbar. Er lässt Artefakte, in diesem Film eine Schreibtischunterlage, einen abstrakten Inhalt symbolisieren, hier die Lieblosigkeit des Vaters. Diese Schreibtischunterlage wird triumphierend aus dem Fenster in den Garten geworfen. So wird die Befreiung des Sohnes vom Vater körperlich spürbar.

Ich bin überzeugt: Würden die Botschaften „Verändern Sie Ihr Verhalten" und „Nehmen Sie die Medikamente wie besprochen" professionell vermittelt, würden die Menschen sich entsprechend verhalten. Das gilt auch für Hinweise in Banken wie „Lassen Sie ihr Geld nicht auf dem Girokonto liegen" oder „Sprechen Sie mit den Erben, bevor Sie sich entscheiden".

Der Bankier 5.0 arbeitet wie der überzeugende Lehrer mit vollem Körpereinsatz. Nutzt bewusst eingesetzte Artefakte und lässt den umgebenden Raum für sich arbeiten.

In der Praxis kann das so aussehen:

Im Besprechungszimmer vermittelt der Bankier 5.0 den großen Zusammenhang einer Kundensituation am Flipchart und hebt die entscheidenden Fakten mit passenden Farben deutlich hervor. Dabei steht er Schulter an Schulter mit seinem Kunden. Da er Rechtshänder ist,

250 Frankfurter Allgemeine Woche (2017), Heft 28, S. 47.

steht sein Kunde gewollt links von ihm. Im Nachgang setzt er sich selbstverständlich auf die Tischseite des Gesprächspartners und macht die komplexen Dienstleistungsangebote mittels eines Holzmodells „begreifbar“. Konkret werden vier Holzscheiben, eine größere und drei kleine, zusammengesteckt. Die große Scheibe symbolisiert die Umwelt, das Spielfeld, auf dem sich der Kunde und die Bank bewegen. Auf dieser großen Scheibe werden nun nacheinander die drei kleineren Scheiben gesteckt, welche für „Products & Services“, „Pricing“ und „Touchpoints“ stehen. Diese drei Scheiben sind mit relevanten Details in fächerförmiger Anordnung bedruckt und lassen sich drehen. Der Kunde fasst die Scheiben an, dreht sie und verändert die Positionen der Teilaspekte zueinander. Aus einem Prototyp wird durch gemeinsames Drehen und Wenden nach und nach die individuelle Lösung für diesen Kunden.

Der Bankier 5.0 schiebt unvermittelt die Ärmel seines Sakkos zurück und nimmt nacheinander erst von einem, dann vom anderen Arm seine beiden Uhren ab und legt diese auf den Tisch. Er verdeutlicht nun einerseits mittels einer ultramodernen digitalen Uhr und andererseits einer klassisch mechanischen Uhr, dass das Alte und das Neue nicht eins zu eins verglichen werden kann. Die Materialien, das Design, die Funktionen und auch der Preis dieser beiden Uhren sind nicht zu vergleichen. Beides sind jedoch Uhren und haben ihren Stellenwert. Er symbolisiert mit Uhren Fortschritt und Weiterentwicklung, ohne dabei das Alte abzuwerten. Der Kunde reagiert überrascht, neugierig und auch ein wenig amüsiert. Beide nehmen die Uhren in die Hand, drehen die Holzscheiben und gehen zwischendurch zurück ans Flipchart. Gelebter physischer Kontakt mit Artefakten.

In den Praxisbeispielen A, B und C wurde mit physischen Mitteln wie Flipchart gearbeitet; mit Artefakten wie den beiden unterschiedlichen Uhren und in einem Beispiel auch sehr mutig mit einem christlichen Amulett und dem Buch „Der Islam für Kinder und Erwachsene“[251] Der Gesprächserfolg war zwar nicht garantiert, aber verdient.

Für maximalen Erfolg geht die physische Kompetenz noch über Körper und Artefakte hinaus. Auch die Umwelt wirkt auf den Bankier 5.0 und seinen Kunden. Sie hat einen sogenannten Aufforderungscharakter. Umgebung bahnt Stimmung, Haltung, Handlung, Informationsverarbeitungs- und Veränderungsbereitschaft. Wie kann diese Umwelt so gestaltet werden, dass eine zielführende Kommunikation zwischen Bankier 5.0 und seinen Kunden maximal unterstützt wird?

251 Vgl. Kaddor (2012).

Der Bankier 5.0 ist ein aufmerksamer Gastgeber und gestaltet seine Arbeits-Umwelt bewusst so, dass sich sein Kunde zu Hause und „daheim" fühlt.

2.6 Die Kompetenz, als Gastgeber Wahrnehmung zu steuern – die perfekte Gastgeberei[252]

Abbildung 12: Bankier 5.0 – Gastgeber

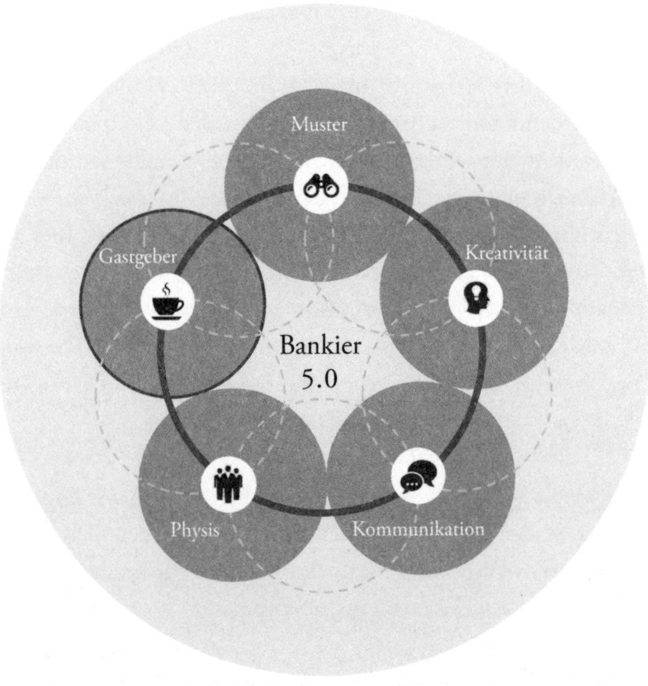

Quelle: Eigene Darstellung.

2.6.1 Eine Einladung soll ein Vergnügen sein – auch für den Gastgeber

Die Kompetenz, Gastgeber zu sein: Ziel dabei ist es, Freude und Wertschätzung auszustrahlen wie auch Service-Bereitschaft glaubwürdig zu leben. Engagiert, aber unaufdringlich.

252 Bründler, Müller-Straubli (2015).

Aktiv und respektvoll. Dabei soll der Kunde spüren, dass in einer Bank nicht nur Tätigkeiten ausgeübt, sondern Beziehungen eingegangen werden. Eine selbstverständliche, großzügige Gast-Freundschaft, wie sie in vielen Kulturen schon immer gelebt wird.

Ein Kunde kann wahrnehmen, ob der Vertriebsmitarbeiter gerne mit ihm ein Gespräch führt oder der Umgang mit ihm der Tatsache geschuldet ist, dass er dafür bezahlt. Er spürt den Unterschied zwischen „müssen" und „wollen" in der Außenwirkung des Vertriebsmitarbeiters. Ein Kunde durchschaut sofort, ob sein Gastgeber Lust an der Gastgeberei und Freude an seiner Arbeit mit dem Kunden hat.

Der Kunde realisiert schnell, ob der Slogan „Der Kunde steht im Mittelpunkt" nur in der Kundenbroschüre steht oder als Haltung gelebt wird.

Entscheidend wird sein: Was weiß der perfekte Gastgeber vom Kunden, woran erinnert er sich?

Ein Bankier 5.0 ist wach, interessiert und schaut genau hin. Er versteht Aufmerksamkeit als zentralen Bestandteil seiner Manieren. „Die Aufmerksamkeit ist keine Regel, die man kennt und einhält oder verletzt; sie gehört zum Fundament der Person."[253] So beschreibt Asfa-Wossen einen Menschen, der moderne zeitgemäße Höflichkeit lebt und damit Menschen für sich gewinnt.

Ein Bankier 5.0 ist ein aufmerksamer Gastgeber, er kennt seine Kunden und stellt sich vorab folgende Fragen wie :

- Laktoseintoleranz oder Glutenallergie?
- Rennrad oder Mountainbike?
- Lebt mit einer Frau oder einem Mann?
- Sportwagen oder Carsharing?
- Welches Small-Talk-Thema ist erfrischend statt stereotyp und langweilig?
- Welchen Geschmack hat der Kunde, welchen ästhetischen Anspruch?

253 Asserate (2016), S. 39.

- Mit was kann er ihn erfreuen, mit was verärgern?
- Wie sieht der Resonanzraum, das Besprechungszimmer aus?
- Welche Artefakte und Zeichen sind körperlich wahrnehmbar?
- Spielzeug und Decke für das Kleinkind?
- Klassische Musik im Hintergrund oder absolute Ruhe für den Träger eines Hörgeräts?
- Was davon passt zum Kunden und zum Gesprächsziel?

Engagiert sich der Bankier 5.0 als Mensch, bringt er sich mit seiner Persönlichkeit ein?

> Die Haltung eines Gastgebers, dessen Ausstrahlung und die Atmosphäre wird zur sinnlichen Erfahrung für den Kunden. Im besten Fall trifft sie dessen Geschmack. Es entsteht eine umfassende Ästhetik, welche den Kunden bindet und zusätzlich die Preiselastizität und Frustrationstoleranz merklich erhöht.

Vor allen anderen Aspekten steht der Bankier 5.0 als Gastgeber im Mittelpunkt. Seine Wirkung ist Dreh- und Angelpunkt für das Erlebnis seines Kunden.

2.6.2 Heitere Gelassenheit – Die Ausstrahlung des Gastgebers

Wie wohltuend ist es, wenn einem ein strahlender Gastgeber die Türe öffnet. Wie genussvoll die Wärme im Bauch, wenn wir hören „wie schön, dass du da bist“. Es ist die neue Aufgabe des Bankier 5.0, als Gastgeber einer modernen Bank dieses Gefühl zu erzeugen.

Kunden, Seminarteilnehmer und Coachees kennen meine Überzeugung: Ohne gelassene Haltung zu Alltagssituationen oder -phänomenen werden die Vertriebsergebnisse schlechter. Wenn es stimmt, dass Angst und Druck die Kreativität des Einzelnen bremsen oder blockieren, muss im Umkehrschluss Gelassenheit der Schlüssel zu Kompetenz und Gestaltungskraft sein. Theorie und Praxis bestätigen diese Annahme eindrücklich.

Ohne Gelassenheit kann der Bankier 5.0 seine Rolle als Gastgeber nur hölzern, wenig authentisch und unglaubwürdig ausfüllen. Angespannte oder routinierte Kundendialoge sind stets kontraproduktiv und zerstören Vertrauen, statt aufzubauen.

„Auf die Frage, wie man sich für eine Rolle vorbereiten sollte, meinte der Schauspieler Michael Caine es funktioniert nicht, wenn man einfach den Text auswendig lernt und versucht, ihn Schritt für Schritt umzusetzen."[254] Mit „auswendig lernen" arbeiten zu viele Ausbildungskonzepte der Banken. Vertriebsmitarbeiter werden in Produkten und ihren Vorteilen, in Gesprächsstrukturen, in Modellen wie dem „Eisberg-Modell", den „Vier Ohren" oder in Kommunikationstechniken wie der „Neurolinguistischen Programmierung", NLP, geschult. Daran anschließend wird die Umsetzung des Gelernten in den meist ungeliebten „Rollen-Spielen" akribisch Schritt für Schritt geübt. Von Gelassenheit keine Spur, von spontanem situationsgerechten Verhalten keine Rede.

Michael Caine schreibt: „Wenn man an der Reihe sei, könne man die nächste Zeile nur dann authentisch wiedergeben, wenn man versuche, sich nicht daran zu erinnern: Sie müssen es schaffen dazustehen, ohne diese Zeile zu denken. Sie müssen das Stichwort vom Gesicht des Schauspielers, der Ihnen gegenübersteht, ablesen können. Auch er tut ja so, als spreche er den Dialog zum ersten Mal, als sei auch für ihn alles neu. [...] Andernfalls hören Sie bei Ihrer nächsten Antwort nicht genau hin und sind nicht frei, natürlich zu reagieren, spontan zu handeln."[255] Mein Ansatz ist daher, an der heiteren Gelassenheit der Beteiligten zu arbeiten – verbunden mit konkreten Inhalten. Heitere Gelassenheit, angelehnt an die Idee der chinesischen Konzepte „Wu Wei" und „De", an die Arbeit von Gunther Schmidt[256] sowie Wilhelm Schmid[257].

2.6.2.1 Mit „Wu Wei" zu „De"

Wörtlich übersetzt bedeutet Wu Wei „nicht eingreifen" oder „nicht handeln"[258]. Es geht hier keinesfalls um träges Nichtstun oder gelangweiltes „Dienst nach Vorschrift". Vielmehr ist mit „Wu Wei" ein Zustand gemeint, der mit entspannt, wach und konzentriert beschrieben werden kann. Dieser harmonische Zustand umfasst das Denken, Fühlen und den Körper.

254 Slingerland (2014), S. 8.
255 Slingerland (2014), S. 8.
256 Anmerkung des Autors: Gunther Schmidt, Mediziner mit Schwerpunkt Psychotherapie. Vgl.www.wikipedia.org
257 Anmerkung des Autors: Wilhelm Schmid, Deutscher Philosoph mit Schwerpunkt auf dem Gebiet der Lebenskunstphilosophie. Vgl. www. wikipedia.org
258 Anmerkung des Autors: Wu Wei stammt aus dem Daoismus, einer chinesischen Philosophie und Religion.

Er ähnelt dabei sehr dem „Flow“-Zustand, wie ihn der Psychologe Mihaly Csikszentmihalyi beschrieben hat[259]. Im chinesischen Konzept ist der Zustand „Wu Wei“ der direkte Weg zum „De“. De wird hier mit „Tugend“ oder „Charismatische Kraft“ übersetzt. Was diese Kraft bewirken kann, beschreibt der Sinologe und Kognitionswissenschaftler Edward Slingerland: „De erlaubt uns, uns auf gewinnende Weise in die zwischenmenschlichen Interaktionen einzubringen. Besitzen wir De, so mögen und vertrauen uns die Menschen und fühlen sich in unserer Gegenwart wohl.“[260] Die perfekte Voraussetzung für die spontane, kreative und gewinnende Ausstrahlung des Gastgebers.

Wie aber kommt man zu „Wu Wei“, der Voraussetzung für „De“? Die chinesischen Philosophen lehren seit über 2.500 Jahren verschiedene Zugangswege. Sie führen alle über den Körper; Denken und Wollen alleine reicht nicht aus. Bis in die jüngere Vergangenheit war dieser Zugang in der westlichen Sphäre verschlossen. Der Denker und Befürworter des Geistes, René Descartes[261] hielt den Schlüssel für diese Türe lange Zeit verborgen. Schade, dass Körperübungen, Yoga oder Wege zur Meditation und Achtsamkeit in Weiterbildungskonzepten kaum angeboten werden. Derlei gehört ins Privatleben der Mitarbeiter, meint manche verantwortliche Führungskraft. Eine der Folgen von Descartes Irrtum.[262]

Die innere Verfassung „Wu Wei“, die heitere Gelassenheit, kann über die Körperarbeit erreicht werden, die sich als geistige und emotionale Haltung manifestiert. Ruhe, Ausgeglichenheit, innere Kraft und Präsenz sind an der Körperhaltung und Ausstrahlung zu erkennen.

2.6.2.2 Kunden können die Gelassenheit des Bankier 5.0 wahrnehmen

Babys und Opernbesucher haben eine Gemeinsamkeit: Sie hören Stimmungen, ohne den Text zu verstehen. Die Schwingungen der Stimmen drücken so viel Stimmung aus, dass es jederzeit vorkommen kann, dass beide, Baby und Opernbesucher, unwillkürlich weinen oder lachen. Tonlagen und Satzmelodien erschrecken oder verzaubern den Hörer – unabhängig vom Inhalt. Dieses Phänomen ist auch bei Synchronsprechern oder den Sprechern von Hörbüchern zu beobachten. Die Fähigkeit, Stimmungen über die Stimme zu übertragen, macht die Besten dieser Genres selbst zu Stars. Für Hartmut Rosa lässt das nur den Schluss zu: „Die

259 Vgl. Slingerland (2014), S. 15–25.
260 Slingerland (2014), S. 16.
261 Vgl. Kapitel 2.5.1.1, S. 131.
262 Anmerkung des Autors: Vor diesem Hintergrund integriert der Autor Yoga-Einheiten in bestimmte Seminarkonzepte, die von einer erfahrenen Yogalehrerin geleitet werden. Nach anfänglicher Skepsis ist die überwiegende Zahl der Teilnehmer positiv gestimmt. Ein erster Schritt zu Wu Wei.

Hörer brauchen die Stimme, sie brauchen nicht den Text. Natürlich spielt dabei der Inhalt eine Rolle – aber diese ist weit geringer, als man auf den ersten Blick vermuten könnte."[263] Heitere Gelassenheit ist hörbar.

In den Augen eines Gegenübers lesen Menschen wie in einem offenen Buch. Menschen erkennen einen gehetzten, desinteressierten oder abweisenden Blick ebenso sicher wie einen strahlenden, offenen oder wohlwollenden Blick. Augen sind Kontaktpunkte gegenseitiger Empathie und Resonanz. Es ist nicht überraschend, dass Augen in allen Kulturen geschminkt oder mit Tatoos oder Designerbrillen hervorgehoben werden, um so diese Gesichtspartie noch mehr zu betonen. Nicht nur die Mimik, spätestens die in einem Gesichtsausdruck eingebetteten Augen lassen den Kunden erkennen, wie viel Freude der Bankier 5.0 als Gastgeber im Moment hat. Heitere Gelassenheit ist sichtbar.

Die angestrebte heitere Gelassenheit ist aus meiner Sicht die Summe verschiedener Aspekte. Gelassen wird man nicht, indem man mit aller Kraft versucht, gelassener zu werden. Ein Musikinstrument spielt man auch nur dann besser, wenn man an seiner Technik arbeitet: die Fähigkeit, Noten zu lesen perfektioniert; sich den historischen Kontext der Komposition aneignet; die Biographie des Komponisten liest und die Hinweise des Lehrers zur Körperhaltung umsetzt. Im Ergebnis wird man sein Instrument besser spielen, der Klang erreicht ein neues Niveau. Perfekt wird es, wenn man den Klang spüren und ausstrahlen kann.

Mit der Gelassenheit verhält es sich ebenso. Sie ist das Resultat einer ausbalancierten Identifikation mit der Aufgabe, den eigenen Ansprüchen und Maßstäben sowie der Bereitschaft, sich mit äußeren Rahmenbedingungen zu arrangieren.

2.6.2.3 Identifikation

Identifikation ist die Übereinstimmung des Menschen mit seiner Aufgabe und den damit zusammenhängenden Phänomenen. Zu wenig davon, und die Arbeit wird sinnlos, freudlos und oberflächlich. Zu viel davon, und die Arbeit wird belastend, laugt aus und die Phänomene erschöpfen. In beiden Fällen ist keine Gelassenheit vorhanden.

Einige Gedanken zu einer ausgeprägt hohen Identifikation mit Bank, Aufgabe und Anliegen der Kunden: Identifikation bedeutet das emotionale Gleichsetzen mit einer anderen Person

263 Rosa (2016), S. 112.

oder Gruppe und Übernahme ihre Motive und Ideale in das eigene Ich.[264] Distanz ist hier ein wichtiger Antagonist. Ist die Distanz zu den mit der Aufgabe einhergehenden Phänomenen zu gering, wird es problematisch. Nicht das Phänomen selbst, sondern die Beziehung zu den Phänomenen wird zum Problem. Gerät ein Vertriebsmitarbeiter einer Bank durch äußere Rahmenbedingungen unter Druck, macht er die Anliegen der Beteiligten zu seinen eigenen. Seine Perspektivübernahme wird zu stark. Das Gehirn simuliert die Vorgänge so, als ob seine eigenen Bedürfnisse zu befriedigen sind.

Emotionale Erschöpfung stellt sich ein. In der Folge fällt es dem Vertriebsmitarbeiter schwer, sein System 1 unter Kontrolle zu halten.[265] Aggression, Unlust und andere Affekte dominieren das Verhalten. Das ist einer der Gründe, warum gerade engagierte Mitarbeiter gelerntes Wissen aus Seminaren und Coachings nicht ideal umsetzen können.

Es gibt zwei gegensätzliche, widersprüchliche Entwicklungen: Einerseits nehmen die Burn-Out-Erkrankungen zu und andererseits ist eine Vielzahl der Mitarbeitenden gelangweilt oder in der inneren Emigration. Die Identifikation einzelner Mitarbeiter mit ihrer Umgebung ist aus der Mitte geraten. Identifikation ist die Kunst, eine zur Situation passende Schnittmenge zu finden.

2.6.2.4 Ansprüche und Maßstäbe

Angenommen, Amazon gründet eine Bank. Der CEO dieser fiktiven Bank wäre Jeff Bezos, der Gründer von Amazon. Jeff Bezos vertritt im Juni 2017 in einem Interview die Auffassung: „Tag zwei ist Stillstand. Gefolgt von Irrelevanz. Gefolgt von entsetzlichem, qualvollen Niedergang. Gefolgt von Tod. Und deswegen ist immer Tag eins."[266] Er definiert damit einen Anspruch an seine Mitarbeiter, der bereits als totalitär, mindestens dramatisch genannt werden kann. An dem gesetzten immerwährenden Tag eins hat nun jeder Mitarbeiter das Beste zu leisten, seine Ziele zu erfüllen, zu übertreffen, wortwörtlich alles zu geben, alles von sich zu verlangen. Nicht nur von sich, seiner Seele, seinem Körper, sondern auch von seiner Familie, den Freunden, der Gesellschaft.

An diesem hohen Maßstab, Anspruch oder Ideal kann man als Mensch nur scheitern. Man stürzt ab, und das täglich. Hangelt sich von Defizit zu Defizit, an irgendetwas fehlt es gemes-

264 Duden (2015).
265 Kahneman (2012), S. 57–60.
266 Absatzwirtschaft (6/2017), S. 14.

sen an diesem Maßstab immer: an Kunden, Volumen, Ertrag, Weiterempfehlungen, Zufriedenheitswerten, Projektzielen, Timelines oder an einem anderen messbaren Merkmal. Die Konsequenzen werden nicht ausbleiben und in Folge verschwindet die Gelassenheit. Wer wäre in dieser fiktiven Amazon-Bank ein guter Gastgeber?

Andererseits können Ansprüche und Maßstäbe zu niedrig sein, möglicherweise schleicht sich Zufriedenheit bei zu wenig Resultat zu früh ein. Kundenverluste, Abwanderung von Volumen oder eine Verschlechterung der Cost-Income-Ratio lösen keinerlei Reaktion mehr aus. Die Ambitionen der Bank bleiben unerreicht, das Management reagiert. Die Konsequenzen dieser Entwicklung werden ebenfalls keine Gelassenheit erzeugen. Regelmäßige „Leistungs-Gespräche" gehören in jedes Mitarbeiter-Jour-fix.

Ein konstruktiver Dialog über Leistungsansprüche[267] und ihre konkreten Maßstäbe trägt in einer vertrauensvollen Vertriebskultur signifikant zum Ergebnis bei. Dieser Dialog gelingt, wenn Führungskraft wie Mitarbeiter ihre jeweilige Verantwortung übernehmen.

„Streng Dich an, aber nicht zu sehr!" Dieser Appell aus einem Graffiti macht deutlich: Ansprüche und Maßstäbe sind immer wieder neu auszuhandeln und dem Kontext zielführend anzupassen.

Zu der Bereitschaft, sich mit äußeren Rahmenbedingungen zu arrangieren:

In der amerikanischen Verfassung ist das Recht jedes Amerikaners verbrieft, nach seinem Glück zu streben.[268] Wohlgemerkt das Recht auf Streben nach Glück, nicht auf Glück selbst. Mit Blick auf die heutige Gesellschaft ist zu erkennen, dass das „Streben" seit 1776 verloren gegangen ist, nicht nur in den Vereinigten Staaten. Übrig geblieben ist das vermeintliche Recht auf Glück in allen seinen Facetten und die inflationären Glücksversprechungen diverser Anbieter. Eine Milliardenindustrie. Das Resultat sind Menschen mit der ausgeprägten Sehnsucht nach individuellem Glück, verbunden mit einer ebenso starken Abneigung gegen jede Form von persönlichem Nicht-Glück. Das alltägliche Nicht-Glück wird als Defizit jederzeit wahr- aber schwer angenommen.

Yuval Noah Harari schreibt in seinem Buch „Homo Deus", Wirtschaftsbuch des Jahres 2017: „Mit jedem Jahr, das vergeht, nimmt unsere Toleranz gegenüber unangenehmen Empfindungen ab, während unsere Sehnsucht nach angenehmen Empfindungen zunimmt."[269]

267 Vgl. Pfersich (2015), S. 142–148.
268 Anmerkung des Autors: Am 4. Juli 1776 proklamierten die dreizehn britischen Kolonien in Nordamerika ihre Unabhängigkeit. In der Erklärung selbst ist das berühmte „pursuit of hapiness" als Grundrecht verbrieft.
269 Harari (2017), S. 47.

Menschen sind demnach oft unglücklich und beschreiben sich selbst wie auch die Umstände als defizitär. Dieses Erleben steht einer heiteren Gelassenheit im Wege. Die nüchterne Wahrheit ist theoretisch banal, praktisch eine Herausforderung: Die temporäre Abwesenheit von Glück gehört zum menschlichen Leben.

Existenzielle monetäre wirtschaftliche Sorgen sind für die Mehrheit der Menschen nicht der entscheidende Engpass auf dem Weg zum Glück. Das „Nicht-Glück" ist heute die permanente Vermessung des eigenen Lebens mit allen seinen Facetten. Die in Volumen, Stück- und Prozentzahlen formulierten Vertriebsziele sind nur ein kleiner Aspekt im Ranking-Universum des Vertriebsmitarbeiters. Für ihn als Mensch kommen weiche Kennzahlen wie Kunden- oder Mitarbeiterzufriedenheit, Likes in den sozialen Netzwerken, Follower, Netzwerk-Freunde, Abonnenten und Clicks noch hinzu. Ständig läuft irgendein Wettbewerb, eine Studie oder eine Umfrage. Fernsehformate wie Quizshows, Camps und Castingshows sickern allmählich in das Unterbewusstsein des Menschen und prägen Bewertungskategorien und Maßstäbe. Es werden nur noch Testsieger gekauft, 5-Sterne ausgewählt und ausschließlich den Influencer-Tipps geglaubt. Aber jedem Sieger folgt eine Mehrzahl an Verlierern.

Was mit gesundem Wettbewerb und Transparenz begann, ist zum auslaugenden Vergleichsmarathon mutiert. Werten und bewertet werden – ständig „im Außen" und selten „im Innen". So bleibt der Gastgeber auf der Strecke, noch bevor die Gäste eigetroffen sind.

Da ist es eine gute Idee, mit sich selbst befreundet zu sein und sich die Deutungshoheit über das eigene Leben zurückzuholen. Der Philosoph Wilhelm Schmid bietet in seinen Büchern[270] wohldurchdachte Anregungen für einen bewussten Umgang mit sich selbst. Der Bankier 5.0 findet hier zielführende Gedanken zur Planung eines selbstbestimmten Lebens. Er begegnet Aristoteles und Epikur und wird unterstützt, das eigene Maß zu finden. Für den Bankier 5.0 in der zweiten Hälfte seines Berufslebens finden sich Fragestellungen zum roten Faden des eigenen Lebens, diesen zu erkennen und die Prioritäten in der verbleibenden Zeit individuell zu setzen.

Mit sich selbst befreundet zu sein schließt die Freundschaft zum eigenen Körper selbstverständlich mit ein. Sich gut zu ernähren, zu bewegen und ausreichend zu schlafen ist einerseits eine Binsenweisheit, andererseits sind die Regale der Buchhandlungen gut gefüllt mit Ratgeberliteratur.

270 Vgl. Schmid (2007), Schmid (2014) und Schmid (2017).

Die Gegensatzstruktur des Lebens, vergleichbar mit Ebbe und Flut, lässt sich nicht aushebeln oder ignorieren. Sie fordert täglichen Einsatz. Wer den zeitweiligen Ärger, Phasen des Misserfolges und widrige Umstände nicht in sein Leben integrieren kann, lässt viel Kraft in den inneren und äußeren Konflikten.

Gerade die inneren Konflikte und deren Lösungsstrategien stehen im Fokus von Gunther Schmidt[271]. Das individuelle Erleben von „Nicht-Glück" ist eine Konstruktion, so Gunther Schmidt. Diese hat den Vorteil, dass sie täglich neu konstruiert werden kann, vergleichbar mit Lego-Steinen. Wobei die existenten Lebensumstände den einzelnen Steinen entsprechen; das persönliche Erleben entspricht dem, was aus den Steinen gebaut wird. Ein Umbauen ist jederzeit möglich: Aus Haus wird Schiff wird Tier. Der Umbau gelingt aber nur mit zielführenden Bauplänen und Lösungsstrategien. Schmidt ist sich sicher: „Die bewährten Lösungsstrategien, die den Betroffenen das Erleben von Kontrollkompetenz, Sinn, Kraft, Sicherheit und auch von Würde verliehen haben, werden als nicht mehr wirksam erlebt. Gerade und genau in Situationen, in denen jemand glaubt, sie am meisten zu benötigen. So empfinden sich Menschen schnell als sehr inkompetent, schwach und als hilfloses, ausgeliefertes Opfer. Das bewirkt wiederum, dass die Situation als zunehmend bedrohlicher und gefährlicher erlebt wird."[272]

Wenn ein Vertriebsmitarbeiter nach einem Kundentermin im Pausenraum erregt schimpft und verbal entgleist, ist das seinem persönlichen Erleben geschuldet. Was war passiert? Eine Kundin hatte zum wiederholten Male ihr Scheidungsdrama ausführlich und emotional geschildert. Mit diesen Ausführungen hat die Kundin die Grenzen eines Finanzierungsgespräches überschritten und den Vertriebsmitarbeiter seelisch missbraucht. Das führte im Pausenraum zu Aussagen wie „Die blöde Kuh braucht sich doch nicht zu wundern, dass ihr Mann mit einer Jüngeren abgehauen ist. Und wahrscheinlich gibt die Alte mir jetzt auch noch eine schlechte Bewertung!" Diese Verunglimpfungen zeigen, dass der Vertriebsmitarbeiter dabei Unterstützung braucht, sich selbst besser zu schützen. In einem Coaching kann die Situation besprochen, das Erleben verändert werden.

Ein Bankier 5.0 kann Mitgefühl für die Kundin aufbringen und sich in Zukunft angemessen abgrenzen. Heitere Gelassenheit kann zurückkehren.

271 Vgl. www.wikipedia.org
272 Schmidt, Dollinger, Müller-Kalthoff (2014), S. 29.

Alte, neuzeitliche und heutige Philosophen, Neurologen sowie Psychologen liefern den Werkzeugkasten für den Aufbau einer inneren Haltung, die mit heiterer Gelassenheit oder „Wu Wei“ beschrieben werden kann. Mit dieser Haltung wird die oben beschriebene Situation so erlebt, dass der Bankier 5.0 zielführend mit Kundenverhalten umgehen lernt.

Für eine moderne Bank heißt das, Identifikation, Maßstäbe und das Arrangement mit den äußeren Rahmenbedingungen in Gesprächen konstruktiv zu hinterfragen. Gerade für jüngere Vertriebsmitarbeiter sind diese Gespräche wichtig. Sie dürfen nicht ihrer Filterblase in den sozialen Netzwerken überlassen werden. Auf einer gedachten horizontalen Skala von null bis zehn soll festgestellt, nicht bewertet werden, wo der Vertriebsmitarbeiter heute steht. Gespräche mit Kollegen, engagierten Vorgesetzten, mit dem Partner oder Freunden helfen mit, über den Selbst- und Fremdbildabgleich einen realistischen Ist-Wert zu erhalten. Ohne Sieger und Verlierer.

Jede größere Abweichung vom Mittelwert ist eine Überlegung wert, wieder in Balance zu gelangen. Das Ergebnis: Heitere Gelassenheit bekommt ihre Chance und ein freundlicher, gutgelaunter Gastgeber öffnet die Türe.

2.6.3 Das Outfit, der Dresscode und seine ungeliebten Normen

Den Oscar für den besten Film gibt es seit 1929. Seit 1949 wird der Oscar für das beste Kostümdesign und seit 1982 für das beste Make-Up verliehen. Nicht nur im Film, auch in der Lebensrealität ist der Körper als Gestaltungsfläche und Kommunikationsmittel immer präsenter und wichtiger geworden.

Wie wir uns kleiden, frisieren, schminken, tätowieren, piercen und schmücken zeigen wir, welche Bedeutung wir dem Körper geben. Er wird nicht zuletzt über die Art, wie wir ihn trainieren und verändern zur gestaltbaren Hülle unserer Persönlichkeit. Schönheitschirurgen wie Darius Alamouti, Betreiber einer prosperierenden Schönheitsklinik,[273] avancieren zu Talk-Show-Stars und geben Interviews im Wirtschaftsteil der Zeitung. Auf die Frage, ob sich eine Schönheits-OP denn auch finanziell lohne, antwortet Alamouti: „Genau, Du kriegst den Job, den Du haben willst. Deshalb kommen Patienten vor Bewerbungsgesprächen zu mir. Für die oberste Liga brauchen Sie Haare und keinen Bauch.“[274] Die Akzeptanz für körperverändernde Chirurgie steigt stetig und der Markt dafür wächst rasant.

273 Vgl. www.dariusalamouti.de
274 Süddeutsche Zeitung (13.01.2017), S. 23.

Ein Phänomen unserer Zeit: Der Körper und seine Inszenierung dienen dem Ziel, unsere Beziehung zur Welt auszudrücken. Er ordnet uns zu und grenzt uns ab. Über Geschmack[275] kann man nicht streiten, über seine Wirkung kann man sich einig sein.

Die Möglichkeiten, gut auszusehen, sind gestiegen; dabei missliche Kommunikationsfehler zu begehen auch. Die Frankfurter Allgemeine Sonntagszeitung kommentiert jeden Sonntag das Outfit einer prominenten Persönlichkeit. Von der Frisur bis zu den Schuhen werden Lob und Tadel verteilt. Immer in Farbe, oft mit Spott und Hohn. Körper und Kleidung beschäftigen den Boulevard mehr denn je.[276]

Nicht weniger die Chefetage. Dort wird die Mode für Frauen wie Männer in einen ästhetischen und politischen Kontext gestellt. Für Frauen lautet das: „Differenz zu betonen, die Vielfalt als ästhetischen Genuss zu inszenieren: Das ist der eigentliche Auftrag von Mode. Ihre emanzipatorische Mission hätte sie aber erst dann erfüllt, wenn die verschiedenen Dresscodes nicht mehr auf die Herkunft, nur noch auf den Geschmack und die ästhetischen Vorlieben derer verwiesen, die diese Mode tragen. Wenn also eine katholische oder ungläubige Frau das Kopftuch von Dolce & Gabbana trüge, einfach weil es ihr steht."[277]

Für den nicht nur modisch verunsicherten älteren Mann druckt das hochpositionierte Männermagazin der Wochenzeitschrift Die Zeit ein Interview mit dem Schauspieler Robert de Niro, wertige Schwarz-Weiß-Bilder einer angesehenen Fotografin inklusive.[278] Zu jedem Bild sind Informationen aufgeführt, von welchem hochpreisigen Modelabel Anzug, Pullover oder Schuhe bezogen werden können. Der noch suchende jüngere Mann kann sich in derselben Ausgabe eine Anzeige der Modemarke Marc O'Polo anschauen. Hier ist der Schauspieler Mads Mikkelsen Werbe- und Identitätsträger als untrüglicher Gradmesser sportiver Eleganz[279]. So wird Identität mit Outfit gekoppelt, und Vorbilder werden kreiert.

In Banken war der businesskonforme Dresscode über viele Jahrzehnte für Frauen und Männer unverändert: Für Männer ein Anzug und für Frauen ein Kostüm oder Hosenanzug. Insbesondere für Vertriebsmitarbeiter gab es diesbezüglich kaum Spielraum. So konnte Frau wie Mann nicht viel falsch machen.

275 Vgl. Pfersich (2015), S. 117.
276 Vgl. Die Welt (16.05.2017), S. 6.
277 Frankfurter Allgemeine Quarterly (2017), S. 79.
278 Vgl. Zeit Magazin Mann (2017), S. 68–84.
279 Vgl. Zeit Magazin Mann (2017), S. 35.

In den letzten zehn Jahren sind nun auch in Banken neue Freiheiten entstanden, die es ermöglichen, mit Konventionen modisch zu spielen. Die in jüngster Zeit verschwundene Krawatte[280] bei den männlichen Anzugträgern ist hierfür ein leicht erkennbares Symbol. Bedauerlich, dass die Spielräume in den Schalterhallen und Besprechungszimmern nicht immer gerne und gekonnt umgesetzt werden. Lieblosigkeit und eine „Ist doch egal"-Einstellung werden an Kleidern und Schuhen sichtbar. Barbara Vinken, Kulturwissenschaftlerin und Professorin an der Ludwig-Maximilian-Universität München, Autorin des Standardwerks „Angezogen – Das Geheimnis der Mode" sagt zu dieser „Nicht-Mode" ganz deutlich: „Sie missachtet das Gegenüber und verleugnet den Blick des anderen. Man gibt sich in diesem Ethos keine Mühe, zu gefallen, wie um zu zeigen, dass man es nicht nötig habe. Das hält man dann für besonders authentisch. Es ist so unhöflich wie narzisstisch: Ich stehe über Äußerlichkeiten, weil meine inneren Werte so interessant sind. [...] Auf sein Äußeres zu achten, dem anderen zu gefallen, ist Lebenskunst."[281] Das ist die eine Seite.

Die andere Seite kenne ich aus Banken, in denen in Regeln für das Outfit gerade im Kundenkontakt die Krawatte und andere Bekleidungsstücke vorgeschrieben und geregelt sind. Broschüren und das Intranet zeigen die Dos and Don'ts. Oft verwirrend, manchmal zum Schmunzeln, zu oft zum Missfallen der Menschen im Vertrieb.

Damit ist eine widersprüchliche und facettenreiche Situation entstanden. Wie geschaffen für den Bankier 5.0, der einen neuen, „seinen" Dresscode finden kann.

2.6.3.1 Weniger Normen, mehr Stil

Es wirkt paradox: Kunden ist es mehrheitlich gleichgültig, wie ihre Berater gekleidet sind. Es gibt sicher Grenzen, aber ein Großteil der Kunden akzeptiert nahezu jeden Kleidungsstil. Aber Kunden achten bewusst oder unbewusst sehr wohl auf den Gesamteindruck, den ein Vertriebsmitarbeiter ausstrahlt. Diese Ausstrahlung ist es, an der Kunden Kompetenz, Integrität und Engagement ableiten. Das wirft Fragen auf: Wie glaubwürdig transportiert der Bankier 5.0 mit Hilfe des Outfits seine Persönlichkeit und den Anspruch seiner Arbeit? Und wie genau funktioniert das?

Der Versuch, diese Fragen über starre Normen zu beantworten, führt immer wieder zu Konformität, Frustration und Konflikten. Die Absicht, mit Zentimeterangaben und Bildbeispie-

280 Vgl. Süddeutsche Zeitung (10./11.06.2017), S. 25.
281 brand eins (2016), S. 74.

len für Klarheit zu sorgen, scheitert schon alleine deshalb, weil Führungskräfte nicht mit dem Lineal nachmessen. Für männliche Führungskräfte ist es zudem ein schmaler Grat, einer weiblichen Kollegin Feedback zu ihrem Auftreten zu geben. So verlaufen die mit großem Lärm eingeführten neuen Dresscode-Regeln leise im Sand.

Ich plädiere für mehr Stilsicherheit in Banken; Stilempfinden für alle Mitarbeiter, eingebettet in den Stil des einzelnen Hauses. Wie dieser Stil gelebt wird, kann nur im Einzelfall definiert werden. Ich wünsche mir für den Kommunikationskanal „Outfit" die gleiche Professionalität wie für alle anderen Kommunikationskanäle auch. Innenarchitekten, Graphiker und Webdesigner achten darauf, welche Elemente zum Stil des Hauses passen. Diese Professionalität tut auch dem Outfit not. Farb- und Stilberatung, Personal Shopper oder Testkäufe bei Online-Shops wie Outfittery[282] helfen weiter. Spaß macht das auch noch. Und erfolgreicher.

Ein ganz anderer Weg ist die Einführung einer Uniform. Differenzierte Diskussionen um Für und Wider einer Schuluniform oder den Uniformen mancher Dienstleister zeigen, dass Individualität oder Konformität nicht pauschal gut oder schlecht ist. Jede Bank hat die Chance, das Auftreten ihrer Vertriebsmitarbeiter zielführend zu gestalten. Warum nicht mit einer Uniform? Eine ergebnisoffene Diskussion ist angebracht.

> Outfit ist keine lästige Pflicht, sondern eine kommunikative Chance.

Der Bankier 5.0 wird sein Outfit zielführend nutzen, um sich mit seiner ästhetischen Wirkung gekonnt vom Roboter zu differenzieren. So betritt er aus-strahlend als Gastgeber den Raum der Begegnung.

282 www.outfittery.de

2.6.4 Die unmittelbare Umwelt: Räume und ihre Zeichen

Wieso trifft sich der Club der toten Dichter ausgerechnet in einer Höhle?[283]

Schalter, Filiale oder Besprechungszimmer: Räumen Sie auf mit diesen technischen Beschreibungen der Räumlichkeiten. Sollen sich Denken und Handeln aller Beteiligten verändern, müssen sich die Räume ändern. Erst muss sich die Art und Weise wandeln, wie über Räume gedacht wird, dann, wie sie neu gestaltet werden können. Nur mit einer veränderten Umwelt steigt die Wahrscheinlichkeit, dass sich liebgewordene Rituale und Gewohnheiten zielführend verändern. Wollen Menschen in derselben Umgebung anders sein, führen sie einen erschöpfenden Kampf gegen sich selbst. Einen Kampf, den sie verlieren. Dann bleibt alles wie es ist.

Was also sind Räume für den Bankier 5.0 und seinen Kunden? Diese Orte in der Bank sind Resonanzkörper; Räume der Begegnung, die einen maßgeblichen Beitrag zu einer gelungenen Kommunikation leisten. Wie der Klangköper eines Musikinstruments, der über die Brillanz der Töne mit entscheidet. Die Fähigkeiten des besten Musikers enden, wo die Begrenztheit des Instruments beginnt.

Die Deutsche Bank beschreibt ihr Bild von modernen Filialkonzepten am Beispiel für ihr „Quartier Zukunft“ in der Berliner Friedrichstraße[284] mit den Worten: „Vom Verkaufs- zum Begegnungsraum“[285] in dem spürbar wird: „Die Marke ist Gastgeber“. Über die ästhetische Umsetzung dieser Aussagen kann man streiten, über ihre Bedeutung nicht. Die vor Ort spürbare zustimmende Resonanz der Kunden belegt, wie diese das „Gesamtsystem Filiale“, den Begegnungsraum positiv wahrnehmen.

Schnell lassen sich im Zeitschriftenhandel mehrere unterschiedliche Zeitschriftentitel rund um Architektur, Räume, Design und Wohnkultur finden, auch im Internet sind diese Themen in Blogs und Foren aktuell. Ich interpretiere das einerseits als ein gesteigertes Verlangen, sich über diese Lebens-Umwelten zu definieren, andererseits sehe ich hier einen Ausdruck des gesteigerten und sensibleren Anspruchs, eine ansprechende Umwelt vorzufinden. Auch in Banken.

283 Anmerkung des Autors: Die Frage wird auf S. 168 beantwortet.
284 Vgl. die bank (06/2017) S. 28 f.
285 Vgl. www.deutsche-bank.de/quartierzukunft

Die Bedeutung der Räume und Zeichen durch ihre Wirkung auf Menschen ist in der Soziologie mit Hilfe der Akteur-Netzwerk-Theorie (ANT) beschrieben[286]. Dieser Ansatz untersucht die Wechselwirkung von Mensch und Umwelt, insbesondere die Affordanz, den Aufforderungscharakter der Umwelt. Menschen fühlen sich in verschiedenen Atmosphären[287] unterschiedlich gestimmt. Und diese Stimmungen appellieren an gelernte Normen und evozieren dazu stimmiges Verhalten. Die Soziologin Dr. Albena Yaneva schreibt dazu: „Unter der Annahme, dass die Struktur der materiellen Welt auf die Menschen zurückwirkt, argumentiert die ANT[288], dass Artefakte bewusst dafür entwickelt wurden, menschliches Handeln zu prägen oder sogar zu ersetzen. Sie können auf unsere Entscheidungen einwirken, die Effekte unserer Handlungen beeinflussen und die Art, wie wir uns durch die Welt bewegen, verändern. Auf diese Weise spielen sie eine bedeutende Rolle dabei, menschliche Beziehungen zu vermitteln und mitunter gar Moralität, Ethik und Politik zu präskribieren[289].“[290] Diese Aussage spiegelt sich im Stadtbild wider, geht man mit offenen Augen durch die Straßen.

Manche Menschen reagieren beispielsweise auf die Atmosphäre eines Doms mit einer getragenen oder feierlichen Stimmung. Andere Menschen wiederum empfinden die Atmosphäre als bedrückend und kalt. Atmosphäre entsteht im Dom über die Weite des Hauptschiffs, das Licht durch die bunten Fenster, das leise Stimmengemurmel, die kühle Luft und die wahrnehmbaren Gerüche. Alle Aspekte wirken in ihrer Ästhetik unwillkürlich auf die Besucher des Doms, ob diese das wollen oder nicht. Fast alle Besucher sprechen unwillkürlich leise, gehen langsamer und vergessen den Softdrink in ihrer Hand.

In einem Restaurant, in dem die Tische mit weißen Tischdecken eingedeckt sind und schwarz gekleidetes Personal die Speisen serviert, sind die Gäste mehrheitlich nicht in der Stimmung, sich spontan mit fremden Menschen an einen Tisch zu setzen. Auch wird sich weder über die Tische hinweg unterhalten noch sich geduzt oder laut gelacht. In einer feinen, vornehmen Atmosphäre sind Menschen mehrheitlich zurückhaltend gestimmt, das, so schreibt die Etikette vor, „tut man nicht“. In aufrechter Sitzhaltung, mit gedämpfter Stimme und zurückhaltender Körpersprache genießt der Gast das Essen. Ganz im Gegensatz eine rustikale Wirtschaft mit groben Holztischen, lauter Musik und studentischem Personal. Dort sitzen

286 Vgl. Moebius, Prinz (2012), S. 71–107.
287 Anmerkung des Autors: Atmosphäre hat hier die Bedeutung von Kontext, Stimmungen, Rahmen, Milieu.
288 Anmerkung des Autors: ANT steht für Akteur-Netzwerk-Theorie; das Zusammenspiel zwischen Mensch, Raum und Artefakten/Gegenständen.
289 Anmerkung des Autors: Präskribieren kommt aus dem Lateinischen und kann mit vorschreiben, verordnen übersetzt werden.
290 Moebius, Prinz (2012), S. 77.

schnell gerade noch wildfremde Menschen um den Tisch und unterhalten sich gegenseitig mit Anekdoten, Trinksprüchen und machen Witze; lümmeln dabei auf ihren Stühlen oder liegen halb auf dem Tisch.

> Räume werden gestaltet, Zeichen und Artefakte bewusst platziert, um eine gewollte Atmosphäre zu inszenieren. Der Raum, die Deckenhöhe das Licht, die Farben, die Raumtemperatur, Wegeführung, Möbel, Materialien, Zeitschriften, Blumen, Gerüche, Musik, Accessoires und ihre sichtbaren Logos: Alles kein Zufall, sondern Kalkül und sorgfältige Planung.

Kirchen und Restaurants, aber auch Hotels oder Kaufhäuser sind Paradebeispiele für inszenierte Atmosphären. Architekten und Gestalter wie Walter Gropius oder Berufsgastgeber Dieter Müller der Hotelkette Motel One wussten und wissen um die wechselseitigen Wirkmechanismen der Räume, ihrer Atmosphären und Stimmungen. Dieses Wissen setzen sie konsequent zur Erreichung ihrer Ziele ein. Die Farbgestaltung in den Meisterhäusern und die Gin-Marken in den Bars der Motel-One-Hotels haben eines gemeinsam: Sie sollen wirken und Verhalten evozieren. Das tun sie. Zuverlässig.

Professor Jürgen Hasse, Experte für Raum- und Umweltwahrnehmung schreibt in seinem Buch „Was Räume mit uns machen – und wir mit ihnen“[291]: „Nicht alles, was Menschen in vitalen Situationen ausmacht, ist Ausdruck intentionaler Handlungen und intelligibler Entwürfe. In einem Strom der Ereignisse (des Sozialen wie der Natur) entfalten sich Eindrucksqualitäten, die oft weniger den klaren Verstand herausfordern, dafür umso mehr affektiv berühren.“ [...] Schon das Wetter lässt uns nicht kalt. [...] Sakrale Räume stimmen uns in anderer Weise als Markthallen, Kaufhäuser oder öffentliche Räume des Spektakels.[292]

Wie wirkt ein Besprechungszimmer auf den Kunden? Was sieht, hört, schmeckt, riecht und fühlt er? Wie wird er darauf reagieren? Gutgelaunt, kooperativ, offen und verbindlich? Hier denke ich, dass die oft Jahrzehnte alten gegebenen Atmosphären nicht so förderlich sind, wie sie sein sollten.

291 Vgl. Hasse (2015).
292 Hasse (2015), S. 11.

> Zuverlässig wirken Atmosphären auf die Arbeitsergebnisse von Menschen, auch auf den Vertriebsmitarbeiter in Banken. Quantität und Qualität der zwischenmenschlichen Interaktion werden immer vom Raum beeinflusst. Es ist keinesfalls egal, wo gedacht, gesprochen oder geschrieben wird.

So entscheidet der Ort, an dem ein Buch geschrieben wird, über dessen Details und Stil des Inhalts. Der Psychologie-Professor Robert Cialdini beschreibt diesen Effekt anhand seines eigenen Schreibens so: „Das Schreiben an zwei so verschiedenen Plätzen erzeugt einen Effekt, den ich nicht erwartet hätte und nicht einmal bemerkte, bis ich nach einem Monat alle vorläufigen Seiten des Buchprojekts zusammensammelte und am Stück las: Die Arbeit zuhause war weit besser als das, was ich an der Universität erledigt hatte, weil sie für das breitere Publikum, das ich im Auge hatte, entschieden geeigneter war. Stil und Struktur der Texte vom Campus-Schreibtisch waren kaum für andere Leser als meine Berufskollegen zu genießen. Ich war überrascht und fragte mich, wie es ein konnte, dass ich trotz der klaren Vorstellung, die ich von meinem angestrebten Markt hatte, für ihn nicht angemessen schreiben konnte, wenn ich in meinem Campus-Büro war. Erst im Rückblick war mir die Antwort klar: Jedes Mal, wenn ich aufschaute, sah ich im Panorama vor meinem Campus-Schreibtisch die Zeichen, die mit meinem akademischen Ansatz verbunden waren, seinem spezialisierten Vokabular, der entsprechenden Grammatik und dem professionellen Stil. Es spielte keine Rolle, was ich irgendwo im Kopf über die Merkmale und Vorlieben meiner Wunschleser hatte. Es gab in meiner Umgebung nur wenige Zeichen, die mich anregten, ständig und automatisch an die zu denken, für die ich schrieb. An meinem Schreibtisch zuhause passten dagegen die Zeichen zur Aufgabe. Dort war ich die ganze Zeit von Assoziationen an die Leute umgeben, für die ich schreiben wollte. Ich konnte mit ihnen viel erfolgreicher in Einklang kommen."[293]

Es spielt demnach keine Rolle, was sich der Vertriebsmitarbeiter im Vorfeld für sein Kundengespräch vorgenommen hatte. Er hatte sich zwar vorgenommen, dem Kunden offen zu begegnen, seine Sprache kundenorientiert zu gestalten und sich tief in die Belange seines Kunden hineinzudenken. Seine Sprache und Ausstrahlung spiegeln jedoch seine guten Absichten nur verschwommen wider. Der Grund dafür liegt in seinem Arbeitsumfeld.

Welche Artefakte und Zeichen sieht er dort während seiner Arbeit? Broschüren der Bank, Analysebögen und Kontoauszüge; Prospektaufsteller und seine Beratermappe; Logos der Bank; Computer und einen Taschenrechner. Was fühlt er? Glatte Oberflächen und kühles Leder. Damit verschiebt sich seine Sprache unwillkürlich in Richtung „Fachjargon", sein

293 Cialdini (2017), S. 141 f.

Verhalten tendiert zu Distanziertheit und die Belange der Bank scheinen wortwörtlich im Vordergrund zu stehen.

Der Kunde ist in einer vergleichbaren Situation. Was sieht, riecht, fühlt und hört er während er wartet und was im Laufe des Gesprächs? Das ist im besten Fall kein Zufall, sondern gewollte Intension. Spezialisierte Agenturen sprechen von multisensorischem Marketing[294, 295] und bieten ihren Kunden ein Konzept aus Farbe, Musik und Gerüchen.

Selbstverständlich wirkt der Arbeits-Raum des Bankier 5.0 auf die Atmosphäre im Kundengespräch und auf die Stimmung aller Beteiligter. Auf deren Verhalten und Handlungen und damit auf das Ergebnis des Kundenkontakts.

> Als professioneller Gastgeber gestaltet der Bankier 5.0 den Raum möglichst individuell und setzt mit der Raumgestaltung und ausgesuchten Artefakten die zielführenden Zeichen.

2.6.4.1 Zeichen, die den Vertrauensaufbau fördern

Die Phänomene hinter den Zeichen:

Erstens, Sympathie: Sympathie[296] beschreibt die Empfindungen, die Menschen haben, wenn sie Gemeinsamkeiten wie Hobby, Wertvorstellungen oder Kleidungsstil entdecken. Wichtig ist das verbindende Element, das Zeichen der Nähe. Das Bekannte wirkt vertraut, aus Menschen mit Gemeinsamkeiten wächst eine Gemeinschaft.

Zweitens, Soziale Bewährtheit: Soziale Bewährtheit beschreibt das Prinzip, dass wir Menschen tendenziell etwas für richtig halten und in dem Ausmaß glauben, fühlen oder tun, wie es andere Menschen fühlen, glauben oder tun. Das gilt insbesondere für die Anderen, die mit uns Gemeinsamkeiten teilen. So lässt sich erklären, warum Menschen eher in ein volles als in ein leeres Restaurant gehen oder lieber ein Buch von der Bestsellerliste kaufen statt ein weniger bekanntes. Popularität wird zum Symbol für Qualität.

294 Vgl. impulse (2017), S. 61–65.
295 Vgl. WirtschaftsWoche (12.05.2017), S. 99–102.
296 Vgl. Pfersich (2015), S. 22 ff.

Zeichen können sein: Symbole der Gemeinsamkeiten, zum Beispiel Zeitschriften und Bücher oder Blogs und Foren des gemeinsamen Hobbys; Bilder des Bankier 5.0 beim Ausüben des gemeinsamen Hobbys, eine Playmobil-Figur des Kindes, ein Familienfoto; Statistiken, die zum Beispiel die Anzahl der Baufinanzierungen zeigen, Google-Earth-Bilder mit Markierungen der finanzierten Objekte, Kundenfeedbacks an einer Pinwand; ein angepasster Kleidungsstil, die vergleichbare Uhr am Arm des Bankier 5.0; eine auf schwerem Papier gedruckte Biographie des Bankier 5.0 mit Hinweisen auf Herkunft, Freizeitaktivitäten, Lieblingsreiseziel, -buch oder -film.

2.6.4.2 Zeichen, die die Kooperationsbereitschaft ausbauen

Die Phänomene hinter den Zeichen:

Erstens, Autorität: Autorität beschreibt die vom Kunden gewünschte und gesuchte Kraft, Integrität und Orientierung bei einem Partner. In der pluralistischen, komplexen und sich schnell verändernden Welt suchen Menschen den „Fels in der Brandung", mindestens aber die „starke Schulter", um sich einen Moment auszuruhen. Die Maximierungskultur unserer Gesellschaft führt zu erschöpften Kunden.[297] Vor diesem Hintergrund wird der Begegnungsraum einer Bank mit einem Bankier 5.0 zur Oase in der Stadt-Wüste.

Zweitens, Reziprozität: Reziprozität beschreibt das Phänomen der wechselseitigen Bedürfnisbefriedigung zur Stärkung von Partnerschaften. „Wie du mir, so ich dir". Menschen wollen ihre Gemeinschaft stärken, indem sie sich einbringen und dafür eine Gegenleistung bekommen. Besonders wird sich dort eingebracht, wo überraschend mehr an Gegenleistung zurückfließt, als im Vorfeld eingebracht wurde. In der ökonomisierten Lebenswirklichkeit fällt selbstloses Geben als besonders angenehm auf, hier ist die Gegenleistung ja nicht garantiert. Umso größer kann der Drang ausfallen, sich für das Erhaltene erkenntlich zu zeigen.

Zeichen können sein: Referenzen der Bank wie Testsiege oder Auszeichnungen, Referenzen des Bankier 5.0 wie Ausbildungs- und Qualifizierungsnachweise; Bücher von anerkannten Experten, Biographien bekannter Persönlichkeiten, Artikel aus Zeitschriften; Bilder, auf denen Teamgeist und Kooperation zu sehen ist. Kalte oder warme Handtücher, um sich zu Beginn des Gespräches die Hände zu erfrischen.[298]

297 Vgl. Grünewald (2013).

298 Anmerkung des Autors. Unterstützend kommt hier hinzu, dass saubere Hände tendenziell moralisches Verhalten evozieren und es auch vom Gegenüber erwartet wird. Vergleiche mit den Metaphern „Seine Hände in Unschuld waschen" oder „An diesen Händen klebt Blut".

Produkte, die als Marktführer oder Trendsetter für ausgesuchte Werte stehen, können sein: ein Schweizer Taschenmesser, ein Füller, Schokolade eines regionalen Herstellers, Fairtrade-Kaffee, Porzellan, Gläser und Besteck einer Manufaktur, Kinderspielzeug.

Des Weiteren können für den Kunden sinnvolle, überraschende und maßgeschneiderte Aufmerksamkeiten an Stelle der typischen Werbegeschenke als Zeichen wirken. Das könnte sein: Für den Mountainbiker ein 27,5er-Ersatzschlauch oder ein Pannenset; eine Landkarte oder ein Reiseführer passend zum geplanten Ferienziel des Kunden oder ein aktuelles Buch zum letzten Small-Talk-Thema.

2.6.4.3 Wichtige Zeichen, die die Aufmerksamkeit des Kunden fesseln

Ein Kunde sollte zu einem Gespräch Aufmerksamkeit mitbringen. Sie ist für den Bankier 5.0 das, was die Antenne für ein Funkgerät ist: Die Möglichkeit, eine Botschaft zu senden und zu empfangen. Diese Möglichkeit ist in einer Welt des Multitasking und der schnellen Clicks sehr klein geworden. Schon am Frühstückstisch sind nicht nur Menschen anwesend, sondern auch die dazugehörigen Smartphones. Physisch anwesend sein bedeutet nicht, auch mental „da" zu sein. Früher konkurrierten Menschen beim Frühstück mit der Tageszeitung, heute mit der ganzen Welt.

Eine Stunde Anwesenheit bedeutet nicht zwingend eine Stunde Aufmerksamkeit. Der Bankier 5.0 nutzt daher kreativ Zeichen, um die Aufmerksamkeit seines Kunden zu fesseln.

Was fesselt jemanden am meisten beim Betrachten eines Gruppenfotos, auf dem er selbst zu sehen ist? Er selbst. Fast jeder Mensch schaut als erstes, wie gut er selbst auf diesem Foto zu erkennen ist. Warum ist das so?

Hinter diesem Phänomen steckt die Selbst- oder Ich-Bezogenheit der Menschen, die sein Fühlen und Handeln lenkt. Vereinfacht ausgedrückt: Alles, was mich betrifft, ist für den Moment das Wichtigste. Darauf liegt die eigene Konzentration. Sie bindet die Aufmerksamkeit und wärmt die Seele. Der Mensch selbst will im Mittelpunkt stehen. „Daher erhält alles, was auf uns selbst bezogen ist (oder dazu gemacht werden kann, selbstbezogen zu scheinen), in unseren Augen sofort einen Extra-Bonus. Manchmal sind diese Verbindungen banal, sie können aber trotzdem das Sprungbrett zu einem Überzeugungserfolg werden."[299] Studien von Robert Cialdini führen zu dieser Aussage.

299 Cialdini (2017), S. 135.

Um Verbundenheit zu signalisieren, kann der Bankier 5.0 in seiner Rolle als Gastgeber „fesselnde" kundenbezogene Zeichen im Raum platzieren, bevor der Kunde eintritt.

Zeichen können beispielsweise sein: Der Name des Kunden auf dem Screen an der Wand sowie auf dem Rücken des Unterlagenordners, bei Geschäftskunden seine Homepage auf einem Bildschirm; das Haus des Kunden bei Google-Earth; die Lieblingsmusik im Raum; besondere Süßigkeiten; die bevorzugte Teesorte, Cola Zero statt Cola Light, wenn der Kunde dieses lieber trinkt; aufgeschlagene Zeitschriften mit Überschriften, die den Beruf oder die Branche des Kunden aufgreifen oder über den Stadtteil berichten, in welchem der Kunde neu bauen möchte.

Ist es in einer Bank nicht möglich, sich auf den einzelnen Kunden einzustellen, kann man versuchen, Räume unterstützend zu gestalten. Konsequent auf die Zielgruppe und die eigene Markenpositionierung abgestimmt. Der Kosmetikhersteller Aèsop[300] zeigt, dass durch konsequente Raumgestaltung die spezifisch angestrebte Kommunikation stark unterstützt wird. „Die Teilnehmer im Fokus"[301] schreibt das Magazin cim Conference & Incentive Management und propagiert ein Umdenken, wenn es um die Raumgestaltung geht. Das Magazin vertritt den Standpunkt: „Dass das Meeting Design Effizienz und den Return of Objektives von Veranstaltungen steigert, ist inzwischen Common-Sense."[302]

Was aber tun, wenn die Räume schon vorhanden, das Budget knapp oder die eigenen Vorstellungen noch wenig konkret sind. Darauf spezialisierte Planer und Raumgestalter zeigen, dass in der individuellen Situation doch Manches möglich ist. Experten kennen die Unterschiede: ein organisch geformter Tisch, an dem Menschen kooperativ, nicht konfrontativ sitzen; Wandfarben, die beleben statt zu ermüden; ein Lichtkonzept, das wohltuend für die Augen ist; ein Stuhl, der eine Haltung stützt, statt zu schwächen und Pflanzen, die Menschen- nicht Staubfänger sind.[303]

Ohne die Umwelt mit einzubeziehen bleibt die Kommunikation des Gastgebers eine blasse Vorstellung. Im zielführend gestalteten Raum hingegen bekommt die Wirkung des Gastgebers Kraft und Ausdruck seiner besonderen Note. Es war deshalb konsequent, den Oscar für das „Beste Szenenbild" schon von Anfang an, seit 1929 zu vergeben. Die Profis wissen, was sie tun müssen.

300 Anmerkung des Autors: „Aèsop ist so etwas wie das Apple der Kosmetikindustrie". Vgl. WirtschaftsWoche (07.07.2017), S. 93.
301 Vgl. cim Conference Incentive Management (2017), S. 17 f.
302 cim Conference Incentive Management (2017), S. 18.
303 Vgl. Moebius, Prinz (2012), S. 78–81.

Deshalb trifft sich der Club der toten Dichter in einer Höhle. Ohne Höhlenatmosphäre bekämen die heimlichen Treffen weder ihren subversiven Charakter noch ihre Faszination.[304]

In der Praxis kann das so aussehen:

Während der Wartezeit hört der Kunde leise klassische Musik im Hintergrund – der Bankier 5.0 weiß, dass sein Kunde die Elbphilharmonie in Hamburg besucht hat. Auf dem Sideboard liegt das Programmheft der sogenannten „Elphi". Es duftet harmonisch nach Kiefernwald.

Für einen anderen Kunden ist für die Überbrückung der Wartezeit auf einem Screen an der Wand über den YouTube-Kanal der Mitschnitt einer Konzertaufzeichnung von Phil Collins[305] zu sehen. Der Kunde, passionierter Schlagzeuger, hatte dem Bankier 5.0 erzählt, dass sein Sohn Schlagzeug spielen möchte. Im YouTube-Video sieht man Vater und Sohn Collins gemeinsam auf der Bühne spielen.[306] Ein Duft nach Zitrone erfüllt den Raum.

Ein Bankier 5.0 reicht seinem Kunden das Wasserglas, in dem er es nicht mit seinen Fingern von oben, sondern am Rand festhält. Das Wasser kommt aus einer Karaffe, aus der er sich selbst ebenfalls ein Glas einschenkt. Zum Kaffee gibt es keine Schokolade, sondern Weingummi, das der Kunde liebt. Auf dem Tisch liegt eine aufgeschlagene Autozeitschrift. Dort ist ein Testbericht zu sehen. Das Auto, das der Kunde vor zwei Wochen bei seiner Bank finanziert hat, ist Testsieger.

Ein Bankier 5.0 bereitet sich auf das Kundengespräch vor. Er hat seine Schuhe geputzt, den obersten Hemdknopf geschlossen und den Besprechungsraum gelüftet. Später im Gespräch fragt er seinen Kunden: „Angenommen, Sie würden selbst eine Bank gründen, was würden Sie auf jeden Fall anders machen als alle anderen Banken?" So erhält er weitere Gestaltungstipps für seinen Resonanzraum.

Ein Bankier 5.0 lässt seinen Kunden im Small Talk spüren, dass er nicht nur seine persönlichen Vorlieben und die monetären Hintergründe kennt, sondern auf seine Meinung großen Wert legt und ihn auch als Mensch besonders schätzt. Er begleitet diesen Kunden

304 Anmerkung des Autors: Antwort auf die eingangs gestellte Frage von S. 160.

305 Anmerkung des Autors: Britischer Schlagzeuger, Songwriter, Schauspieler und Produzent, bekannt als Schlagzeuger der Rockband Genesis.

306 Vgl. www.youtube.com

zur Türe und verabschiedet ihn mit Handschlag. Und mit der Hand an der Türklinke fragt er ihn lächelnd, ob er selbst als „Lebens-Begleiter“ akzeptiert ist.

In den Praxisbeispielen A, B und C wurde ebenfalls mit Zeichen kommuniziert, um das gewünschte Verhalten zielführend anzuregen. In einem Kundengespräch lag ein Bildband über die Hagia Sofia auf dem Tisch. Ein anderes Mal trug der Bankier 5.0 eine gedeckt orangefarbene Krawatte. Und auf einem Sideboard stand in einem Fall ein altes schönes Blechspielzeug.

2.7 Fazit zur Methodenkompetenz

Die Interaktion zwischen Mensch und Mensch ist nicht identisch mit der zwischen Mensch und Roboter. Um das zu verdeutlichen, möchte ich Ihnen, dem Leser, gerne ein persönliches Erlebnis schildern.

Abbildung 13: Bankier 5.0 – Methodenkompetenz

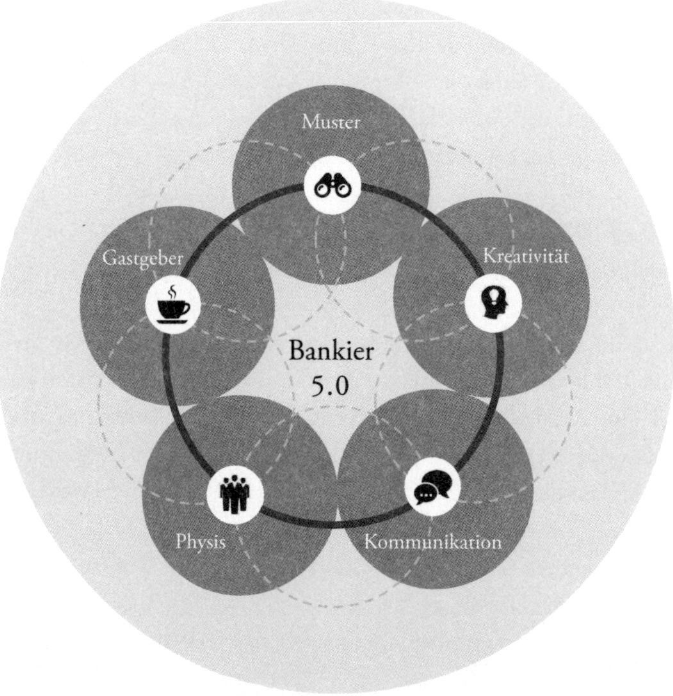

Quelle: Eigene Darstellung.

Während der Arbeit an diesem Buch hatte ich inspirierende Erlebnisse beim Einkaufen meiner Anzüge, Hemden und Accessoires. Ich betrat zum ersten Mal ein neues Bekleidungsgeschäft, sah einen Verkäufer und erlebte einen Herrenausstatter 5.0:

1. Er erkannte im ersten Gespräch meine persönlichen Muster, sprach sie an und reagierte angemessen. Ich erkannte so, was ich berücksichtigen muss, soll sich mein Outfit ändern.

2. Auf Grundlage dieser Muster entwickelte er für mein Outfit neue Lösungen, Kombinationen und Inhalte für meinen Kleiderschrank. Die von mir erwünschte Außenwirkung stand im Mittelpunkt, Restriktionen wie mein Budget wurden souverän angenommen.

3. Dabei kommunizierte er unkonventionell, frech, humorvoll und immer innerhalb der von mir ausgestrahlten Grenzen. Er ließ mir die Wahl der Kleidungsstücke, und setzte sich mit jedem „Nein, das nicht" konstruktiv auseinander.

4. Ich musste mit Stoffen oder dem Innenleben von Sakkos körperlich in Berührung kommen. Musste anfassen, reiben und wurde angefasst. Er zeigte an Stoffmustern und Modellen den Unterschied der Preisklassen auf und ich verstand, was ich vergleichen kann und was nicht.

5. Über die Monate wertschätzte er mich als Gast in „seinem Store", überraschte mich mit kleinen Gesten, gab mir das Gefühl, willkommen zu sein.

Wir, der Herrenausstatter 5.0 und ich, haben uns immer wieder über die Art der Zusammenarbeit unterhalten. Ihm ist bewusst, dass er keine Chance gegen Onlineberatung und -handel hätte, würde er nur „Anzüge" verkaufen. Ich halte ihn für ein Naturtalent in seinem Beruf, hat er doch Teilaspekte aller fünf Kompetenzen gekonnt umgesetzt. Ich fühle mich ihm loyal verbunden und bin auf dem besten Weg, ein Stammkunde von ihm zu werden.

Denkt man länger über das – hinkende – Beispiel nach, fallen Gemeinsamkeiten von Textilbranche und Banken auf.[307] Was ein Herrenausstatter 5.0 kann, ist auch für einen Bankier 5.0 möglich: seinen Beruf neu erfinden, ihm neues Leben einhauchen.

Die aufgezeigten Ansätze der Methodenkompetenz stellen keine Garantie auf Zielerreichung dar. Aber alle Ansätze erhöhen konsequent die Wahrscheinlichkeit, dem Ziel sehr nah zu kommen.

Aufbauend auf und verbunden mit den vorhandenen Ausbildungskonzepten gilt es, der digitalen Herausforderung mit einer überzeugenden Antwort zu begegnen. Der Bankier 5.0 und seine Methodenkompetenz kann das Modell für jede Bank und jedes Beratungskonzept sein. Konsistent im Ansatz und gleichzeitig offen für die passende Interpretation der einzel-

307 Handelsblatt (11.09.2017), S. 26 f.

nen Bank oder des Geschäftsbereichs. Jede der fünf Methoden muss und kann evolutionär weiterentwickelt und den Marktveränderungen angepasst werden. Verändern sich die Möglichkeiten der Roboter, entfalten sich neue Facetten der Methodenkompetenz.

Die jeweils spezifische Umsetzung der fünf Kompetenzen wird Altbekanntes wieder zum Leben erwecken. Sie wird Neues, jedenfalls aus Sicht einzelner Kunden, kreieren und so in Summe einen spezifischen Mehrwert zum und einen spürbaren Unterschied vom Roboter schaffen.

Darüber hinaus ergeben sich Impulse für die Evolution alter Rituale und deren oft stupide Wiederholungen. Kreative Fragestellungen können in etablierten Banken oder in Start-up-Neugründungen beantwortet werden. Mögliche Fragestellungen sind beispielsweise:

> Wird der Banker zum Philosophen? Zur Ressourcentankstelle? Zum finanziellen Concierge? Zum temporären Familienmitglied? Zum Stadtführer für zugezogene Kunden? Zum Coach und zur Inspirationsquelle?

Die Entwicklung und Implementierung der Methodenkompetenz ist ein Schlüssel zur Evolution alter Funktionen, ein Weg der schöpferischen Zerstörung. Hier sind Möglichkeiten für die moderne Bank verborgen, die ausgeschöpft werden sollten, solange noch Zeit dafür ist. Damit wird die differenzierte Ausgestaltung der Methodenkompetenz zur Managementaufgabe.

Die Methodenkompetenz ist die logische komplementäre Ergänzung zu den Digitalisierungs- und Kanalkonzepten der Banken. Ohne Methodenkompetenz kann vermutlich schon in naher Zukunft auf einen großen Teil der Menschen im Bankvertrieb verzichtet werden.

Das Wissen um die Methodenkompetenz Preditctive Advisory Competence© sowie ihre Wirkung bedarf eines ethischen Rahmens. Der Bankier 5.0 nutzt die Methoden, um zielführend und verantwortungsvoll für seine Kunden zu arbeiten und keine unnützen, zu teuren oder zu riskanten Lösungen an Kunden zu verkaufen.

In meiner idealen Vorstellung ist der Bankier 5.0 einer modernen Bank ein Symbol für Werte. Wie Feuerwehrleute, Krankenschwestern oder Apotheker soll er verbunden werden mit Vertrauen. Vertrauen ist mehr als der Anfang und Misstrauen immer das Ende einer Beziehung.

Der Bankier 5.0 wird sein ganzes Potenzial genau dort entwickeln, wo Unternehmenskultur, Vertriebssteuerung und Personalentwicklung ein schlüssiges Ganzes ergeben. Er ist kein „Trainingsergebnis", sondern das Resultat einer professionellen Vertriebskultur, getragen von mutigen Führungskräften. Ist diese Kultur vital, kann die Anfangsthese dieses Buches neu formuliert werden: Wenn Roboter zum Problem werden, wird der Bankier 5.0 zur Lösung.

3 Die Vertriebskultur für den Bankier 5.0

3.1 Die Kraft der Kultur

Kompetenzen und Talente des Bankier 5.0, Arbeitsprozesse mit ihren Regeln und die Umsetzung derer sind ineffizient, wenn die Kultur einer Bank die Zielerreichung nicht ausreichend unterstützt. Kultur beschreibt den Geist, die Stimmung einer Organisation.[308] Ein spürbares, nicht objektiv messbares Phänomen. Kultur ist die Summe aller Anschauungen, Grundannahmen sowie geschriebenen und ungeschriebenen Gesetze eines sozialen Systems.

Im Idealfall macht Kultur Lust. Sie lässt die Dinge in einem machbaren Licht erscheinen und verhilft konstruktivem Optimismus zum Erfolg. Kultur verbindet und schafft die notwendige normative Verbindlichkeit. Bestehen Defizite in der Kultur einer Organisation, werden Menschen immer kreativ genug sein, einem noch so ausgefeilten Kontrollsystem auszuweichen. Menschen passen sich den „vorherrschenden Üblichkeiten" an, nicht Unternehmenszielen oder Jahres-Auftakt-Botschaften.

Eine absatz- und ertragsfördernde Vertriebskultur ist der sprichwörtliche Klebstoff, der das Vertriebsteam der Bank in einem VUKA-Szenario zusammenhält. Im Buch „Neustart Bank" werden der Stellenwert und die Komponenten einer agilen Vertriebskultur beschrieben.[309] Mit der notwendigen konzeptionellen Weiterentwicklung des Vertriebsmitarbeiters zum Bankier 5.0 möchte ich in diesem Kapitel vertiefend auf die Aspekte Resilienz, berufslebenslanges Lernen und Führung eingehen.

Diese drei Aspekte sind entscheidend für das Wachstum und die Veränderung des Vertriebsmitarbeiters zum Bankier 5.0.

Die Erkenntnis des Chemikers [310], dass alles, was wächst lebt und alles, was lebt wächst, alles, was nicht wächst, auch nicht mehr lebt, trifft nicht nur auf die Naturwissenschaften zu.

308 Vgl. Sharot (2017), Siedler.
309 Vgl. Pfersich (2015), S. 134–140.
310 Anmerkung des Autors: Justus von Liebig, Chemiker, Universitätsprofessor der Universität Gießen und München, 1803-1873, Erfinder des Mineraldüngers und Fleischextrakts. Vgl. www.wikipedia.org

Auch in den Sozialwissenschaften hat es sich bewahrheitet: Lernen, wachsen und sich entwickeln ist ein konstituierendes Merkmal von „Leben".

Gehen Unternehmen und ihre Beschäftigten nicht lernend mit Veränderungen um, nehmen sie Schaden oder werden von disruptiven Angreifern aus ihrem Markt gedrängt. Mehr und mehr Unternehmen entwickeln daher ihre spezifischen Modelle für ein Höchstmaß an Agilität. Die angestrebte Agilität ist dabei geprägt von konsequenter Kundenorientierung sowie kontinuierlichem schnellen Lernen der gesamten Organisation, um marktverändernde Innovationen nicht zu versäumen.[311]

> Lernen bedeutet gleichzeitig auch loslassen. Das ist einerseits eine Herausforderung, andererseits eine große Chance für die Vertriebskultur der modernen Bank. Ein Loslassen des Alten verschafft Kraft und Raum für das notwendige Neue.

Das Suchen und Finden der besten Lösung für eine gelungene Vertriebskultur ist eher ein evolutionärer Prozess als das Ergebnis von einmaligen Entscheidungen. Kontinuierlich ist zu klären, was zu bewahren und was zu verändern ist. In diesem Prozess tauchen Zweifel und Fragestellungen auf. Das ambivalente „Ja, aber …" kann als Einstieg zur zielführenden Evolution gesehen werden und ist bereits ein erstes Zeichen für die angestrebte Kultur, Widerstände werden weniger. Gelingt es den Beteiligten, ihre Sorgen und Ängste positiv zu konnotieren, können sich zweckdienliche Impulse für den individuellen Weg einer Bank entwickeln. Skepsis oder Angst kann als „Soft-Skill", als eine „Einschätzungs-Kompetenz" oder „Sensorische Fähigkeit" angesehen werden. Vorsicht als positive Eigenschaft des agilen Mitarbeiters.

Um die Weiterentwicklung der Bank effektiv zu unterstützen, organisieren Personalentwickler engagiert und fachlich zielführend die Weiterbildung ihrer Mitarbeiter. Die Mitarbeiter selbst regen im Rahmen der angestrebten Teilhabe sinnvolle Maßnahmen und Themen für ihre Weiterqualifikation an. Veränderung lebt vom Commitment der Mitarbeiter. Blickt man aber konsequent und realistisch auf die Transferleistungen, ist oftmals eine magere „Weiterbildungsrendite" zu erkennen. Das Wachsen der Mitarbeiter, die messbare Transferleistung kann noch gesteigert werden.

311 Vgl. Christensen von den Eichen, Matzler (2015).

Die Trägheit „zu lernen“, das „Verhalten zu ändern“ ist ein psychologisches und neurologisches Phänomen, das ernst zu nehmen ist. Was gilt es zu tun, um das Lernen zu beschleunigen und die „Rendite“ zu steigern?

Lernen, loslassen und verändern. Dieser Change-Prozess braucht Schutz, Lust und Unterstützung, eingebettet in die Kultur und Werte der Bank.

3.2 Resilienz – Schutz für den Bankier 5.0

3.2.1 Resilienz – mehr als Zeitgeist?

Tätigkeiten wie „Kundengespräch“, „Anlageberatung“ oder „Kunde begrüßen“ werden schnell zu routinierten Handlungen und beanspruchen nur noch ein bestimmtes Maß an Kraft. Soll mehr als nur die bloße Handlung ausgeführt werden, kostet dieses „mehr“ jedes Mal überproportional mehr Kraft. Kraft aus dem Körper und noch mehr Kraft aus Herz und Seele eines handelnden Menschen.

Ärzte wurden zu diesem Phänomen bereits untersucht. „Medizinstudenten empfinden in den ersten zwei Jahren ihrer Ausbildung sehr viel Mitgefühl. Es sinkt stark im dritten Jahr, wenn die Studenten regelmäßig mit Patienten in Kontakt kommen. Fragt man die angehenden Mediziner nach den Gründen ihres geringen empathischen Verhaltens, klagen sie unter anderem über den Leistungsdruck, den das Medizinstudium auf sie ausübe und der es nicht zulasse, sich eingehender auf einen Patienten einzulassen. Seitens der medizinischen Fakultät wird hier nicht entgegengesteuert, weil die Medizinstudenten auf Zeitmangel und Arbeitsbelastung im späteren Klinikalltag vorbereitet werden müssen. Das Credo lautet: Nur ein emotional distanzierter Arzt kann auch sachlich korrekt diagnostizieren und behandeln. Empathie gilt als Störfaktor.“[312] Patienten in Krankenhäusern spüren und beklagen dieses Credo.

Bieten andere Arbeitsumgebungen eine bessere Basis für den emotional wie fachlich angemessenen Umgang mit Kunden, Klienten oder Hilfesuchenden? Nein. In einer Umfrage des Handelsblatts[313] empfinden 69 Prozent der Vollzeitbeschäftigten in Deutschland belastenden Stress wegen „zu viel Arbeit“, 65 Prozent wegen „Termindruck/Hetze“ und 56 Prozent

312 Schubert (2016), S. 21.
313 Vgl. Handelsblatt (14.06.2017), S. 24 f.

wegen „Unterbrechungen/Störungen". Die Folgen: 66 Prozent der Menschen, die sich häufig gestresst fühlen, leiden an Rückenschmerzen, 64 Prozent fühlen sich erschöpft, weitere 46 Prozent leiden an Schlafstörungen. Ein emotional empathisches Arbeiten kann hier ausgeschlossen werden.

Beschäftigte in einem beratenden, unterhaltenden oder helfenden Beruf wissen um das Gefühl der emotionalen und körperlichen Erschöpfung; stehen in diesen Berufen doch die ausübenden Menschen im Fokus. Sie werden von Kunden, Klienten oder Hilfesuchenden kausal mit den jeweils erzielten Resultaten in Verbindung gebracht.

Die Beschäftigten fühlen die Verantwortung direkt, wenn es um Überleben, Gesundheit oder auch um Feuilletonkritiken und Erträge geht. Entwickeln sich die Dinge gut, ist alles fein und die Erfolge werden gefeiert, gerne sich selbst zugeschrieben. Sind die Resultate jedoch schlecht, wird diese Selbstzuschreibung problematisch. Ein Patient stirbt, ein Konzert misslingt, der Börsenkurs bricht ein. Jetzt steht auch der Arzt, der Dirigent oder der Vertriebsmitarbeiter im Rampenlicht. Ging es gerade noch um Applaus, geht es jetzt um Schuld.

Engagierte Vertriebsmitarbeiter der Bank kennen die „Hitze des Rampenlichts" der persönlich werdenden Kritik. Sie kennen den Moment, in dem man sich wünscht, einen anderen Beruf, wenigstens eine andere Tätigkeit auszuüben. Nicht wenige bewerben sich in die Marktfolgebereiche der Bank, weit weg von Kunden und Rampenlicht.

Gesucht wird ein Arbeitsplatz ohne ständige Interaktion, zielführende Reaktionen, emotionale Kontakte und notwendige Interpretationen. Ein Arbeitsplatz, an dem in Ruhe und Konzentration die Tätigkeiten ausgeübt werden. Mit dem Einzug des Kollegen Roboter werden die vermeintlichen Ruheräume weniger werden.

3.2.2 Resilienz – was ist das?

Der Begriff ist aus der Physik entliehen und beschreibt die Fähigkeit eines Materials, elastisch auf eine Fremdeinwirkung zu reagieren oder nach einer Verformung wieder seine ursprüngliche Form anzunehmen. Es ist die Fähigkeit, flexibel zu reagieren ohne dabei Schaden zu nehmen.

Im psychologisch-körperlichen Kontext finden sich in Medienbeiträgen unterschiedliche Definitionen zu Resilienz. Eine allgemein verbindliche und akzeptierte Beschreibung gibt es nicht. Die ärztlichen Direktoren des Deutschen Resilienz-Zentrums an der Universitätsmedizin Mainz[314] sprechen von Schutz- und Selbstheilungskräften, die es Menschen ermöglichen, trotz großer mentaler oder körperlicher Stresssituationen nicht, oder nur vorübergehend zu erkranken.[315] Die beiden Professoren aus Mainz, Prof. R. Beat Lutz und Prof. Dr. med. Klaus Lieb verstehen Resilienz nicht als Konstante, sondern als dynamischen Prozess, als eine variable psychische Widerstandskraft: „Die Fähigkeit zur Aufrechterhaltung oder Wiederherstellung psychischer Gesundheit". Je stärker ausgeprägt die Resilienz ist, desto eher kann der Mensch das Beste aus dem machen, was ihm begegnet. Eine starke Resilienz hilft dem Menschen, seine eigenen Gefühle zielführend zu kontrollieren und auf den Spielfeldern seines Lebens erfolgreich zu handeln.

> Was das Immunsystem für den Körper, ist Resilienz für die Seele: Schutz.

Dieses Resilienz-System korrespondiert über Botenstoffe mit dem Immun-System des Körpers in einem komplexen, wechselwirksamen und autonom agierenden Prozess.[316] Psychologie wird zu Biologie und der Körper zeigt Symptome. Bei einer schwachen Resilienz hat diese Wechselwirkung unangenehme Folgen: Ein zu viel an Glutamat im Gehirn aktiviert einen exzessiven Calciumaufbau, bei dem Nervenzellen im Gehirn geschädigt werden.[317] Werden unter Stress Adrenalin oder Cortisol permanent und zu hoch dosiert produziert, belastet auch das den Körper.[318] Prof. Dr. Elizabeth Blackburn[319] hat an Studien mit ihren Patienten festgestellt: „Unsere CD8-T-Zellen scheinen besonders anfällig für Stress zu sein. […] Wenn die CD8-T-Zellen verschleißen, setzen die alternden Zellen entzündungsfördernde Zytokine frei, also Eiweißmoleküle, die eine systemische Entzündung auslösen."[320] Chronischer Stress erhöht das Risiko für einen Schlaganfall fast so sehr wie das Rauchen.[321]

Viele schlechte Nachrichten, es gibt auch eine gute Nachricht der Ärzte: „Unsere Studien haben gezeigt, dass chronischer Stress nicht zwangsläufig schädigt. […] So unglaublich es

314 Anmerkung des Autors: Das Deutsche Resilienz-Zentrum ist eine wissenschaftlich eigenständige Betriebseinheit der Universitätsmedizin der Johannes Gutenberg Universität Mainz. Sie wurde 2014 als fachübergreifende Einrichtung gegründet. Neurowissenschaftler, Mediziner, Psychologen und Sozialwissenschaftler arbeiten gemeinsam an der Erforschung der Resilienz. Es ist europaweit das erste Zentrum dieser Art.

315 Vgl. www.youtube.com

316 Vgl. Esch (2017), S. 42–52.

317 Vgl. Shaw (2016), S. 140.

318 Vgl. Blackburn, Epel (2017), S. 96–120.

319 Anmerkung des Autors: Prof. Dr. Elisabeth Blackburn ist Molekularbiologin. 2009 erhielt sie den Nobelpreis für Medizin. Seit 1990 forscht sie zu Telomeren und Telomerase. Telomere sind Strukturelemente der menschlichen DNA. Sie sind verantwortlich für deren Stabilität und dienen dem Schutz vor Stress und freien Radikalen. Mit jeder Zellteilung verkürzen sie sich, das ist der natürliche Alterungsprozess. Das Enzym Telomerase kann diese Verkürzung wieder ausgleichen und damit den Alterungsprozess aufhalten.

320 Blackburn, Epel (2017), S. 118 f.

321 Vgl. Süddeutsche Zeitung (13.01.2017), S. 18.

sich anhören mag, man kann lernen, Stress als eine positive Energiequelle zu nutzen – und als einen Schild, der ihre Zellen schützen kann."[322]

Und die beste Nachricht: Resilienz ist trainierbar.

3.2.3 Resilienzfaktoren aus der Praxis – Schutz vor Stressoren

> Der Bankier 5.0 braucht Schutz, damit er erfolgreich arbeiten kann.

Äußerliche Einflüsse, sogenannte Stressoren aus dem privaten und beruflichen Umfeld, wirken auf den Menschen.[323] Im privaten Bereich sind das, je nach Lebensphase, der Einstieg in das Berufsleben, Geburt des Kindes, Trennung, die schwere Krankheit einer nahestehenden Person oder die Pflege eines Angehörigen. Stressoren wie Unfall, Kriegserlebnisse oder häusliche Gewalt kommen bei einzelnen Menschen hinzu. Die beruflichen Stressoren mit dem höchsten Einfluss auf Menschen sind das Pensum der Arbeit, Terminzwänge, Störungen, mangelnde Anerkennung, Lärm und andere äußere Umstände oder die schwierige Vereinbarung von Familie und Beruf.

Wie kann der Bankier 5.0 sich wirksam schützen? Wie eine gesunde Distanz herstellen, ohne dabei Ironie oder Sarkasmus zu bemühen? Begriffe wie Achtsamkeit, Techniken wie „Mindfulness Based Stress Reduction" oder Meditation und Yoga werden erst langsam von den Menschen angenommen. Klischees, Halbwissen und Vorurteile lösen häufig noch Scheu aus, verhindern eine notwendige Beschäftigung mit dem „Selbst", mit der inneren Stabilität. Bekommen die Aspekte rund um „Stress und seine Bewältigung" gar noch den Status eines gesellschaftlichen Trends[324], reagiert der ein oder andere mit skeptischer Distanz. Bücher, Sonderhefte und Seminarangebote zum Thema Resilienz quellen inzwischen aus allen Regalen. Der tiefenentspannte Wohn- und Lebensstil „Hygge"[325] wird ebenso trendbewusst wie geschäftstüchtig in einem eigens dafür kreierten Magazin[326] in Szene gesetzt.

So werden selbst die besten Ansätze ins Negative verkehrt.

---

322 Blackburn, Epel (2017), S. 102.
323 Vgl. Handelsblatt (14.06.2017), S. 24 f.
324 Vgl. brand eins (2017), S. 50–53.
325 Anmerkung des Autors: Mit Hygge wird ein heimeliges, entspanntes Lebensgefühl umschrieben. Hygge steht im Dänischen und Norwegischen für gemütlich oder geborgen.
326 Vgl. www.hygge-magazin.de

An dieser Stelle sollen dem Bankier 5.0 keine Ratschläge zu einem „hyggeligen" Berufsleben verhelfen. Es soll ein Bewusstsein geschaffen werden, dass es notwendig und möglich ist, sich als Bankier 5.0 zu schützen. Resilienz soll in keinem Fall zu einem neuen Maßstab für „genügen" und damit zu einem weiteren Leistungsanspruch werden.

Resilienz-Training kann im Bewusstsein des Bankier 5.0 und seiner Führungskräfte präsent werden.[327] Im gemeinsamen Gespräch kann er mit seiner Führungskraft zu den nachfolgend dargestellten Bereichen „Stärkende Resilienzfaktoren aus dem Selbst", „Stärkende Resilienzfaktoren aus dem Körper" sowie „Stärkende Resilienzfaktoren aus der Umwelt" Gedanken austauschen. Und im Idealfall, wenn Aspekte hilfreich und stärkend erscheinen, ändern, was zu ändern ist.

Die Quintessenz aus gesellschaftspolitischer Recherche, Praxiserleben in Vertriebsorganisationen und dem aktuellen Stand der Forschung zeigt, dass folgende Fragestellungen zielführend sind. Die Antworten auf diese Fragen entsprechen den Trainingseinheiten des individuellen und kollektiven Resilienz- „Trainings".

3.2.3.1 Stärkende Resilienzfaktoren aus dem Selbst

- Wie ausgeprägt ist eine optimistische und lösungsorientierte Haltung?
- Wird Verantwortung für sich selbst und das eigene Handeln übernommen?
- Wie ausgeprägt ist Akzeptanzfähigkeit und Dankbarkeit?
- Lebt man eine Täter-, keine Opferrolle und glaubt an sich?
- Lebt man in einem Netzwerk aus vielfältigen Beziehungen?
- Kann man achtsam wahrnehmen, ohne Beobachtungen zu werten?
- Gibt es einen Plan, ein Ziel, ein „Wofür"?

327 Anmerkung des Autors: Vgl. Artikelserie der Neuen Zürcher Zeitung, „Achtsamkeit in der Wirtschaft", Auftakt, Teil I–V, (2017), www.nzz.ch

- Gibt es Zeiten der Ruhe, der Muße oder des Meditierens?

3.2.3.2 Stärkende Resilienzfaktoren aus dem Körper

- Ist die Ernährung hochwertig und wird bewusst gegessen?
- Gibt es Genüsse, die weder alltäglich sind noch abhängig machen?
- Gibt es ausreichend und tiefen Schlaf?
- Gibt es genügend alters- und körpergerechte Bewegung?
- Gibt es regelmäßigen Sport mit und auch ohne Leistungsmessung?

3.2.3.3 Stärkende Resilienzfaktoren aus der Umwelt

- Gibt es angemessene Anerkennung Dritter, vor allem durch Führungskräfte?
- Gibt es eine Verantwortungs- statt einer Schuld-Kultur?
- Zählt auch die Arbeit, der Werkstolz, nicht nur das Ergebnis?
- Wird Vertrauen von Dritten empfangen und ihnen geschenkt?
- Ist der Arbeitsplatz ruhig?
- Kann über die aufgeführten Fragen gesprochen werden?

So kann der Bankier 5.0 in heiterer Gelassenheit arbeiten, er fühlt einen Zustand wie „Wu Wei" und strahlt „De" aus.

Die hier angeregten Gespräche kosten Zeit, vielleicht auch Überwindung oder Mut – die möglichen Veränderungen noch viel mehr. Wolf Lotter schreibt dazu: „Wer klammert verliert. Loslassen ist nicht das Ende, sondern der Anfang von allem. […] Der Zeitgeist ist auf Seite der Klammeräffchen, die nach einer merkwürdigen Logik leben:

Sie mögen zwar das, was ist, gar nicht so gern – aber sie haben noch viel mehr Angst vor dem, was kommen könnte."[328]

Kostet Resilienz Geld? Nein, in Resilienz kann investiert werden. Selbstverständlich verbunden mit dem berechtigten Renditeanspruch des Investors.

3.2.4 Resilienz ist profitabel, Schutz rechnet sich

Die Auswirkungen der oben beschriebenen Stressoren sind teuer.[329] Alleine die psychischen Folgen sorgen in Deutschland für Krankheitskosten in Höhe von 16 Milliarden Euro plus 8 Milliarden Produktivitätsverlust pro Jahr, Tendenz steigend. Hierbei sind die Kosten und Produktionsausfälle wegen der körperlichen Folgen wie zum Beispiel Rückenleiden noch nicht eingerechnet. Bezeichnend ist, dass in den wirtschaftlich erfolgreichsten Bundesländern Baden-Württemberg und Bayern der Anteil gestresster Arbeitnehmer mit 68 Prozent beziehungsweise 66 Prozent bundesweit am höchsten ist. Sind das nur deutsche Phänomene? Nein, in der Schweiz ist laut Job-Stress-Index jeder vierte Erwerbstätige Belastungen ausgesetzt, die seine psychologischen Ressourcen übersteigen.[330]

Nach den Informationen des Dachverbands der Betriebskrankenkassen waren die Arbeitnehmer in Deutschland im Jahr 2015 im Durchschnitt 16 Tage krankgeschrieben.[331] In der Branche „Kredit- und Versicherungsgewerbe" beträgt der krankheitsbedingte Ausfall durchschnittlich 12,3 Tage. Der AOK Bundesverband ermittelt in seinem Fehlzeiten-Report 2016[332] einen durchschnittlichen Krankenstand seiner Versicherten von 19,5 Tagen. Es geht, neben dem individuellen Leid der Betroffenen, um sehr viel Geld.

Was bedeutet ein Krankentag im Durchschnitt in Euro ausgedrückt weniger? Wieviel Euro können eingespart, welche Opportunitätskosten vermieden werden? Wie oft sprechen unzufriedene Kunden keine Empfehlung aus? Was machen zynische Bemerkungen und defizitorientierte Diskussionsbeiträge mit dem internen Team und seinen Resultaten? Alle diese Fragen zeigen: Resilienz ist wichtig. Für den Bankier 5.0 und für seine Bank.

---

328 brand eins (2017), S. 28 f.
329 Vgl. Handelsblatt (14.06.2017), S. 24 f.
330 Vgl. NZZ (01.08.2017), www.nzz.ch
331 Vgl. www.iwd.de
332 Vgl. www.aok-bv.de

Studien zeigen, dass Resilienz die Konzentration, Kreativität und Problemlösungskompetenz fördern können.[333] Eigenschaften, die für die Ausübung der Methodenkompetenz Predictive Advisory Competence© wichtig und notwendig sind.

Arbeitet der Bankier 5.0 in einer ökonomisch vernünftigen Schlagzahl, braucht er Resilienz so notwendig wie Alma Advisor 1.0 die Stromversorgung.

Ist der Bankier 5.0 gut geschützt und energiegeladen, kann er sich an die Arbeit machen und mit Lust lernen.

3.3 Lustvolles Lernen – ein Paradigmenwechsel

Der Bankier 5.0 ist ein Lernender. Ein Forscher, ein experimentierender Experte in Sachen Kundenbeziehungen. Er ist sich bewusst, dass die Kunst im Umgang mit Kunden zukünftig darin besteht, noch mehr in der Welt und nicht nur in der Bank zu Hause zu sein.

> Für den Bankier 5.0 wird es wichtiger sein, wertfrei über die Aspekte von Migration diskutieren zu können als seine Einschätzung zur Zinsentwicklung zu geben. Das übernimmt Alma Advisor 1.0 mit einer Wahrscheinlichkeitsrechnung, die auf zwei Kommastellen genau und in einem Chart visualisiert ist.

Lernen, täglich aktualisierte Bildung entscheidet darüber, ob die Digitalisierung dazu führt, dass auch in Banken am „digitalen Fließband geschuftet" oder souverän gearbeitet wird.

Ein Weltwissen, bestehend aus Assetklassen wie beispielsweise Kunst; Small-Talk-Themen, angeregt durch Serienformate auf Netflix oder Trends auf Pinterest sowie neue Zusammenhänge der Verhaltenspsychologie erfordern ein „Lernen", wie es heute nur in Ausnahmefällen gelebt wird. Der Bankier 5.0 ist ein Meister der situativen Verknüpfung von Fachwissen, dem sogenannten Weltwissen und seinem humanen Bewusstsein.

Da die technische Entwicklung immer schneller voranschreitet, sollte das humane Update diesem Tempo gerecht werden.

333 Vgl. Harvard Business Manager (Januar 2017), S. 23 ff.

Lernen wird bis heute mit einem bestimmten Alter oder einem Lebensabschnitt in Verbindung gebracht. Ist ein chronologisches Alter erreicht, ein Lebensabschnitt erfolgreich gemeistert, dann „ist" man etwas: Bankfachwirt, Radiologin, Steuerberater, Reiseverkehrskaufmann, Hotelfachfrau oder Zahnärztin.

Viele Erwachsene verzichten nach dem Abschluss ihrer Ausbildung darauf, etwas „werden" zu wollen. Das alte Paradigma, nur für Kinder, Teenager und junge Erwachsene ist Lernen ein wichtiger, selbstverständlicher Bestandteil, steht ihnen im Weg. Für Erwachsene ist Lernen die Ausnahme, das Reproduzieren von Wissen die Regel.

> Reproduktion in Form von Tätigkeiten aber ist ein Feld, auf dem die Roboter das Spiel gewinnen werden!

Lernen und Verändern wird nicht als andauernder oder gar als lustvoller Prozess der Entfaltung und Selbstermächtigung verstanden. Im Gegenteil, oft eher als Zwang oder Kritik am bisherigen Handeln. Der Volksmund fasst negierend zusammen: „Lehrjahre sind keine Herrenjahre". Diese Weisheit impliziert ein Ende der Lernzeit. Das Wort „Bildung" steht für den Prozess, der zu einem bestimmten Zeitpunkt endet und in einen Zustand übergeht. Wäre Bildung im allgemeinen Verständnis ein nie endender Prozess, wäre das Wort „Weiterbildung" nicht notwendig.

Initiativen zum „Lebenslangen Lernen" wecken in der Masse der Bevölkerung gewöhnlich keine Begeisterung. Erwachsenenbildung ist die Aktivierung und Vermittlung von Wissen; begleitend zur Berufstätigkeit, nach Familienzeit oder Arbeitslosigkeit an der örtlichen Volkshochschule, einer Fernuniversität oder als weitere Qualifizierungsmaßnahme des Jobcenters. In diesem Fall ist Lernen eher eine reaktive Notfall-Maßnahme.

Ohne Lust am Lernen, ohne ein „Wofür?" wird die Veränderung hin zum Bankier 5.0 kaum umgesetzt werden. Ohne Lust am Lernen wird das Gehirn keine einzige neue Verschaltung der Neuronen für ein neues neuronales Netzwerk bilden. Mit Sätzen wie zum Beispiel „Das muss ich jetzt erst mal alles sacken lassen" wird die Lust im Keim erstickt. Hier bedarf es neuer Impulse.

3.3.1 Ein neuer Lern-Frame

Welcher Frame wird bis jetzt mit „Lernen“ aktiviert? Sicher geht schon beim Wort „Lernen“ die semantische Wundertüte auf und schüttet Assoziationen wie „Schüler“, „Lernstress“, „Prüfung“, „zähe Arbeit“ oder „einsame Stunden am Schreibtisch“ aus. Mit diesem Frame im Kopf fühlt und formuliert ein Mitte 50-jähriger Mitarbeiter eventuell: „In meinem Alter tue ich mir eine Veränderung nicht mehr an.“ Oder seine Führungskraft meint: „Das lohnt nicht mehr, diesen Mitarbeiter melde ich nicht mehr für das Training an.“ Das ist bedauerlich; wäre dieser Vertriebsmitarbeiter doch Kraft seiner Lebensphase und Erfahrung geeignet, ein wertvoller Bankier 5.0 zu sein.

Ein neuer Frame unterstützt altersunabhängig die hilfreiche Einsicht, dass jeder Einzelne einen neuen Standpunkt zum „Lernen“ braucht, will er mit den Veränderungen Schritt halten. Das alte gesellschaftspolitische Versprechen, mit zum Beispiel Abitur und Masterabschluss für ein Berufsleben „sicher“ gerüstet zu sein, hat heute keinen Bestand mehr. Praktika und befristete Verträge sind für manchen qualifizierten Berufseinsteiger die Regel.

Die Arbeitswelt der Zukunft wird einhergehen mit einem periodischen Infragestellen der Beschäftigungsfähigkeit und -möglichkeit jedes Individuums. In höherer Kadenz und radikaler als in den zurückliegenden Jahrzehnten.

Ein zielführendes neues Lern-Paradigma kann Selbstverantwortung sein. Das Prinzip Selbstverantwortung[334] mit der Fähigkeit zur Selbstreflexion macht den erwachsenen Menschen aus. Jeder kann sich als selbstbewusstes Investitionssubjekt in eigener Sache begreifen und kann aktiv daran arbeiten, den Return-on-Investment so schnell wie möglich zu erreichen.

> Lernen wird somit zum lebenslangen Projekt, angesiedelt im Spannungsfeld zwischen einerseits intrinsisch motivierter Selbstentfaltung und andererseits extrinsisch geforderter Selbstoptimierung.

Lernen macht hie und da wenig Spaß, etwas zu können bereitet Freude. Lust auf Lernen, Wachsen und Üben fördert die Selbstwirksamkeit und das Selbstwertgefühl. Damit diese Lust eine Chance hat, helfen neue Wörter, einen neuen zielführenden Frame mit Inhalten zu füllen: entfalten, entdecken, erforschen, befähigen, können, proben, fragen, verwirklichen, experimentieren, updaten, lachen, probieren, trainieren oder überraschen.

334 Vgl. Sprenger (2015).

3.3.1.1 Vier Eckpunkte bilden den Frame der Lern-Lust

- Es ist kein Nicht-Wissender der lernt, sondern ein Wissen-Wollender.
- Ziel ist, Entfaltung und Selbstermächtigung zu sichern, nicht Prüfungen zu bestehen.
- Lernen ist für Menschen, die daran glauben, dass es besser werden kann, als es heute ist.
- Lernen und Wachsen ist wie Essen und Schlafen: Der Verzicht darauf ist lebensgefährdend und man kann es nur begrenzt auf Vorrat tun.

Ich bin sicher, dass die Mehrzahl der Beteiligten mit dem neuen Frame Lust bekommt, wachsen und weiterlernen möchte.

3.3.2 Die neuen (Denk-) Räume

Der renommierte Personalprofi und Vordenker Thomas Sattelberger[335] vertritt die Überzeugung „Neben High-Tech sichert High-Touch die Arbeitsplätze der Zukunft. Da wird es Tech-Camps brauchen, in denen neben einer Theaterbühne ein 3D-Drucker und eine Staffelei stehen. Da kommen Azubis, Vorstände und Senioren aus der Bevölkerung. Da lernen Alte von Jungen.“[336] Er plädiert in Vorträgen zum lebenslangen Lernen für eine kreative Ergänzung der schulischen und universitären Ausbildung. In diesem Zusammenhang betont er die notwendige Lust am Lernen, unterstützt auch durch ganz andere, neue, ungewohnte Settings und Räume: „Neues und Veränderung entsteht nicht an alten Orten, sondern in dritten Räumen.“ Das oben zitierte Tech-Camp ist für ihn „der Club der toten Dichter von heute“.

Vorstellbar als Ersatz oder Ergänzung bekannter Formate ist ein Human-Touch-Camp für die Bankier 5.0 mit Inhalten, die Sozial- und Beziehungskompetenz ebenbürtig zur sogenannten Fachkompetenz vermitteln; ergänzt durch geführte Besuche im Kunstmuseum, Reisen in die Kulturhauptstädte Europas, Teilnahme an Lesungen zeitgenössischer Literatur oder einen

335 Vgl. www.wikipedia.org
336 Vgl. www.youtube.com

Malkurs; Online-Vorlesungen zu Soziologie, Trendforschung und Ästhetik können völlig normale Formate und Inhalte werden.

Denkbar ist auch ein „Lernkonto“ im Rahmen eines Co-Fundings für angemessenes und lustvolles Lernen aller Mitarbeiter. Bank und Bankier 5.0 zahlen auf dieses Konto angemessen Zeit und Geld ein. Anteilig kann in bankinterne Formate wie für individuelle, externe Inhalte investiert werden.

Systematische Kompetenzchecks und Talent-Inventare erfassen die Mitarbeiter der Bank in allen ihren Facetten in einem Kompetenzpool. Was bisher implizit in den Persönlichkeiten verborgen war, kommt explizit ans Tageslicht. Durch Zugriff auf diesen Pool können persönliche Kompetenzen, die ein Mitarbeiter zum Beispiel in seiner Rolle als Kommandant der Freiwilligen Feuerwehr erworben hat oder die Sprachkenntnisse des Vielreisenden vom Bankier 5.0 für seine Kundenkontakte genutzt werden. Ein Gewinn für alle Beteiligten.

Eine Grundversorgung mit Lerninhalten durch das „Prinzip Gießkanne“ wird nötig sein. Ziel ist, dass sich der Bankier 5.0 für einen immer größeren Teil des Weiterbildungsbudgets bewirbt. Wenn Geld und Zeit limitiert und konkret mit Vertriebs- und Arbeitsaufgaben auf der Zeitachse verknüpft sind, steigt die intrinsische Motivation der Beteiligten. „Wachsen“ ist somit kein abstraktes Ideal, sondern wird zur greifbaren Erfahrung. Der Arbeits- und Lernprozess verschmilzt.

Lern-, Trainings- und Coachingmodelle sowie Mentoring können off-the-job und on-the-job sinnvoll genutzt werden; jede Bank kann die analogen mit den digitalen Lernformen kombinieren; aktive Blogs und passive „How-to-Tutorials“ können spezifisch für die einzelnen Bereiche und deren Mitarbeiter verknüpft werden. Ein „Blended Learning“ in allen Variationen.

Diese Optionen sinnvoll zu nutzen fordert von allen Beteiligten großes Engagement. Der Experte für digitale Transformation, Dr. Jörg Geißler kommt in seinem Artikel „Lernen heute – jederzeit, überall, digital“ zum Schluss: „Umso wichtiger ist aber die sorgfältige Planung, um sich später nicht im Chaos zu verlieren und die Lernenden zu überfordern. […] Sowohl Personalbereich als auch Führungskräften sollten den Mitarbeitern Orientierung geben.“[337]

Ohne Führungskraft und Orientierungshilfe ist die Lust des Bankier 5.0 gefährdet oder verpufft im Alltag.

337 Geißler (2017), die bank 07/2017, S. 68.

3.4 Die Führung des Bankier 5.0

Das digitale Zeitalter bedeutet für das System der Banken, ihre Kultur und damit für ihre Führungskräfte eine große Herausforderung. Die zunehmende Geschwindigkeit der grundlegenden Veränderungen rüttelt an starren Strukturen. Gewissheiten sind zunehmend Vergangenheit, die Gestaltung von Gegenwart und Zukunft bedeutet, Neuland zu betreten. Ein „weiter so" ist nicht mehr lange möglich, das „wie jetzt weiter" beschäftigt die Mitarbeiter. Agiles, schnelles Lernen und Verändern fordert alle Beteiligten, insbesondere die Führungskräfte, damit sich das Neue etablieren kann.

Das etablierte System mit seinen Werten, Strukturen und Prozessen muss sich öffnen. Neue Antworten auf die KI müssen in den gelebten und erlebten Alltag aller Beteiligten transportiert werden. Der sich vom Vertriebsmitarbeiter zum Bankier 5.o weiterentwickelnde Mitarbeiter ist besonders auf eine adäquate Begleitung durch seine Führungskraft angewiesen. Die neue Rolle ausfüllen, die dahinterstehende Haltung leben und das Erlernen der Methodenkompetenz Predictive Advisory Competence© bei gleichzeitig hohen Erwartungen an die Vertriebsarbeit benötigt Kraft, Ausdauer und Frustrationstoleranz vom Bankier 5.0 selbst wie auch von seiner Führungskraft.

„Agilität hat vor allem etwas mit der Haltung zu tun, sowohl bei den Mitarbeitern als auch bei den Führungskräften"[338], sagt Stephan Fischer, Professor für Personalmanagement an der Hochschule Pforzheim.

Führung, insbesondere Führung im Vertriebskontext[339] auf wenigen Seiten darlegen zu wollen ist, im besten Fall, naiv, im schlechtesten Fall fahrlässig, dessen bin ich mir bewusst. Deswegen werden im Folgenden ausschließlich Führungsaspekte erörtert, die für den Schritt vom Vertriebsmitarbeiter zum Bankier 5.0 wesentlich sind.

338 Vgl. Handelsblatt (17./18./19.03.2017), S. 30.
339 Vgl. Pfersich (2015), S. 123 ff.

3.4.1 Führen ist keine Tätigkeit, sondern „Beziehung leben“

Mit allen Beteiligten an die Grenze gehen, sich selbst riskieren.

„Vom Vertriebsmitarbeiter zum Bankier 5.0 kann ja kein so großer Schritt sein“, äußerte eine Führungskraft in einer angeregten Diskussion um das in diesem Buch vorgestellte Konzept. Ich bin der Auffassung, es handelt sich durchaus um einen großen Schritt, vergleichbar mit dem vom Herzog zum König.

Der Film „The King`s Speech“[340] erzählt die Geschichte des britischen Königs Georg VI. Die Umstände zwangen Albert, Herzog von York im Jahr 1937, sich als Georg VI. zum König krönen zu lassen. Er brachte vieles für die Rolle des Königs mit: Er war der Sohn des verstorbenen Königs, verfügte über eine gute Bildung, einen militärischen Rang und lebte in geordneten Verhältnissen. Zu Lebzeiten sagte sein Vater, König Georg V. zu ihm: „Früher reichte es für einen König aus, in seiner Uniform gut auszusehen und nicht vom Pferd zu fallen. Heute musst Du sprechen können – dieses Radio verändert die Welt.“[341] Eine damals disruptive Technologie, das Radio, erforderte eine komplett neue Methodenkompetenz vom König: Rhetorik – die Kunst der Rede. Er musste mit der Technologie kooperieren, um seine neue Rolle in Zeiten des Wandels vernünftig ausfüllen zu können.

Gerade an dieser Stelle hatte Albert, der zukünftige König Georg VI ein Defizit: Er litt von Kindesbeinen an Balbuties, Stottern. Je größer der Druck, desto länger die peinlichen Pausen seines Redeflusses.

Damit war er nicht in der Lage, wichtige Reden über das neue Medium Radio zu halten. Die Ansprache an das Volk über das Radio wurde aber in diesen Jahren zur Schlüsselqualifikation, um seinem Land, dem Britischen Empire in bedrohlichen Zeiten dienen zu können.

Alberts Ehefrau war der Meinung: „Mein Mann hat nur ein paar mechanische Schwierigkeiten beim Sprechen“. Ein fataler Irrtum. So wenig der Stotterer durch Technik zum Redner reüssiert, wird ein Vertriebsmitarbeiter durch oberflächliche mechanische „Verkaufs-Technik“ zum Bankier 5.0.

340 Vgl. Film „The King's Speech“, (2010), Oscarverleihung 2011.
341 Anmerkung des Autors: Zitat aus dem Film „The King's Speech“.

Für exzellente Spitzenleistung wird „unter der Oberfläche“ gearbeitet.

Albert musste sich für seine neue Rolle als König die Methodenkompetenz „Komplexe Kommunikation“ aneignen. Nach diversen ergebnislosen Versuchen mit arrivierten Sprechtrainern wurde der Sprachtherapeut und Gelegenheitsschauspieler Lionel Logue engagiert. Sein Ansatz drang tief in die Persönlichkeit von Albert, blieb nicht nur an der Oberfläche der Rhetorik. Nach anfänglichen Widerständen Alberts entwickelte er sich zur „Führungs-Kraft“ des kommenden Königs Georg VI.

Sobald Mr. Logue in dieser Rolle akzeptiert war, agierte er analog einer modernen Führungskraft im Zeitalter der Digitalisierung. Dieser Vergleich ist stimmig, da der Schritt in eine neue Rolle ein Akt der Persönlichkeitsentwicklung ist und Zeiten des Umbruchs und Krisenphänomene zielführend mit diesem Führungsverhalten gestaltet werden können. Führungs-Qualität ist zeitlos.

3.4.1.1 Collaborate

> „Unsere Führungskräfte sollen lösungsorientiert mit ihren Teams arbeiten, Feedback geben und selbst akzeptieren. Sie sollen Verantwortung übernehmen, wenn die Dinge unklar sind.“[342]
>
> Lionel Logue handelt konsequent: Er verliert das Ziel, eine souveräne Rede halten zu können nie aus den Augen. Dafür geht er mit seinem Feedback bis an die Grenze, zwingt Georg VI und sich, über Komfortzonen hinaus zu gehen. In zwischenmenschlichen Krisen versteckt er sich nicht. Er nimmt die Kritik an sich und seiner Arbeit ernst. Und arbeitet weiter.

Die Führungskraft des Bankier 5.0 …

> … fokussiert immer wieder auf das Ziel „Ertragreiche Kundenbeziehungen“ und fördert eine 360-Grad-Feedbackkultur in seinem Vertriebsteam. Zentrales Element ist das professionelle Üben[343] der Methoden über Coaching[344] im Vertriebsalltag des Bankier 5.0.

342 Vgl. changement! (04/2017), S. 15.
343 Vgl. Ercson, Pool (2016), S. 48.
344 Anmerkung des Autors: Gemeint ist hier Training on the Job, ein Konzept zur gezielten Umsetzung vermittelter Lerninhalte.

Impuls: Empathie! Empathisch zu sein, Mitgefühl mit Mitarbeitern zu haben, einfühlsam zu agieren ist für Führungskräfte unverzichtbar. Empathie bedeutet aber nicht, den wahrgenommenen Empfindungen zwingend zu folgen. Die Empfindungen der Mitarbeiter fließen in die Entscheidungen der Führungskraft mit ein, begründen sie jedoch nicht alleine. Führungskräfte sollten vorrangig kommunizieren. Wesentlich ist dabei das Zuhören. Hören Führungskräfte ihren Mitarbeitern zu, kann ein gemeinsamer Weg zum verbindenden Ziel gefunden werden.

3.4.1.2 Innovate

„Die Führungskräfte sollen Innovationen fördern und es zulassen, dass der Status quo infrage gestellt wird – ohne Angst, Fehler zu machen. Sie sollen Ideen mutig verteidigen und ihr Team stärken, indem sie Verantwortung abgeben.“[345]

Lionel Logue handelt konsequent: Unorthodoxe Mittel und Methoden verblüffen, provozieren und – wirken. Respektvoll aber unerschrocken vor Etikette und Tradition bricht er blockierende Muster und legt neue (Sprech-) Muster an.

Die Führungskraft des Bankier 5.0 …

… fördert die Methoden 1–5, die Predictive Advisory Competence©. Sie unterstützt die neuen Ansätze von den Prototypen bis zur Raumgestaltung, schafft ein positives Umfeld und tritt intern für die Veränderung des Vertriebsmitarbeiters zum Bankier 5.0 überzeugt ein.

… diskutiert in regelmäßigen Gesprächen die Maßstäbe und Ansprüche, den Grad der Identifikation und die Resilienzfaktoren mit dem Bankier 5.0. Dadurch gewährleistet sie die anhaltende Innovationskraft und Lern-Lust des Bankier 5.0.

Impuls: Fehlerkultur! Ein Fehler ist kein Scheitern. Fehler sind Abweichungen von einem vorab als richtig definierten Vorgehen oder Zustand. Fehler geschehen, bedürfen aber keiner Ermutigung. „Bei uns darf man Fehler machen“ wäre kontraproduktiv. Ist ein Fehler als solcher erkannt, muss Verantwortung dafür übernommen und die Frage nach zukünftiger Fehlervermeidung geklärt werden. Gelingt ein neuer An-

345 Vgl. changement! (04/2017), S. 15.

satz, ein Versuch oder ein Experiment nicht, ist das kein Fehler, sondern ein Scheitern. Reinhard Sprenger schreibt zutreffend: „Alles Innovative ist an das Scheitern gebunden, an den Misserfolg – aber nicht an den Fehler. Die vielen gescheiterten Projekte sind notwendige Voraussetzung für den Erfolg. Man muss eben viele neue Ideen ausprobieren, damit eine fliegt. Es nicht zu probieren – das ist ein Fehler."[346]

3.4.1.3 Empower to perform

„Unsere Führungskräfte sollen dazu ermutigen, Risiken einzugehen. Es ist ihre Aufgabe, unsere Strategie mit klarem Blick auf unser Geschäftsmodell mit Leben zu erfüllen."[347]

Lionel Logue handelt konsequent: Er konfrontiert Georg VI wieder und wieder mit der Rolle des Königs sowie den Inhalten, die notwendig sind, diese mit Würde auszufüllen. Er macht ihm deutlich: Aufgeben hieße, den politischen Wettbewerbern das Feld und sein Volk dem Schicksal zu überlassen. Mit Ausdauer und einer Kette kleiner Erfolgserlebnisse haucht er dem König Wort für Wort Ausstrahlung und Kraft ein.

Die Führungskraft des Bankier 5.0 …

… erarbeitet mit dem Team sinnvolle Bilder[348] für die Rolle des Bankier 5.0, um eine kraftvolle Kommunikation zu ermöglichen. Aufgeben hieße, Kunden dem Robo Advisor und den FinTechs zu überlassen und sich selbst in die Bedeutungslosigkeit zu entlassen.

… teilt die unterschiedlichen Kunden mit ihren individuellen Motiven und Präferenzen auf die unterschiedlichen Bankier 5.0 zu und verbindet so die Bedürfnisse der Kunden mit den Talenten der Bankier 5.0 zu einer idealen Schnittmenge.[349]

… organisiert den Rahmen für das lustvolle und permanente Lernen des Teams.

346 WirtschaftsWoche (30.06.2017), S. 95.
347 Vgl. changement! (04/2017), S. 15.
348 Vgl. Kapitel 2.5.1.2, S. 136.
349 Anmerkung des Autors: Manche Banken organisieren die Zuordnung der Bankier 5.0 entgegengesetzt: Sie stellen die Bankier 5.0 mit einem kleinen Profil ins Netz und lassen die Kunden aussuchen. Auch diese Vorgehensweise kann erfolgreich sein.

Impuls: Sinn! Jeder Bankier 5.0 kann und soll für sich das Ziel, das „Wofür?" seiner Arbeit definieren. Topmanagement der Bank oder die direkte Führungskraft stellen keine „Sinn-Tankstelle" dar. Wofür gearbeitet, durchgehalten und am Ende gewonnen wird, muss jeder für sich selbst erkennen. Alleine oder als Resümee offener Diskussionen.

Der Schritt von einem Vertriebsmitarbeiter, der bereits vieles kann, zum Bankier 5.0, der die Zukunft gewinnt, ist nur mit umfassendem Engagement der Führungskräfte zu gehen.

Führungskräfte in der Bank leben Multivalenz[350] und strahlen Optimismus aus. Führung im Kontext des Bankier 5.0 bedeutet, Balance anzustreben. Auch die Aspekte dieses Buches bedürfen der Balance. Sie könnten auf „entweder – oder" reduziert oder mit „immer oder nie" simplifiziert oder pauschalisiert werden.

Über mögliche Kundenlösungen, die Artefakte im Begegnungsraum oder die Mitarbeiterbeteiligung am Lern-Zeit-Budget kann man diskutieren. Führungskräfte sorgen für mehr „sowohl als auch" und „mal so und mal anders". Die Ambiguität, Paradoxie und Widersprüchlichkeit unserer Zeit lässt sich nicht mit dem „Sehnsuchtsziel" einer finalen Lösung mit „ausgeschlossenem Widerspruch" auflösen. „Das Selbstverständnis von Führungskräften wird und muss sich in den nächsten Jahren noch weiter wandeln: zunehmend weg vom Führungsbild eines ‚Controllers', der Aufgaben verteilt und für gewünschte Ergebnisse zu sorgen hat, hin zu dem eines ‚Coachs' oder ‚Mentors', dessen Hauptaufgabe es ist, die richtigen Menschen zusammenzubringen, das Lernen und die Weiterentwicklung der Mitarbeiter voranzutreiben und Dilemmata zu entscheiden – das prinzipiell Unentscheidbare zu entscheiden (Foerster, 1993)."[351]

350 Anmerkung des Autors: Multivalenz kann mit Mehrdeutigkeit, Vielschichtigkeit oder Mehrwertigkeit übersetzt werden.

351 Dollinger, Limpächer (2015), Beltz, S. 9.

Epilog

Tätigkeiten verlieren an Wert, Beziehungen gewinnen an Bedeutung

Quo vadis Digitalisierung? Die Entwicklung der Digitalisierung befindet sich auf der „zweiten Hälfte des Schachbretts“ und die Auswirkungen des „Moore‘schen Gesetzes“[352] werden uns weiter verblüffen. Kunden werden Tätigkeiten rund um „Geld“ mehr und mehr auf die bequemen und kostengünstigen digitalen Angebote von Banken und FinTechs verlagern. Gleichzeitig werden Kunden vermehrt „Beziehung“ suchen und nachfragen.

Die Digitalisierung hat der Gesellschaft viel zu bieten. Sie wird einen positiven Einfluss auf die Gesundheit der Menschen sowie die Unfallvermeidung haben; Umweltrisiken können früher erkannt und virtuelle Vergnügungen machbar werden. Und vielleicht ermöglicht die Digitalisierung, den Mars zu besiedeln. Das ist die chancenreiche Seite.

Auf der herausfordernden Seite ist absehbar, dass in den kommenden Jahren durch den Wegfall zahlreicher beruflicher Tätigkeiten Menschen mehr freie Zeit zur Verfügung haben werden. Zeit, die gefüllt werden will, damit weder das Selbstwertgefühl leidet, noch Menschen an den Rand der Gesellschaft gedrängt werden. Und diese freie Zeit wird finanziert werden müssen.

Eine elitäre Minderheit wird in naher Zukunft ihren Körper und Geist optimieren und damit eine biologische Kluft zwischen sich und der Mehrheit der Menschen aufreißen. Diese Mehrheit wird gesund und satt, jedoch weniger leistungsfähig und attraktiv sein wie die biologische Elite.

Die Phänomene des Wandels erzeugen damit Gesprächsbedarf. Die Themen liegen in der Schnittmenge von klassischen Vermögensfragen, steuerlichen Aspekten, psychologischen Mustern, gesetzlichen Regelungen, kulturellen Normen und zeitgeistigen Trends. Orientierung, Navigation ist gefragt.

Vergleichbar mit Bewohnern einer kleinen Insel segelt die Gesellschaft mit einfachen Mitteln, ohne Karten oder GPS hinaus auf das offene Meer.[353] Einmal auf hoher See, ergeben

352 Vgl. Brynjolfsson, McAfee (2015), S. 53–72.
353 Vgl. Harari (2017), S. 379–494.

sich immerzu Wahlmöglichkeiten und erfordern in kurzen Abständen kleine und große Entscheidungen.

Die Digitalisierung wirft abstrakte Fragen für die Politik und konkrete Fragen der Bankkunden an ihre Berater auf. Lebens- und Berufswelten werden sich schnell verändern. Vorsorgekonzepte wollen neu gedacht, Kreditrisiken und Anlageklassen neu bewertet und Anlagestrategien laufend angepasst werden.

Mit wem werden die Menschen reden, wer ist ihnen ein adäquater Gesprächspartner? Wer fängt die Menschen emotional auf, schenkt ihnen Zeit und Aufmerksamkeit? Zukunft will nicht erledigt, sie will gestaltet werden.

Ich halte Alma Advisor 1.0 nicht für die geeignete Gesprächspartnerin, um mit den drängenden Fragen und pulsierenden Gefühlen der Bankkunden zielführend umzugehen. Dafür ist sie zu perfekt und vor allem: Sie ist kein Mensch.

Kunden werden spüren, dass Alma Advisor 1.0 Emotionen nur ableitet, nicht empfindet; sie ihre Empathie digital reproduziert und nicht analog erzeugt. Das wird nicht genügen. Kunden suchen Resonanz in Beziehungen, suchen die Zugewandtheit in einer Beziehung. Wird in Banken das Beziehungserlebnis in den Mittelpunkt der Kundenkontakte gestellt, wird dieses Bedürfnis befriedigt. Dafür werden Banken zukünftig gebraucht und bezahlt.

> Beziehungen sind kein Resultat perfekt ausgeführter Tätigkeiten.

Erst die Kombination[354] aus analogem Original und digitaler Reproduktion erzeugt die gewünschte „Customer Experience“. Auf eine Formel gebracht:

> Bankier 5.0 = Mensch x Roboter x Methode

Bewusstsein trifft auf native und künstliche Intelligenz. Der Kunde hat die Chance, festzustellen: Da schwingt etwas, hier gibt es ein verbindendes Element. Eine Beziehung ist entstanden. Eine Beziehung, basierend auf Haltung und erlebter Methodenkompetenz.

354 Anmerkung des Autors: Die Kombination aus Mensch und Maschine wird in Medienbeiträgen auch mit „phygital“ beschrieben. Gemeint ist die Mischung aus physischen und digitalen Elementen in der Kundenbeziehung.

Wer gestaltet die Beziehung mit dem Kunden?

Der Bankier 5.0.

Er gestaltet diese Beziehung, denn er ist …

… ein „offenes Betriebssystem“; für jede Bank und jeden Bereich konfigurierbar.

… das „Konzept“, das menschliche Eigenschaften zur Geltung bringt; Stärken werden ausbaut und Schwächen reduziert.

… ein „lernendes System“; jede Kompetenz kann mit neuen und notwendigen Aspekten aktualisiert werden, sobald kommende Robotergenerationen dies erfordern.

Ich sehe im Bankier 5.0 einen Menschen, der Lust hat, sich um seine Kunden zu kümmern. Der Spaß daran hat, neue Lösungen anzubieten und damit seine Kunden zu verblüffen. Einen Menschen, der Freude empfindet Begleiter seiner Kunden zu sein. Für den es dabei selbstverständlich ist, auch seine persönlichen Ziele zu erreichen.

Ich sehe einen Menschen, der sein „Mensch sein“ selbstbewusst in die Kooperation mit dem Roboter einzubringen weiß; der klug genug ist, dessen Stärken anzuerkennen.

Ich sehe einen Menschen, der dem Menschen dient.

Der Bankier 5.0, die Antwort auf den Roboter.

Weitere Informationen finden Sie unter:
www.TheValueCompany.de.

Für Fragen, Anregungen oder Ihre konstruktive Kritik können Sie mich gerne
per E-Mail kontaktieren:
Kai.Pfersich@TheValueCompany.de

Kurzfilm „Die Galerie der vergessenen Berufe“

Genre:	Kurzfilm aus dem Jahr 2017 Ein Science-Fiction Kammerspiel
Handlung:	Das Jahr 2068…
	Die Galeristin Alma führt den Journalisten Marius durch die „Galerie der vergessenen Berufe“. Anhand eindrucksvoller Bilder stellt diese den historischen Niedergang ganzer Berufsgruppen dar. Die Theorie hinter der Ausstellung: Der Mensch schafft sich selbst ab. Ein anregender Diskurs über die Tragweite der digital-technischen Evolution nimmt seinen Lauf…
Mit:	Manuel Harder Verena Maria Bauer
Regie und Buch:	Willi Kubica
Produktion:	Julia Deumling
Bildgestaltung:	Tim Weskamp
Gemälde:	Sofiia Melnyk
Kostüme:	Katharina Ruprecht
Script Supervisor:	Mechthild Pelzer-Pfersich
Herstellungsleitung:	Yves Alain Lambert Abteilung Drittmittel Filmakademie Baden-Würtemberg
Im Auftrag von:	Kai Pfersich The Value Company

Die Motivation des Regisseurs Willi Kubica

Wir befinden uns mitten in der folgenreichsten kulturellen, technischen und wirtschaftlichen Umwälzung seit der industriellen Revolution. Lernfähige Algorithmen, Roboter und digitale Hilfsmittel jeglicher Art werden den Arbeitsmarkt weiter in Atem halten. Wie sollen wir damit umgehen? Welche Herausforderungen und Denkmuster gilt es zu bewältigen und wo liegen – wenn überhaupt – die Grenzen der „Maschine“? Die „Galerie der vergessenen Berufe“ lotet Möglichkeiten und Assoziationen aus, die Spannung und Dringlichkeit evozieren sollen, aber auch die Lust, sich dieser Thematik weiter zu nähern – progressiv und optimistisch.

Die Motivation des Auftraggebers Kai Pfersich

Film mit seiner visuellen Kraft ist die ideale Ergänzung zum Medium Buch, er schafft einen direkten Zugang zum Denken und Fühlen des Zuschauers. Ein Film kann die Inhalte aus dem Buch „Bankier 5.0 – Die Antwort auf den Roboter“ so ästhetisch in Szene setzen, dass ein breites Publikum angesprochen wird, denn die Digitalisierung betrifft uns alle. Ihr Einfluss auf Berufe in Wirtschaft und Industrie ist nicht mehr aufzuhalten.

Durch diesen Kurzfilm werden beim Zuschauer ambivalente Gefühle wach. Das offene Ende provoziert Fragen, regt Diskussionen an und leistet damit einen Beitrag zu Umgang und Gestaltung des Phänomens Digitalisierung.

In den Medien werden häufig Ängste und Risiken beschrieben und geschürt, jedoch keine konkreten Lösungsansätze diskutiert oder gar angeboten. The Value Company entwickelt und trainiert Methodenkompetenz für die erfolgreiche Kooperation zwischen Mensch und Roboter im Vertrieb. Dafür müssen Menschen und ihre bisherige Arbeitsleistung gewürdigt und das Neue, die Methodenkompetenz Predictive Advisory Competence© vermittelt werden.

Dieser Film ist keine klassische Werbung für The Value Company. Dieser Film ist eine künstlerisch anspruchsvolle, eine ästhetisch überzeugende Umsetzung der Perspektive für die kommenden Jahre. Mit ausdrucksstarken Lichteinstellungen, spannenden Dialogen und wirkungsvoller minimalistischer Ausstattung wird aufgezeigt, wie weit sich Roboter entwickeln können und welche Chancen den Menschen bleiben, wenn künstliche wie native Intelligenz Potenzial auslotet.

Weitere Informationen finden Sie unter: www.TheValueCompany.de.

Literaturverzeichnis

Bücher

Asserate, Asfa-Wossen (2016): Manieren, Berlin: AB-Die andere Bibliothek.

Bauer, Joachim (2015): Selbststeuerung, 3. Auflage, München: Blessing.

Blackburn, Prof. Dr. Elizabeth/Epel, Prof. Dr. Elissa (2017): Die Entschlüsselung des Alters, München: mosaik.

Bosch, Aida (2012): Sinnlichkeit, Materialität, Symbolik, in: Moebius, Stephan/Prinz, Sophia, Das Design der Gesellschaft, Bielefeld: transcript, S. 49–70.

Bodendorf, Freimut (2006): Daten- und Wissensmanagement, 2. Auflage, Berlin: Springer.

Brown, Tim (2016): Change by design, München: Vahlen.

Bründler, Franziska/Müller-Straubli, Simone (2015): Das 9x9 der Gastgeberei, Luzern: Applaus Medien AG.

Brynyolfsson, Erik/McAfee, Andrew (2015): The Second Machine Age, 2. Auflage, Kulmbach: Plassen.

Cialdini, Robert (2017): Pre-Suasion, Frankfurt: campus.

Christensen, Clayton M./Friedrich, von den Eichen/Stephan Friedrich/Matzler, Kurt (2015): The Innovators Dilemma, 2. Auflage, München: Vahlen.

Damasio, Antonio, R. (2004): Descartes' Irrtum – Fühlen, Denken und das menschliche Gehirn, Berlin: List.

Dobelli, Rolf (2017): Die Kunst des guten Lebens, München: Piper.

Dollinger, Anna/Limpächer, Stephan (2015): Internes Coaching, Weinheim: Beltz.

Duden (2015): Fremdwörterbuch, 11. Auflage, Mannheim: Bibliographisches Institut.

Dürrenmatt, Friedrich (1998): Die Physiker, Zürich: Diogenes.

Ericson, K. Anders/Pool, Robert (2016): TOP, München: Pattloch.

Esch, Prof. Dr. Tobias (2017): Der Selbstheilungscode, Weinheim: Beltz.

Frenzel, Karolin/Müller, Michael/Sottong, Hermann (2006): Storytelling, Das Praxisbuch, München: Hanser.

Friedrichs, Julia (2015): Wir Erben, Berlin: Berlin Verlag.

Gardner, Andrea (2014): Ändere deine Worte und du änderst deine Welt, 3. Auflage, Bielefeld: J. Kamphausen Mediengruppe GmbH.

Gigerenzer, Gerd (2014): Risiko – Wie man die richtigen Entscheidungen trifft, München: btb Verlag.

Goethe, Johann Wolfgang (1999): Das Leben, es ist gut, Berlin: Insel.

Grünewald, Stephan (2013): Die erschöpfte Gesellschaft, Frankfurt: Campus.

Harari, Yuval Noah (2017): Homo Deus, 5. Auflage, Berlin: Rowohlt.

Hasse, Jürgen (2015): Was Räume mit uns machen, 2. Auflage, München: Karl Alber.

Havel, Vaclav (1991): Fernverhör, 2. Auflage, Berlin: Rowohlt.

Herrhausen, Alfred (1990): Denken_Ordnen_Gestalten, München: Siedler.

Hess, Edward, D./Ludwig, Katherine (2017): Humility is the new smart – Rethinking Human Excellence in the smart machine age, Oakland: Berret-Koehler Publishers, Inc.

Hörning, Karl, H. (2012): Praxis und Ästhetik, in: Moebius, Stephan/Prinz, Sophia, Das Design der Gesellschaft, Bielefeld: transcript, S. 29–47.

Horn, Alexander (2016): Die Logik der Tat, München: Knaur.

Hüther, Gerald/Quarch, Christoph (2016): Rettet das Spiel, München: Hanser.

Ishiguro, Kazuo (2021): Klara und die Sonne: Blessing.

Kaddor, Lamya/Müller, Rabeya (2012): Der Islam, München: C.H. Beck.

Keese, Christoph (2016): Silicon Germany, München: Knaus.

Kahneman, Daniel (2012): Schnelles Denken, langsames Denken, 3. Auflage, München: Siedler.

Lindstrom, Martin (2016): Small Data, Kulmbach: Plassen.

Lotter, Wolf (2020): Zusammenhänge: Edition Körber.

Lupfer, Sigel (2017): Gropius, Köln: Taschen.

Mann, Thomas (1997): Buddenbrooks: S. Fischer.

Matisse, Henri (1982): Über Kunst, Zürich: Diogenes.

McEwan, Ian (2019): Maschinen wie ich: Diogenes.

Morland, Polly (2015): Risk Wise, Von der Kunst mit Risiken zu leben, Frankfurt: Weissbooks.

Moebius, Stephan/Prinz, Sophia (2012): Das Design der Gesellschaft, Bielefeld: transcript.

Nassehi, Armin (2019): Muster – Theorie der digitalen Gesellschaft: C.H.Beck.

Pfersich, Kai (2014): Neustart Bankberatung, 2. Auflage, Köln: Bank-Verlag.

Pfersich, Kai (2015): Neustart Bank, 3. Auflage, Köln: Bank-Verlag.

Pörksen, Bernhard/Schulz von Thun, Friedemann (2014): Kommunikation als Lebenskunst, Heidelberg: Carl-Auer-Systeme Verlag.

Reinmuth, Marcus/Kastens, Inga Ellen/Voßkamp, Patrick (2016): Kommunikation für Banken und Versicherer, Stuttgart: Schäffer-Pöschel.

Röhner, Jessica/Schütz, Astrid (2012): Psychologie der Kommunikation, Berlin: Springer.

Rosa, Hartmut (2016): Resonanz, Eine Soziologie der Weltbeziehungen, Berlin: Suhrkamp.

Rosenberg, Marshal, B. (2016): Gewaltfreie Kommunikation, 12. Auflage, Paderborn: Junfermann.

Schäfer, Peter (2016): Der Golem in Berlin, in: Bilsky, Emiliy D./Lüdicke, Martina, GOLEM, Ausstellungskatalog Jüdisches Museum, Bielefeld: Kerber, S. 4–7.

Schmidt, Gunther (2014): Hypnosystemische Krisenberatung, in: Schmidt, Gunther/Dollinger, Anna/Müller-Kalthoff, Björn, Gut beraten in der Krise, Bonn: managerSeminare, S. 13–57.

Schmid, Wilhelm (2007): Mit sich selbst befreundet sein, 9. Auflage, Berlin: Suhrkamp.

Schmid, Wilhelm (2014): Gelassenheit, Berlin: Insel.

Schmid, Wilhelm (2017): Das Leben verstehen, Berlin: Suhrkamp.

Schubert, Christian/Amberger, Madeleine (2016): Was uns krank macht, was uns heilt, Bielefeld: fischer & gann.

Seppälä, Dr. Emma (2016): Der Trick mit dem Glück, München: Knaur.

Shaw, Julia (2016): Das trügerische Gedächtnis, München: Hanser.

Sharot, Tali (2017): Die Meinung der anderen, München: Siedler.

Shelley, Mary (2009): Frankenstein, Köln: Anaconda.

Slingerland, Edward (2014): Wie wir mehr erreichen, wenn wir weniger wollen, Berlin: Berlin.

Sprenger, Reinhard K. (2015): Das Prinzip Selbstverantwortung: Wege zur Motivation, 13. Auflage, Frankfurt: campus.

Stöcker, Christian (2020): Das Experiment sind wir: Blessing.

Storch, Maja/Tschacher, Wolfgang (2014): Embodied communication, Mannheim: Huber.

Taleb, Nassim Nicholas (2008): Der schwarze Schwan, München: Hanser.

Taleb, Nassim Nicholas (2014): Antifragilität, München: btb Verlag.

Thaler, Richard H./Sunstein, Cass R. (2017): Nudge, Berlin: Ullstein.

Van de Oudeweetering, Arthur (2015): im Mittelspiel, Alkmaar: New Im Chess.

Wehling, Elisabeth (2016): Politisches Framing, Köln: Herbert von Halem Verlag.

Weibel, Benedikt (2014): Simplicity, 2. Auflage, Zürich: Verlag Neue Zürcher Zeitung.

Winkler, Klaus-Jürgen (2003): Baulehre und Entwerfen am Bauhaus, Leipzig: Universitätsverlag.

Wittgenstein, Ludwig (2016): Tractatus logico-philosophicus, Logisch-philosophische Abhandlungen, 36. Auflage, Berlin: Suhrkamp.

Yaneva, Albena (2012): Grenzüberschreitungen in: Moebius, Stephan/Prin, Sophia, Das Design der Gesellschaft, Bielefeld: transcript, S. 77.

Zeitschriften und Zeitungen

99 Sprüche, die es in sich haben (2017): Absatzwirtschaft, Nr. 6, 2017, S. 14.

Armbruster, Alexander (2017): Computer so schlau wie wir, Frankfurter Allgemeine Zeitung, Nr. 135, 13.06.2017, S. 20.

Armbruster, Alexander (2017): Er macht die Computer immer schlauer, Frankfurter Allgemeine Zeitung, Nr. 158, 11.07.2017, S. 20.

Ärmer als gedacht, Frankfurter Allgemeine Woche, Nr. 28/2017, S. 47.

Balser, Markus/Braun, Stefan (2017): Schatten der Zukunft, Süddeutsche Zeitung, Nr. 119, 24.05.2017, S. 17.

Bartens, Werner, (2017): Erst Herz – dann Hirn, Süddeutsche Zeitung, Nr. 10, 13.01.2017, S. 18.

Bergmann, Jens (2017): Deckung!, brand eins, Heft 8/2017, S. 50–53.

Bernau, Varinia, (2017): Die Menschenversteher, WirtschaftsWoche, Nr. 32, 04.08.2017, S. 59–63.

Bernau, Varinia/Conradi, Malte (2017): Ein bisschen Bauch und Glatze, und du bist raus, Süddeutsche Zeitung, Nr. 10, 13.01.2017, S. 23.

Böhme, Johannes (2017): Geld für (fast) nichts, brand eins, Heft 6, S. 121.

Bös, Nadine (2017): Ausgefragt vom Roboter, Frankfurter Allgemeine Woche, Ausgabe 10/2017, S. 62.

Brauer, Katharina (2017): Teilnehmer im Focus, cim & Conference Incentive Management, Ausgabe 3, Juli 2017, S. 17–18.

Dettmer, Markus/Hesse, Martin/Jung, Alexander/Müller, Martin M./Schulz Thomas (2016): Mensch gegen Maschine, Der Spiegel, Nr. 36, 03.09.2016, S. 10 – 18.

Die breite Masse soll zum Anlageberater, Frankfurter Allgemeine Zeitung, Nr. 152, 04.07.2017, S. 27.

Die Hose spricht (2016): brand eins, Heft 12, 12.2016, S. 70–74.

Dufte Preise(2017): WirtschaftsWoche, Ausgabe 28, 07.07.2017, S. 93.

Fischer, Eva (2017): Die gestresste Gesellschaft, Handelsblatt, Nr. 113, 14.06.2017.

Freiberger, Harald (2017): Oben ohne, Süddeutsche Zeitung, Nr. 132, 10./11.06.2017, S. 25.

Freiberger, Harald (2020): Grabesruhe am Geldschalter, Süddeutsche Zeitung, Nr. 264, 14./15.11.2020, S. 25.

Gauto, Anna (2021): Ein Typ wie du und ich. Oder nicht?, ada, Ausgabe 01/2021, S. 68–70.

Geißler, Dr. Jörg (2017) Lernen heute – jederzeit und überall, die bank, Nr. 7 2017, S. 66–69.

Hackober, Julia (2017): Warum tragen Politikerfrauen so gerne Cinderella-Blau?, Die Welt, 16.05.2017, S. 6.

Heinrich, Christian (2017): Wie riecht eigentlich Sicherheit?, impulse, Juni 2017, S. 61–65.

Hofer, Joachim (2020/2021): Chatbot als Krisenhelfer, Handelsblatt, Nr. 252, 30.12.2020–03.01.2021, S. 61.

Höhmann, Ingmar (2017): Die neue Gelassenheit, Harvard Business manager, Januar 2017, S. 23–25.

Immer locker bleiben (2017): Handelsblatt, Nr. 50, 17./18./19.03.2017, S. 30.

Institut für Demoskopie Allensbach, Gesellschaft im Wandel (2017): Frankfurter Allgemeine Sonntagszeitung, Nr. 27, 09.07.2017, S. 19.

Jansen, Stephan, A (2017): Das neue Testament, brand eins, Heft 6, S. 118–119.

Ke Jie, chinesischer Weltbeste im Brettspiel Go, ist von einem Computer besiegt worden, Süddeutsche Zeitung (24./25.05.2017), Nr. 119, S. 8.

Kerola, Paevi (2017): Automatischer Weltfrieden, Die Welt, 11.05.2017, S. 8.

Kirsch, Sebastian (2017): Der Roboter verliert seine Unschuld, WirtschaftsWoche, Nr. 28, 07.07.2017, S. 69–71.

Klemm, Thomas (2016): Banken im Bermuda-Dreieck, Frankfurter Allgemeine Sonntagszeitung, Nr. 22, 05.06.2016, S. 35.

Klemm, Thomas (2020): Hoppla, Check24 wird jetzt zur Bank, Frankfurter Allgemeine Sonntagszeitung, Nr. 39, 27.09.2020, S. 28.

Koch, Julia (2017): Zuhause für die Seele, Der Spiegel, Nr. 44, 28.10.2017, S. 115–116.

Koch, Julia (2017): Chill mal, Mama, Der Spiegel, Nr. 44, 28.10.2017, S. 109–114.

Kremer, Dennis (2021): Die Macht der Masse, Frankfurter Allgemeine Sonntagszeitung, Nr. 5, 07.02.2021, S. 27.

Kroker, Michael (2021): Die Menschenversteher, WirtschaftsWoche, Nr. 16, 16.04.2021, S. 64–66.

Lacombe, Brigitte (2017): Robert de Niro, Zeit Magazin Mann, Nr. 1, Frühjahr-Sommer, S. 68–84.

Lead to Win-Führungsprinzipien der Deutschen Telekom (2017): changement!, Ausgabe 04. Mai, Juni 2017, S. 15.

Liebesgrüße aus der Filiale (2017): die bank Nr. 6, Juni 2017, S. 28–29.

Lindinger, Manfred, (2017): Ein Adlerauge für die Autoindustrie, Frankfurter Allgemeine Woche, Ausgabe 10, 2017, S. 62.

Looman, Volker (2017): Der letzte Cent für das Penthouse in der Stadt, Frankfurter Allgemeine Zeitung, Nr. 68, 21.03.2017, S. 25.

Looman, Volker (2017): Die akademische Ausbildung der Kinder ist teuer, Frankfurter Allgemeine Zeitung, Nr. 8, 10.01.2017, S. 25.

Looman, Volker (2017): Nepper, Schlepper, Bauernfänger, Frankfurter Allgemeine Zeitung, Nr. 119, 23.05.2017, S. 25.

Looman, Volker (2017): Rentner werden ist nicht schwer, Rentner sein dagegen sehr, Frankfurter Allgemeine Zeitung, Nr. 107, 09.05.2017, S. 29.

Looman, Volker (2017): Warum bitte einfach wenn's auch kompliziert geht?, Frankfurter Allgemeine Zeitung, Nr. 80, 04.04.2017, S. 25.

Lotter, Wolf (2017): Lassen wir das!, brand eins, Heft 8/2017, S. 28–29.

Mausbach, Carmen (2020): Der Kampf um den Kunden, diebank, Nr. 09/2020, S. 16–21.

Menschen besser machen (2017): DUB Unternehmer-Magazin, Nr. 03/2017, S. 14–15.

Michalski, Claudia (2021): Persönlicher Change: die Suche nach dem Sinn, changemanagement!, Nr. 03/2021, S.60–64.

Neßhöver, Christoph (2017): Klötzchen statt Powerpoint, ManagerMagazin, Mai 2017, S.92.

Neugebauer, Alexander/Stuff, Britta (2017): Fahr zur Hölle, Der Spiegel, Heft Nr. 22, S. 40–17.

Pfersich, Kai (2017): Der Bankier 5.0 als Antwort auf den Roboter, die bank (Juni 2017, Nr. 6) S. 28–33.

Rauffmann, Theresa (2020): Maschinen trösten, echt jetzt?, WirtschaftsWoche, Nr. 46, 06.11.2020, S. 68–71.

Remke, Susann/Vogel, Eva-Maria (2017): Die Zukunft des Sex, Focus, Heft 12, S. 73–81.

Roboter auf dem Börsenparkett (2017): Neue Zürcher Zeitung, NZZ, 23.08.2017, S. 25.

Scheppach, Joseph (2021): Schau in die Kamera, und ich sage dir, wie du dich fühlst, brand eins, Nr. 02/2021, S.63–67.

Schmale, Oliver, (2017): Mensch und Maschine, Frankfurter Allgemeine Woche, Ausgabe 6/2017, S. 59–60.

Schnaas, Dieter (2017): Maschinensturm 4.0, WirtschaftsWoche, Nr. 28, 07.07.2017, S. 61–63.

Schnell, Christian (2021): Erste Großbank testet Voicebot, Handelsblatt, Nr. 64, 01.04.–05.04.2021, S. 28.

Seidel, Claudius (2017): Mode in der Revolte, Frankfurter Allgemeine Quarterly, Sommer 2017, Ausgabe 03, S. 79.

Sie sind entlassen, Titel (2016): Der Spiegel, Nr. 36, 03.09.2016.

Sigrist, Stephan/Ackermann, Simone (2016/2017): Den Kompass justieren, NZZ Folio, Nr. 305/306, S. 26–27.

Sprenger, Reinhard (2017): Der Mythos der Fehlerkultur, WirtschaftsWoche, Nr. 27, 30.06.2017, S. 95.

Stölzel, Thomas (2020): Das wird merkwürdig für uns, WirtschaftsWoche, Nr. 52, 18.12.2020, S. 74–76.

Storch, Maja (2004): Die Pizza-Probe, Gehirn & Geist, Heft 1/2004, S. 86–87.

Unter Autokraten der letzte Schrei (2017): Die Welt, 11.05.2017, S. 8.

Weddeling, B./Weishaupt, G. (2017): Betreutes Einkaufen, Handelsblatt, Nr. 175, 11.09.2017, S. 26–27.

Westerfeld, Simone/Wullschleger, Beatrix (2017): Faktor Kundenberater, Neue Zürcher Zeitung, NZZ, 23.08.2017, S. 10.

Wettach, Silke (2017): Dufte Farbe, WirtschaftsWoche, Nr. 20, 12.05.2017, S. 99–102.

Filme und Hörbücher

A beautiful mind – Genie und Wahnsinn: 2001.

Apollo 13: 1995.

Der Club der toten Dichter: 1989, in Deutschland: Oktober 1990.

Die Galerie der vergessenen Berufe: November 2017, in: www.thevaluecompany.de

Ex_Machina: April 2015.

Frankenstein – Genie und Wahnsinn: Mai 2016.

Her: März 2014.

Humans: Serie, Juni 2015 – heute.

Star Wars Episode VII – Das Erwachen der Macht: Dezember 2015.

The King's speech: Februar 2011.

Homo Deus: 2017, Harari, Yuval Noah, MP3 CD, München: Der Hörverlag.

Internet

Achtsamkeit in der Wirtschaft (2017): Neue Zürcher Zeitung, NZZ, https://www.nzz.ch/wirtschaft/achtsamkeit/

AOK-Bundesverband (2016): Fehlzeiten-Report, http://aok-bv.de/imperia/md/aokbv/presse/pressemitteilungen/archiv/2016/fzr_2016_pressemappe.pdf, Abruf: 12.09.2016.

Arbeitgeberverband des privaten Bankgewerbes AGB Banken (2017): Beschäftigungszahl im Kreditwesen um fast drei Prozent gesunken, Presseinformation, Abruf: 07.07.2017.

Bauer, Joachim (2016): Resonanz in Psychotherapie und Pädagogik, https://www.youtube.com/watch?v=BPCGCtEBH2U, Abruf: 28.05.2016.

Collins, Phil (2017): live@lanxessarena Köln, https://www.youtube.com/watch?v=Hr-XC3rFDgs, Abruf: 11.06.2017.

Dachverband der Betriebskrankenkassen (2017): Krankenstand 2017 – Die Fehltage, https://www.iwd.de/interaktive-grafiken/krankenstand-2017/#krankheitstage

Das Vertrauen in Banken und Bankberater (2020), YouGove,-Analyse, 15.09.2020, https://yougov.de/news/2020/09/15/die-deutschen-vertrauen-zwar-banken-nicht-aber-dem/, Abruf: 20.09.2020.

Deutsche Bank, Video (2017): Lernen Sie uns kennen, https://www.deutsche-bank.de/pfb/content/quartierzukunft/home.html.

Gardner, Andrea (2010): The Power of Words, https://www.youtube.com/watch?v=Hzgzim5m7oU; Abruf: 23.10.2010.

Gigerenzer, Gerd, NZZ Standpunkte (2015): Vortrag Kopf oder Bauch – Wer entscheidet besser, https://www.youtube.com/watch?v=EhkCZcZXlYY, Abruf: 23.03.2016.

Hamburger Sparkasse (2017): FondsSparen einfach erklärt, https://wwwyoutube.com/watch?v=nX2GQb6urGQ, Abruf: 10.05.2017.

Jardine, Anja, nzz online (2017): Stress am Arbeitsplatz – Wenn nichts mehr geht, https://www.nzz.ch/wirtschaft/achtsamkeit-in-der-wirtschaft-wenn-nichts-mehr-geht-ld.1308740, Abruf: 01.08.2017.

Koschnitzke, Lukas, Zeit online (2017): Der Grenzgänger, http://www.zeit.de/wirtschaft/2017-10/alfred-nobel-gedaechtnispreis-wirtschaftswissenschaften-richard-h-thaler, Abruf: 09.10.2017.

Kretschmer, Winfried/Reichgardt, Katja, ChangeX (2017): Demut üben, http://www.changex.de/Article/rezension_hess_ludwig_humility_is_the_new_smart, Abruf: Ausgabe 23.05.2017.

Lego (2017): Lego Serious Play – Build your way to better business – a powerfull tool designed to enhance innovation and business performance, https://www.lego.com/de-de/seriousplay

Metzler, Marco, NZZ am Sonntag (2016): Intelligente Roboter – Automatisierung wird die ganze Welt erfassen, https://nzzas.nzz.ch/wirtschaft/martin-ford-automatisierung-wird-die-ganze-arbeitswelt-erfassen-ld.145015?reduced=true, Abruf: 19.02.2016.

„Nimm meine Niere, aber lass mir bitte mein Handy“, (2021), Smartphone-Studie, 27.01.2021, https://schwartzpr.de/newsroom/oneplus/smartphone-studie-nimm-meine-niere-aber-lass-mir-bitte-mein-handy/, Abruf: 10.02.2021.

Peters, Dominik, Spiegel Online, (2017): Phantasia für den Prinzen, http://www.spiegel.de/wirtschaft/soziales/neom-saudi-arabiens-mega-projekt-was-steckt-dahinter-a-1174683.html, Abruf: 28.10.2017.

Schlögl, Peter/Sattelberger, Thomas (2017): Lebenslanges Lernen neu gedacht, https://www.youtube.com/watch?v=BaqPd-mgRAg, 04.04.2017

Springer Gabler Verlag (Herausgeber), Gabler Wirtschaftslexikon, Stichwort: Big Data, online im Internet: http://wirtschaftslexikon.gabler.de/Archiv/-2046774198/big-data-v4.html

Storch, Maja, 2016: Embodiment in Aktion, https://www.youtube.com/watch?v=1eOTCsYtrQY, Abruf: 26.07.2016.

Resilienzforschung in Mainz, (2016): Was die Seele stark macht, https://www.youtube.com/watch?v=zADvBJ3bvWE, Abruf:14.03.2016.

Volksbank-Raiffeisenbank Rosenheim-Chiemsee (2017): Fondsparen verständlich erklärt, https://www.vb-rb.de/privatkunden/sparen-geldanlage/sparen/union-investment-fondssparplan.html

Wagener, Andreas, Hochschule Hof (2016): Vortrag Künstliche Intelligenz und Industrie 4.0, https://www.youtube.com/watch?v=_kfXmqJevFs, Abruf: 22.11.2016.

Willkommen in de VUKA-Welt, (2017), https://www.agil-werden.de/willkommen-in-der-vuka-welt/

www.mindojo.com

www.outfittery.de

www.precire.com

www.wikipedia.org: Her, https://de.wikipedia.org/wiki/Her_(2013).

www.wikipedia.org: Ishiguro, Hiroshi, https://de.wikipedia.org/wiki/Hiroshi_Ishiguro

www.wikipedia.org: Sattelberger, Thomas, https://de.wikipedia.org/wiki/Thomas_Sattelberger

www.wikipedia.org: Schmid, Wilhelm, https://de.wikipedia.org/wiki/Wilhelm_Schmid_(Philosoph)

www.wikipedia.org: Schumpeter, Joseph, https://de.wikipedia.org/wiki/Joseph_Schumpeter

www.wikipedia.org: Descartes, René, https://de.wikipedia.org/wiki/Ren%C3%A9_Descartes

www.wikipedia.org: Haiku, https://de.wikipedia.org/wiki/Haiku

www.wikipedia.org: Liebig, Justus von, https://de.wikipedia.org/wiki/Justus_von_Liebig

Stichwortverzeichnis

D

E

F

G

H

N

O

P

Q

R

W

Y

Z